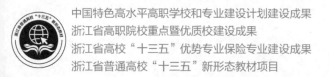

中国特色高水平高职学校和专业建设计划建设成果

浙江省高职院校重点暨优质校建设成果

浙江省高校"十三五"优势专业保险专业建设成果

浙江省普通高校"十三五"新形态教材项目

人身保险实务

PERSONAL INSURANCE PRACTICE

主 编 朱 佳

ZHEJIANG UNIVERSITY PRESS
浙江大学出版社

前　言

　　教材建设是保险专业培养具有"专业素质力、社会服务力、社会实践力、学生成就力"四方面人才的重要载体，对于学生职业知识掌握、职业技能获取、职业素养提升、职业道德养成具有重要的价值和现实指导意义。《人身保险实务》一书的编写来源于"人身保险实务"课程的改革。教材编写组结合《职业教育改革方案》的要求，在编写过程中力求增强教材的实操性，努力做到金融保险理论与我国金融保险行业的具体特征相结合，并以知识性和实用性为基本导向，突出职业特色，强调个性化、差异化，强化理论与实践的结合。

　　按照人身保险的实际经营流程划分教学篇章，全书分为八章——人身保险概述、人身保险的合同管理与条款、人身保险的费率计算、人寿保险、健康保险、人身意外伤害保险、人身保险业务管理、个人财务规划及人身保险的购买，并以此为核心设计教学任务。每一章有配套的二维码，通过扫描二维码，学生或教材使用者可以看到微课视频、新颁布的政策法规和每章的单元测试，这些电子资源可作为拓展和教学内容回顾，丰富的课程资源也是本教材所具有的鲜明特性。本书可作为高职高专金融、保险专业的教学用书，也可作为普通读者了解人身保险的知识读本。

　　本书由朱佳主编，第一、第二、第三、第七章由朱佳撰写，第四、第五章由徐静撰写，第六、第八章由韩雪撰写。朱佳负责整体构思并统筹定稿。在本书的编写过程中，保险专业的行业指导专家提出了许多宝贵意见，提供了不少行业数据与案例，对本书的编写给予了很大的帮助，在此表示感谢。

编者

2020 年 9 月

Contents 目 录

第一章
人身保险概述

▶ 知识要点

1.人身风险的类型。

2.人身风险的处理步骤与方法。

3.人身保险的产生与发展。

4.人身保险的功能。

5.人身保险发展的积极意义。

6.人身保险的发展趋势。

▶ 案例导读

2019年3月5日，第十三届全国人民代表大会第二次会议在人民大会堂开幕。在本次《政府工作报告》全文中，出现了"保险"关键词15次。保险业的发展涉及国计民生，连续多次被《政府工作报告》提及，毫无疑问保险已成为"两会"热议的话题。

★ 2019年政府工作任务（节选）

下调城镇职工基本养老保险单位缴费比例，各地可降至16%。

加快推进养老保险省级统筹改革，继续提高企业职工基本养老保险基金中央调剂比例、划转部分国有资本充实社保基金。

改革完善医养结合政策，扩大长期护理保险制度试点，让老年人拥有幸福的晚年，后来人就有可期的未来。

增强保险业风险保障功能。

继续提高城乡居民基本医保和大病保险保障水平，居民医保人均财政补助标准增加30元，一半用于大病保险。降低并统一大病保险起付线，报销比例由50%提高到60%，进一步减轻大病患者、困难群众医疗负担。

落实退役军人待遇保障，完善退役士兵基本养老、基本医疗保险接续政策。

历届全国"两会"的政府工作报告都将持续影响老百姓生活的方方面面。高层每次关于保险的报告和讲话、政策推动，都成为新的经济和生活热点。

★国家为何如此重视保险业，频频出台利好政策？

1.进入老龄化的中国，仅仅依靠基本养老保险已无法满足老有所养等各项诉求；

2.大病重疾发生率日益增长，而基本医疗保险无法覆盖所有病种和治疗，无法保障100%的病有所医；

3.国家需要强大，家庭需要财富积累，老百姓能够灵活运用保险的各项功能实现风险转移、损失分担、财富传承。

"新国十条"的总体要求及现状（见图1-1）。

图1-1 "新国十条"总体要求及现状

第一节 人身风险与人身保险

一、风险与人身风险

"天有不测风云，人有旦夕祸福"是我们耳熟能详的一句话，这句话揭示了风险源于生活的道理，也提醒人们在漫长的一生中会有遭遇疾病或意外的可能性。所以风险具有客观性、必然性、普遍性和不确定性，但是又由于人们对风险管理理论的理解和风险管理技术的掌握，风险在一定程度上又是具有可控性的。

你应该了解的人身风险

（一）风险的构成

从理论上来讲，风险的构成具有三要素——风险因素、风险事件和损失。

其中，风险因素是指能产生损失或增加损失概率和提高损失程度的条件或因素。风险因素是风险发生的潜在原因，是造成损失的内在或间接原因。而风险事件是指造成损失的偶发事件，是造成损失的外在原因或者直接原因。损失则是指由风险事故引发的非故意的、非预期的、非计划的经济价值的减少，也可以说是风险事件造成的结果。

这三者之间的关系是风险因素引发风险事件，风险事件造成损失。这三个因素构成我们所说的风险。

（二）人身风险

风险无处不在，风险是客观的，将讨论的范围限定在人身风险领域，我们这里所说的风险就变成人身风险了。所谓人身风险是指导致人的伤残、死亡、丧失劳动能力及增加费用支出的风险，包括生命风险和健康风险。人身风险具有和风险一样的特征。

可以将人身风险分为死亡风险、失能风险、健康风险和养老风险。死亡风险是与人的生存与否有关的危险。人死亡，是必然的事实，并无任何不确定性可言，但死亡发生的时间却是不确定的。失能风险是疾病、伤害事故等导致人体处于机体损伤、遗留组织器官的缺损或功能障碍的状态，从而失去收入能力的危险。养老风险体现在两个方面：一是一个人到退休时，没有积蓄，从而负担不起个人及其家庭的生活；二是有积蓄，但不够维持余生，即有退休积蓄不足的危险。健康威胁具有明显的不确定性，伤残是否发生、疾病是否发生、在什么时候发生、损害健康的程度如何等等都是不确定的。正因如此，健康风险具有严重性、普遍性、复杂性和社会性的特点。

1. 死亡风险

家庭成员死亡对家庭产生的经济影响取决于该成员所提供的家庭收入或服务的多少，损失衡量常用的方法有生命价值法和家庭需求法。其中，生命价值法着重在评估个人供给遗族的收入或服务的价值，家庭需求法则是估计个人在死亡、残疾、失业或退休后的额外收入。

2. 失能风险

失能是指意外伤害或疾病导致身体或精神上的损伤，造成部分或全部的工作能力受限，因而无法谋生。失去工作能力则会致使收入中断，带来家庭经济来源丧失和医疗、看护费用支出庞大等问题，其所造成的影响与伤害，不一定会亚于死亡。而收入中断情形，往往是失能引起的。造成失能的原因大致可分为外来与内在两种：前者指的是意外事故（如车祸），后者指的是疾病（如肾脏疾病等需长期治疗的慢性疾病）。

国内与国外不少社会学者和保险界人士指出，对丧失工作能力的后果严重性应有足够的认识。他们认为，一旦劳动者丧失工作能力，其收入中断所带来的后果与死亡所带来的后果毫无不同，在某种意义上说，这种"活着的死"要比真正的死更严重，让人更痛苦。一个人死了，其收入当然也没有了，家庭总收入必然会减少，这固然不幸，但如果一个人丧失了工作能力，那么由此而产生的后果就不仅仅是家庭总收入因其收入中断而减少，家庭在某些方面的支出还必然会比以前增加许多，因为丧失工作能力的人将依靠家庭其他成员的收入来维持生活。倘若其家庭的其他成员没有任何收入来源的话，后果更不堪设想。

3. 健康风险

健康损失风险对个人和家庭产生的经济影响主要表现在收入损失和医疗费用风险两个方面。疾病风险是一种直接危及个人生存利益、可能给家庭造成严重伤害的特殊风险。疾病会给个人生活和工作带来困难、造成损失，甚至让人失去生命。此外，疾病是无法回避的，且种类繁多，近年来重大疾病有患病年龄下降及疾病率上升的趋势，重大疾病已不单威胁老年人，即使是正值花样年华的青壮年人群，也都可能因患癌症、肝病、肾衰竭等疾病，而使其年轻灿烂的生命骤然失色。

图 1-2 的数据来源于中国癌症数据排行榜。在榜单中，我们可以发现男性发病前 10 位的恶性肿瘤构成及女性发病前 10 位的恶性肿瘤构成。其中男性肺癌的发病率最高，其次是胃癌和肝癌；女性乳腺癌的发病率最高，其次是肺癌和结直肠癌。

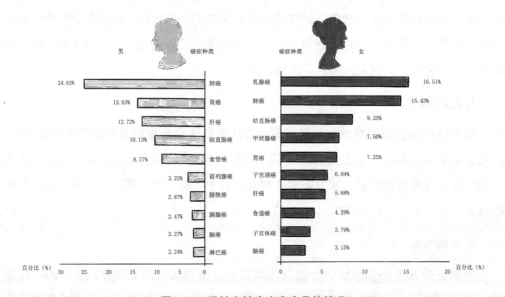

图 1-2 男性女性癌症患病具体情况

生了大病就要住院花钱，治疗费用也是相当高昂的。通过住院费用统计表（见图 1-3），我们可以发现癌症患者的住院费用在 2011 年到 2015 年几年间逐年递增，其中肺癌患者的住院费用最高，接下来依次是结直肠癌和胃癌。

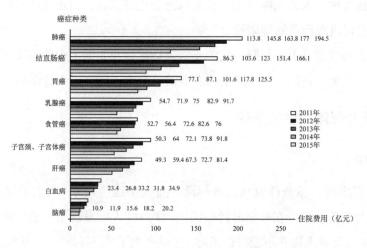

图 1-3 2011—2015 年癌症患者住院费用统计图

鉴于健康风险的不确定性及一旦产生对个人和家庭造成的致命冲击，所以在四大人身风险当中，我们一定要首先重视健康风险。

4. 养老风险

俗话说，"人人都会老，家家有老人"，老是人生的必然，而随着科学及医疗技术的进步，长寿已成为不可避免的趋势。根据《中国未来发展纲要》预测，到 2050 年，中国人口的平均预期寿命可以达到 85 岁。那么什么是养老呢？养老是指为维护个体退休之后或者进入老年之后生活的各项开支。个体退休之后收入减少，各项支出往往依赖于其退休收入或前期储备。所以从这个角度看，养老意味着消费、意味着投资、意味着负担。

当个体退休之后或者进入老年之后，相应的收入不足以维持一定水平的生活，这样的可能性就称为养老风险，且风险程度随着年龄增长不断增加，很显然养老风险与收入有关。

养老风险是老年阶段才真正面对的，但是风险是指损失发生的可能性，到了老年阶段，风险往往已经发生了，因此在进入老年之前，养老才是风险，才是可能性。人们需要在有足够收入的时候就要考虑如何应对养老风险。

二、人身保险的产生

人身保险的历史源远流长，有着丰富的思想基础及操作实践。自然界和人类社会存在着各种各样的风险，人身风险只是其中的一小部分，然而它对人类的生存与发展的影响却是巨大的。理解了人身风险后，我们发现风险和保险之间是互相促进、互相制约的关系。保险人丰富的风险管理经验、娴熟

初识人身保险

的技术能够促进被保险人的风险管理，完善风险管理的实践，而被保险人风险管理的加强和完善反过来会促进保险业的健康稳定发展。

众所周知，现代意义上的保险，起源于海上运输，正是海上保险的发展，带动了整个保险业的发展与繁荣。在海上保险产生和发展的过程中，催生了人身保险。

（一）人身保险产生的条件

1. 自然条件

人身保险产生的自然条件就是人身风险。自人类诞生以来，人们始终对自然界进行着不懈的认识与改造活动。在长期的社会实践活动中，人们发现生、老、病、死等人身风险，求助于神灵或英雄人物并不能得以消除，于是产生了"积谷防饥""居安思危"的思想，开始通过社会成员之间的互助共济，减轻人身风险对人们正常生活的影响。科学技术的发展虽然可以消除一部分人身风险，但也可能带来新的风险，人身风险将一直伴随着人类社会的发展。

2. 经济条件

人身风险的客观存在促成了后备思想、保险思想的产生，但商业保险制度的建立还需要相应的经济条件。剩余产品的增加和商品经济的发展，是现代人身保险发展的经济条件。因为任何对损失进行补偿的后备基金，不管它是实物形式还是货币形式，都只能来源于剩余产品。所以只有在扩大再生产的条件下，存在满足人类生活必需以外的剩余产品，才具有补偿损失的物质基础，使保险经济补偿方式成为可能。随着商品经济的发展，社会分工高度发达，生产规模和市场范围日益扩大，人们支付能力相应增强，出于风险管理的需要，对人身风险的防范提出制度化要求。

3. 技术条件

自然条件和经济条件是人身保险产生的基本条件，但要保证人身保险的健康稳定发展，还要求有相应的技术条件。人身保险发展的技术条件是保险精算。保险业，无论是人寿险还是非人寿险，在其经营和管理过程中都需要在各个环节和各种层次做一系列的决策，包括制定合理的保险费率、提取适当的准备金、确定自留风险和安排再保险、保证充足的偿付能力等等。这些核心经营决策的制定依赖于保险经营的技术基础——保险精算。保险精算就是运用数学、统计学、金融学、保险学及人口学等学科的知识和原理，去解决商业保险中需要精确计算的问题。

（二）人身保险产生的具体实践

无风险，不保险。在与大自然抗争的过程中，古代劳动人民就萌生了对付灾害事故的保险思想和原始形态的保险方法。原始互助、预留剩余产品、基尔特制度等等。这些从"分担危险""互助共济"等最初的保险思想出发建立起来的各种应付人身危险的古代互助思想起到了分摊损失的作用，而且这些思想直接体现了"人人为我，我为人人"的现代保险的宗旨。

15 世纪后期，欧洲的奴隶贩子把运往美洲的非洲奴隶当作货物进行投保，后来船上的船员也可投保，如果遇到意外伤害，由保险人给予经济补偿。这就是人身保险的早期形式。17 世纪中叶，意大利银行家洛伦佐·佟蒂提出了一项联合养老的办法，这个办法后来被称为"佟蒂法"，并于 1689 年正式实行。"佟蒂法"的特点就是把利息付给小团体中的生存者。著名的天文学家哈雷，在 1693 年编制了第一张生命表，该表精确表示了每个年龄的死亡率，提供了寿险计算的依据，为现代人寿保险奠定了数理基础。生命表的制定，在人寿保险发展史上是一个里程碑。生命表的诞生为人身保险的发展带来了极大的助力，借助这一理论成果，一大批保险公司先后成立，其中 1762 年成立的伦敦公平保险社是世界上第一家真正根据保险技术基础而设立的、采用均衡费率收费的人身保险组织。

三、人身保险的职能

近年来，国家对商业保险，尤其是人身保险的重视程度不断提升，究其原因是人身保险特有的功能和作用。积聚基金、组织经济补偿是保险的基本职能，由此派生出保险的防灾、防损、融资等职能。人身保险同样也具有这样的功能，发挥着保障社会经济生活和调节国民经济运转的作用。

（一）人身保险的基本职能

在人身保险活动中，保险人将各投保人所交纳的保险费积聚起来，形成保险基金。当被保险人发生保险事故即被保险人因死亡而使生命价值灭失或不能满足一定的生存条件时，保险人将依照事先的约定，对受益人通过支付死亡保险金或生存保险金的形式予以经济补偿，这样就帮助保单所有人克服了因"早逝"或"高寿"而出现的经济困难。

经济补偿的前提和基础是投保人交纳了保险费。实际上，投保人所交纳的保险费可分解为纯保费和附加保费两个部分。其中，附加保费主要用于保险人营运费用和税款的支出及个人代理人的佣金和各种福利支出，而占投保人所交保费绝大部分的纯保费，则是保险人对保单所有人的一种负债，就如同商业银行对储户的储蓄存款是一种负债一样。从总体上看，纯保费包括其所产生的投资收益最终在理论上都会返还给保单所有人。与储蓄存款不同的是，这种返还具有射幸性，也就是说，对于每一个具体的保单所有人而言，这种返还与投保人的支付并不对等。纯保费的这种返还过程，就是人身保险经济补偿职能的一种体现。

（二）人身保险的创新性职能

相对于基本职能而言，人身保险对于个人和企业而言还有着许多通过基本职能演绎派生出来的或者通过保险人的经营活动产生的创造性职能。下面从个人和企业两个方面对人身保险的一些创造性职能做简单介绍。

1. 人身保险对于个人的创造性职能

（1）让人们在瞬间拥有大额的"存款"

人们常因未能很好地理解人身保险和储蓄存款之间的差异而宁可把钱存到商业银行也不愿意购买人身保险。无可否认，良好的储蓄习惯对个人财务规划是十分必要的，然而，要想通过储蓄积聚一定数量的财富必须依赖于一个很重要的因素，那就是时间。事实上，除了人身保险之外，几乎所有的投资理财手段都必须依赖于时间这个重要的因素。同它们相比，人身保险具有不可替代的优越性，因为人身保险是一种时间保险，它可以通过其基本职能——经济补偿来摆脱时间对财富累积的约束。

举例来说：假设 30 岁的张先生每年将 1 万元存入银行，在年平均复利 2%的条件下，他需要 20 多年的时间才能积累 30 万元的资金。而在这 20 多年中他必须活着，身体健康，有经济来源，如果在目标达到之前发生死亡或丧失劳动力，计划就会被迫中断。而人身保险则不同，如果他购买的是一份保险金额为 30 万元的 20 年期生死两全保险，所需要支付的年保费大约 3000 元，那么在接下来的 20 年，无论张先生死亡或生存至期满，他都将及时得到 30 万元的经济补偿。换句话说，在张先生购买人身保险的那一刻，他就已经达到了自己财富累积的目标，拥有了一笔大额存款 30 万元。

（2）为人们提供了一种极佳的储蓄投资工具

人身保险在向保单所有人提供保险保障的同时，因自身经营和提供生存给付的需要具有一定的储蓄成分。该储蓄成分可以被人们用来作为储蓄投资的工具。

★人身保险投资的安全性

人身保险投资的安全性是不难理解的。我国寿险公司的资金运用、责任准备金的提取、现金价值的计算和个人代理人佣金的额度等，都要受到中国保监会的严格监控。在 20 世纪 30 年代美国的经济大萧条中，股市贬值到当时全美国民收入的 1/3，全美不动产贬值将近一半，大部分商品降价 50%，众多企业纷纷倒闭。然而在这种灾难性的经济衰退中，寿险公司与责任准备金相匹配的资产平均损失仅为 9%，并且 99.9%的寿险公司保证了其经营运作的安全性。

★人身保险投资的收益性

人身保险一般具有较长的保险期限，保险人对投保人交纳的保险费在扣除少量经营费用并承担当期保险责任之后，将剩余的大部分资金用于投资，以求为被保险人创造最大化的收益。同被保险人自己直接投资相比，通过购买保险，把钱交给保险人进行投资具有无可比拟的优越性。同其他投资工具相比，寿险投资还得到国家税收政策上的支持，购买人身保险，能享受诸多税收优待。例如，在保单未终止的情况下，投资收益无须纳税，这就起到了延期纳税的作用。

★人身保险投资的变现性

良好投资的特点之一就是有很强的变现能力，或者说具有较高的流动性。相对于不动产投资、古董投资及购买一些未上市小企业的股票、债券而言，人身保险投资同活期存款、上市股票投资一样，具有良好的变现能力。

人身保险并不能同上市股票那样在市场上出售，但如果保单所有人需要的话，他就可以随时向寿险公司退保并索还保单的现金价值。此外，随着寿险业不断发展完善，近年来，越来越多的寿险保单具备了较高的弹性和灵活性。按照这些保单某些条款的规定，保单所有人在一定条件下可以按照一定比例向寿险公司一次或多次申请一定数额的贷款或从其在寿险公司设立的账户中提取一定数额的现金。

（3）有助于人们养成良好的消费习惯

对许多人而言，购买人身保险是一种良好的理财方法和消费习惯，它能有效地帮助人们养成节俭的习惯。

首先，绝大多数人身保险的期限都很长，会对人们的消费冲动产生有效遏制。

其次，绝大多数的人身保险都提供了分期付款（期交）的形式，这种每月（年）固定投资的方式对人们养成良好的节俭习惯有着极大的帮助。

最后，由于退保或者停止交费（指期交业务）对被保险人而言意味着将失去保险保障并遭受一定的经济损失（退保费用），人身保险作为一种节俭工具，带有半强迫性，它能让投保人忠实地固守自己的节俭决心，较为有效地将节俭计划持续下去。

（4）为人们的晚年生活提供有效保障

随着社会人口老龄化程度的加深，养老保障越来越成为全社会和各国政府关注的焦点问题之一。由于社会生产力水平的限制和人的消费欲望随收入水平变化的特点，在任何一个国家，对于绝大多数人而言，在因年迈退休而失去收入来源时，他们之前所积聚的财富可能刚刚够让他在平均消费水平上度过余生。

对于大多数人而言，如果直接依靠这笔资金维持晚年生活，将会面临极大的风险。举例来说，假设社会平均寿命是80岁，张先生在60岁退休时积攒了30万元的财富，他将自己每年用于基本生活及医疗费用的开支计划在3万～5万元，到他70岁时，这笔资金几乎被消耗殆尽，所剩无几，可这时他仍然健康地活着，那么对他而言，70岁以后的岁月，维持基本生活所必需的开销将成为一个很严峻的问题。

如果他在退休前用之前的积累购买年金保险，那么他的晚年生活将是另外一种境况。由于年金保险考虑的不是个体而是集体平均寿命，在社会平均寿命80岁的前提下，30万元的保险费理论上完全能够在他60岁之后每年提供3万～5万元的生存年金而不管他是活到 80 岁、90 岁，还是 100 岁。保险人在这位幸运的长寿者身上发生的"亏损"，将从其他 80 岁之前死亡的不幸者身上得到弥补。因此，这位购买了年金保险的长寿老人就能轻松、宽裕、体面地度过自己的晚年。

2. 人身保险对于企业的创造性职能

（1）为重要员工提供保险保障

对于一个企业而言，一名重要主管或是技术人员的死亡或者丧失工作能力将给企业带来较大损失。人身保险可以为企业的重要员工或所有员工提供死亡或丧失工作能力方面的保险保障。在这里，企业是投保人和受益人，企业指定的员工作为被保险人，一旦被保险的员工死亡或是丧失工作能力，企业将立刻从保险人那里获得给付。这笔给付可以被用来补偿该员工不能工作给企业造成的经济损失，同时，还能协助企业度过为寻找替代该员工的合适人选所需要的时间空档。

如何确定重要员工所需要的保障程度，大体上有两种计算思路：一种是"损失估算法"，即通过估算该员工死亡给企业带来的直接和间接的经济损失来确定保险金额；另一种被称为"聘用替代法"，即根据同类人才的市场定价估算出该员工死亡后，企业重新聘用合适的替代人选所需要的额外花费来确定保险金额。相对而言，前一种方法适合企业为一些杰出员工投保时计算保额，后一种方法则更倾向于企业为一般员工投保时计算保额。

（2）为企业增强信用度

能促进企业财务稳定的任何事项都能增强企业的信用度。人身保险为企业员工提供保险保障的功能增强了企业持续稳健经营的能力，有效增强了企业的信用度。正如前面所论述的那样，一个为重要员工投保人身保险的企业，在企业因重要员工不能工作（死亡或高残）而发生损失的时候，由人身保险为企业因失去人才带来的财务损失提供经济补偿，从而使该企业的经营得到持续稳健发展。因此在贷款人或其他债权人的眼中，该企业的信用度将会增强。

此外，寿险保单因具有现金价值而带来的可质押功能更是大大增强了企业或个人（保单所有人）的信用度。人身保险的现金价值可以指定担保的方式用于质押贷款，在这种情况下，贷款的基本保障源于保单的现金价值。假如借款人（债务人）在贷款还清前死亡，那么贷款人（债权人）可以从寿险公司的给付中直接扣除借款人所欠金额。如果借款人虽然未死亡但不愿或无法按期按约偿还贷款，那么贷款人可以持手中的保单到寿险公司办理退保或是通过向寿险公司申请保单贷款等方式取回自己贷出的资金。

（3）增加员工福利，吸引并留住人才

企业可以把人身保险作为一项福利提供给某些重要员工，以吸引并留住人才。比如可以用人身保险作为对管理人员的奖金，由雇主为选定的管理人员购买人身保险，并支付保险费。这种由雇主（企业）支付的保险费可以视为对雇员的一项奖金或福利，作为被保险人、保单所有人的雇员可以指定保单受益人，并具有其他所有保单权利（条款允许的保单借款、质押贷款、退保变现等）。

第二节　人身保险的发展

一、人身保险在我国的发展

（一）人身保险在我国的发展历程

1. 中国古代的人身保险思想与萌芽

人身保险在我国的发展

我国古代很早就产生了预先提存后备、养老恤贫、互助共济以保生活安定的思想，比如长江流域人们分船装货的劳动习惯、先秦时人们就提出的耕三余一思想。与我国早期保险思想相对应的、由统治阶级实施的古代仓储制度，就是为了保障社会安定而设立的。汉朝时的常平仓在丰收年景粮食价格较低时，国家以高于市场的价格大量收购粮食入库，以免谷贱伤农。集中于宋朝的广惠仓也是一种古代实物形式的后备仓储制，国家将每年征收上来的税米部分贮藏于仓，以备平时扶助老、弱、病、残者。此外，为了应付各种人身危险，在我国漫长的封建社会里，民间还曾流传着名目繁多的丧葬互助组织，如长生会、老人会、葬亲会等，入会者相互约定，当入会者本人或其长辈亲属死亡时，其他入会者要各出一定的金钱，作为丧葬费用。

我国虽然早在古代就萌芽了养老恤贫、互助共济的人身保险思想，民间也出现了各种丧葬互助组织，但由于漫长的封建社会一直以自给自足的自然经济为主，人们还只是依赖家庭成员之间、亲戚邻里之间的互助以及民间借贷来应付人身危险，没有形成规模经营的近代人身保险机构，因此，常有人说"保险"是"舶来品"。

2. 中国人身保险的出现与发展

中国近代人身保险的历史是与近代中国的屈辱、抗争、探索的历史密切相关的。

鸦片战争以后，随着外国政治、军事势力的入侵，各种经济、文化势力也纷纷入侵我国，近代人身保险制度随之进入中国。1884年，英国殖民者首先在上海设立了永福和大东方两家人身保险公司，其后又有美国的联邦、友邦人寿保险公司及加拿大的永明、永康、宏利等人寿保险公司。这些外国人寿保险公司开始只承保在华的外国人，后来也逐渐接受中国人的投保。

当时的外国保险公司基本上是由洋行投资设立的，也有的吸收了部分华商股份。在相当长的一段时间里，由于中国没有设立自己的保险公司，外国保险公司独占整个保险市场，无论是海上保险、火灾保险，还是人身保险。外国保险公司在华的设立，一方面将近代西方的保险业带进了中国，另一方面也赚取了大量的超额保险利润。

由于寿险公司获利较多，中国人也尝试着开始经营。最早的华资寿险公司是成立于1912年的华安合群保寿保险公司。

鸦片战争后，我国一些有识之士开始从西方国家寻找"富国强兵"之策。从洋务运动、戊戌变法到辛亥革命，他们都试图用西方先进的思想、制度来改变、摆脱中国挨打受辱的局面。在此期间，外国的人身保险思想也被介绍到中国，魏源、洪仁玕、郑观应、王韬等人著书立说，介绍外国的人身保险制度，阐述各自的保险观，对我国民族人身保险业的产生和发展起了相当大的促进作用。越来越多的有识之士看到了保险经济的重要性，认识到了中国保险市场的重要意义。为了适应航运业的发展，挽回民族权利，1865年到1912年，我国在上海设立的水火险公司和人寿保险公司约有37家，在其他城市设立的保险公司约6家，共43家，民族保险业基本形成。但大多都因为经营管理不善，业务难以发展，先后歇业倒闭。1907年，徐锐起草了《保险业章程草案》，成为中国历史上第一部保险法规。1908年10月，清政府派员参加万国保险公司会议，标志着中国民族保险业初步形成。

中华民国成立后，民族工商业得到了较迅速的发展，民族人身保险业也得到较大发展。1937年七七事变后，抗日战争全面爆发，国民党政府撤退到西南、西北地区，形成战时大后方。战争的特殊条件刺激了人身保险业的发展，但同时也受到战时环境的制约。

1949年，中华人民共和国成立后，人民政府对原有的保险业进行了接管、改造，1949年10月20日成立了国营性质的中国人民保险公司，在全国范围内经营财产保险和人身保险。1958年开始，全国开展了人民公社运动，除涉外保险业务以外，国内保险业务均被停办。

3. 人身保险在我国恢复商业经营后的发展

1982年，人身保险业务开始恢复办理，从此，我国人身保险事业开始了历史性的转折。1982—1987年年平均增长率达到330%。这当然与恢复初期基数较小、反映到相对数上比较大有关，同时也和20世纪80年代初国民经济高速增长的刺激及其他社会背景有密切关联。

1988年开始保险市场从一家垄断转向三足鼎立，分别是中国人寿保险、中国平安保险和中国太平洋保险；1995年我国第一部《中华人民共和国保险法》颁布；1996年开始我国产寿险分营；1997年，受当年降息的影响，人身保险保费增长速度开始超过财产保险，此后就一直保持着保费规模上的优势。

1997—2006年是我国人身保险市场高速发展的十年，市场经营主体、保险规模、产品创新程度、市场对外开放程度均发生了翻天覆地的变化。2006年颁布了"保险国十条"，对我国保险行业的发展起到了十分重要的作用，对人身保险市场的影响同样深远。

"国十条"提出的主要任务有：

——在拓宽保险服务领域方面，要统筹四个层次的保险品种，即城乡商业养老保险、健康保险、责任保险和农业保险；

——在资金运用方面，要提高保险资金运用水平，为国民经济建设提供资金支持；

——在体制改革方面，要深化保险体制机制改革，完善保险公司治理结构，增强可持续发展能力，提高对外开放水平；

——在监管方面，则强调加强和改善监管，防范化解风险，加快保险信用体系建设，切实保护被保险人合法权益。

2014年，国务院颁布《关于加快发展现代保险服务业的若干意见》（以下简称《意见》），业界称为"新国十条"。《意见》明确提出，到2020年，基本建成与我国经济社会发展需求相适应的现代保险服务业，完成保险深度达到5%，保险密度达到3500元/人的发展目标。

（二）中国人身保险市场发展现状

经过改革开放40年，我国的保险市场尤其是人身保险市场得到长足进步。以下是从中国银保监会网站上统计和整理的2010—2019年的市场经营数据、各地保费收入情况（见表1-1），以此考察我国保险市场发展的现状。作为金融领域的三大支柱之一，保险业对经济发展的促进作用凸显在保险的职能上，近年来国家对于保险行业愈发看重，每年的《政府工作报告》都不断提及要发挥保险经济补偿、资金融通和社会管理的职能。

表1-1　2010—2019年我国保费收入及构成

年份	保费		人身险		财产险	
	金额（亿元）	增长率（%）	金额（亿元）	增长率（%）	金额（亿元）	增长率（%）
2010	14528	30.4	10632	28.9	3896	34.6
2011	14339	-1.3	9721	-8.6	4618	18.5
2012	15488	8.0	10157	4.5	5331	15.4
2013	17222	11.2	10741	5.7	6481	21.6
2014	20234	17.5	12690	18.1	7544	16.4
2015	24282	20.0	15859	25.0	8423	11.7
2016	30955	27.5	22235	40.2	8724	3.6
2017	36581	18.2	26040	17.1	10541	20.8
2018	38017	3.9	26261	0.8	11756	11.5
2019	42645	12.2	29628	12.8	13016	10.7

在保费规模持续扩大的同时，各年赔付与给付支出占原保费收入的比例也稳步上升，以2019年为例，赔款和给付支出为12894亿元，同比增长4.85%，保险业在对社会经济

保障方面的确发挥出了一定作用。纵向比较近十年来我国的保险深度和密度均呈缓慢增加趋势，到了2015年总体规模超越英国成为世界第三大保险国家。但是通过分析衡量保险业发展水平的保险深度和保险密度指标来看，我国的保险业发展仍处于低水平阶段，尤其是保险密度指标直接反映了居民薄弱的保险消费意识和知识水平，而保险意识对保险消费行为和保险需求有着极其重要的影响力（见表1-2）。

表1-2　2010—2018年我国保险深度、保险密度一览

年份	保险深度（%）	保险密度（元/人）
2010	3.65	1083.4
2011	3.04	1064.4
2012	2.98	1143.7
2013	3.03	1265.4
2014	3.18	1518.0
2015	3.59	1766.0
2016	4.16	2239.0
2017	4.42	2632.0
2018	4.22	2724.0

我国经济发展的地域差异十分明显，映射在保险领域也是一样。近几年来排名靠前的大多是经济大省和人口大省，比如广东、江苏及河南等，排名靠后的是经济落后的省份，比如西藏、青海、宁夏、海南、甘肃等。

二、人身保险在世界的发展

（一）英国

众所周知，英国是世界人身保险的发源地。在英国保险几百年的历史沿革中，有几个标志性的大事件，推动了英国保险市场的迅速发展。

人身保险在世界的发展

1762年，英国公平人寿保险公司创办，标志着现代人寿保险的开端。1774年，英国通过了《英国人寿保险法》，成为英国人寿保险发展史上的第二个里程碑，该法规定：除了对被保险人的生存或死亡有利益关系者能作为投保人外，其他人都不得办理人寿保险。19世纪中期，英国人寿保险公司开始通过保险代理处和设置分支公司来扩大普通寿险业务。1848年，铁路旅客保险公司开始办理旅客人身意外伤害保险。1854年，英国下议院经过社会调查，建议为低薪阶层解决保险问题。伦敦谨慎保险公司首创简易人寿保险，简易人寿保险吸引了无数低收入者投保，并流传至其他国家。1885年，设在爱丁堡的疾病和意外保险工会开始办理疾病保险，保险期限为一年。后来又推出了永久健康保险，被保险人经体检合格后方可签发保单，承保至规定年龄（如退休年龄）。1844

年，英国政府曾制定《股份公司法》，着手对保险公司进行监督，但效果不明显。于是在1870年英国又通过了《人寿保险公司法》，该项法律要求保险公司实行账务公开，接受社会的监督，从而将寿险公司的经营引向正轨，这标志着英国人身保险制度走向成熟。

（二）美国

英国创立的人身保险制度首先传向德国和法国，后来才传入美国，但在美国的发展速度却十分迅速。在发达国家中，美国人身保险业的发展过程是比较完整的，有较强的代表性。18世纪初，美国开始科学地计算人寿保险的保险费，较英国晚半个世纪。1759年，长老教会牧师基金提供死亡保障。1794年4月14日，北美洲保险公司成立，其经营普通保险业务，包括人寿保险，但该公司在前5年只签发了6份人寿保险单，1804年其寿险业务中止。1809年，美国第一家商业性人寿保险公司成立。1836年，费城吉拉德人寿保险、年金和信托公司推出了分红保险。随着美国经济的飞速发展和人口的增加，对人寿保险的需求不断上升，相互保险公司的出现更是推动了寿险业务的发展。推动美国人寿保险迅速发展的另一重要因素是与雇员福利有关的团体人寿保险和年金保险的出现。美国的健康保险开始于19世纪60年代，当时的健康保险并不是独立的险种，而是作为其他人身保险的附带保险责任。第二次世界大战以来的大部分时间里，美国始终是世界头号保险大国。

美国寿险市场产品结构的变化可以分为以下四个阶段：

第一阶段：19世纪20年代到20世纪70年代末。这一阶段，定期寿险和终身寿险等传统产品占据了主导地位，变额寿险虽然已经出现，但是其市场份额可忽略不计。

第二阶段：20世纪80年代初到90年代初。万能寿险成为美国寿险市场上的主打产品，它为客户提供了更多的灵活性，非常受美国民众欢迎，并在1985年达到巅峰，占寿险市场的38%。由于万能寿险是投资型险种的一种，可以认为，美国寿险市场早在20世纪80年代开始就已经成为投资型产品所主导的寿险市场。

第三阶段：20世纪90年代初到90年代末。进入90年代之后，美国的寿险市场再次发生巨大变化，由于变额万能寿险在美国股票市场表现越来越好的背景下逐步获得人们的青睐，从1991年开始，其市场份额就一直上升，每年的平均增幅达到25%，整个90年代，变额万能寿险逐渐取代万能寿险的地位成为美国寿险市场上最主要的寿险产品，美国寿险市场成了变额万能寿险的天下。在此期间，传统寿险产品的市场份额逐渐稳定，在90年代的大部分时间里，这两类险种的市场总份额始终在30%～50%的区间内波动。如1992年传统终身寿险按年保费计算的市场份额约为36.7%，1995年和1996年的市场份额则分别为45%和41%。

第四阶段：21世纪初至今。进入21世纪，美国寿险市场的产品结构再次发生重大变化，其主要特征就是在定期寿险和终身寿险份额变化不大的情况下，变额万能寿险的市场份额出现大幅下滑，万能寿险重新夺回了不少失地。2002 年之后，万能寿险再次成为美国寿险市场上份额最大的寿险产品。

可见，美国寿险市场的产品结构是一个动态发展的过程，各种类型的寿险产品的市场份额根据经济环境的变化发生巨大调整。

（三）日本

与我国一衣带水的日本，人身保险业是明治维新后从欧美引入的，作为保险超级大国，在保险密度和保险深度方面，均排在世界前列。

日本居民储蓄率较高，战后也经历了家庭小型化的演变，这些都与中国类似。高储蓄率往往意味着保险行业潜力较大。保险产品，特别是储蓄类保单、分红险及万能险，在很大程度上可以看作储蓄的替代型产品。在整个金融行业出现储蓄分流的大背景下，较高的国民储蓄率为保险行业的持续发展提供了坚实的基础。

商业保险在日本被称为个人保险。它作为保险人与被保险人之间的一种商业行为，只有经过政府保险管理机关批准设立的保险人才能进行营业。商业（个人）保险主要分为生命保险（寿险）和损害保险（非寿险）两大部分。此外，还有所谓第三领域保险（包括癌症、医疗和人身意外伤害保险）。日本保险市场上的险种可分为简易保险、特约保险和委托保险三类。简易保险以家庭和个人为对象，主要有家庭生活保险、养老保险等；特约保险主要用于解决医疗费用的问题，因各种原因入院治疗，均可参加特约保险；委托保险包括火灾保险、汽车保险等十三类保险。

具体到人身保险业，1881 年，日本第一家寿险公司——明治生命保险公司成立。1900 年，日本实行保险立法，使日本的人身保险走上了正常发展轨道。同时，一些外国保险公司也开始进入日本寿险市场。1902 年，日本第一家相互保险公司——第一生命保险公司成立。1916 年，日本又实行了《简易保险法》，即允许邮局办理无体检、每月交付保费的简易人身险。第二次世界大战前，日本的人身保险获得长足发展，第二次世界大战以后，伴随着日本经济增长奇迹，人身保险业也经历了 20 世纪六七十年代的高速发展期。90 年代以来，日本人身保险业的发展出现了新的局面。主力险种由原来的定期保险改为终身保险；个人年金市场扩大，多样化的年金险种出台，其中变额年金最受市场欢迎；医疗保障得到发展；女性人寿保险的投保率大为提高，各种适应女性的专用险种不断得到开发，繁荣了人身保险市场。

与我国保险公司的做法不同，日本几乎所有的寿险公司都实行员工制度。保险营销人员是公司的职员，工作主要是外勤，所以又称之为外务员，和公司的关系是雇佣和被雇佣的关系，在社会保险等方面和普通公司的职工没有区别，只是在工资待遇方面除了底薪之外，主要部分来源于个人的业绩提成。

全日本有一支约 40 万人的外勤展业大军，活跃在寿险事业的最前线。外勤展业制度有以下三个特点：第一，外勤人员多，外勤人员数是内勤的 37 倍；第二，外勤人员中女性多，男性少，女性占外勤人员人数的 90%以上；第三，外勤人员工资差别大，他们的工资由固定的基本工资和按业绩计算的浮动工资两部分组成，这符合多劳多得的原则。

第三节　人身保险的未来发展

2013 年以来，"互联网＋"风潮席卷金融行业，重塑或颠覆了不少传统金融领域的经营流程和原则，一时间，"未来"这个词被反复提及。我们也需要仔细思考什么是保险市场的未来，因为只有准确预测人身保险市场的趋势，才能顺应并推动人身保险的良性发展。

一、影响人身保险未来发展的因素

人身保险发展的
未来趋势

（一）政策方面

在人身保险市场的发展过程中，政策一直是很重要的影响因素。近年来在与人身相关的养老、生育、健康等方面的政策给予了人身保险更大的发展空间。

1. 养老政策

养老保险是社会保障制度的重要组成部分，是社会保险五大险种中最重要的险种之一。养老保险的目的是保障老年人的基本生活需求，为其提供稳定可靠的生活来源。根据《中华人民共和国社会保险法》等有关规定，从 2016 年 5 月 1 日起，将阶段性降低养老保险费率标准。自 2018 年 7 月 1 日起，国务院《关于建立企业职工基本养老保险基金中央调剂制度的通知》实施。

2. 生育政策

我国目前的低出生率促使实行多年的人口政策加速调整。国家统计局数据显示，2014年，中国启动"单独二孩"政策，在政策鼓励下，当年出生人口数量比 2013 年增加 47 万人。但到了 2015 年，出生人口数量却比 2014 年减少 32 万人，出生率回落到政策出台以前的水平。紧接着在 2016 年，中国推行"全面二孩"政策，但并未有效提升生育率。

3. 健康政策

2016 年颁布的《"健康中国 2030"规划纲要》指出，到 2030 年，促进全民健康的制度体系更加完善，健康领域发展更加协调，健康生活方式得到普及，健康服务质量和健康保障水平不断提高，健康产业繁荣发展，基本实现健康公平，主要健康指标进入高收入国家行列。

到 2030 年具体实现以下目标：

——人民健康水平持续提升；

——主要健康危险因素得到有效控制；

——健康服务能力大幅提升；

——健康产业规模显著扩大；

——促进健康的制度体系更加完善。

（二）科技发展

从历史来看，科技对于保险业的影响很大：第一次科技革命，大机器取代了手工业，推动社会经济发展，促进了财产保险的产生和发展；第二次科技革命，内燃机和交通工具产生，引发新的人身风险，拓展新的保障范围；第三次科技革命，计算机和通信工具革命，使保险组织和管理形式发生了很大变化；第四次科技革命是以人工智能、清洁能源、机器人技术、量子信息技术、虚拟现实及生物技术为主的全新技术革命。

第四次科技革命将给保险业带来什么样的变化？不少人对于这次科技革命寄予厚望，认为会在以下四个方面对保险业产生较大影响。

（1）保险经营的基础就是大数法则，抽样样本足够大，对死亡风险的统计才可靠，但是在大数据情况下传统的抽样数据变成了全量数据。生命科技的发展特别是基因技术的发展，使个体死亡风险验证有了更加精确的手段。

具体来讲：人类基因技术的提高、发展或可改变人体的生物钟，延长人的生命。一方面，基因是有遗传效应的 DNA 片段，人类遗传物质就是 DNA，其总和就是人类基因组。随着科学技术的不断发展，人类基因技术得到不断突破。危害人类的 5000 多种遗传病及与遗传相关的癌症、心血管疾病、高血压、糖尿病、精神病等都可以得到早期诊断和治疗。基因制药将为人类的健康和长寿发挥神奇的功能。另一方面，人类遗传基因信息的破译也将破坏人身保险的经营基础。保险是在信息不完全的情况下采取的一种危险管理手段，人身保险则是被保险人对自己的疾病和生命长短的不确定而寻求的保险保障手段，保险人根据概率论和大数法则并基于对人身危险总量的科学预测，对被保险人的个别危险进行测算而设计出保险产品。因此，将来人寿保险公司在制定生命表时就必须考虑基因工程对未来人们的生死存亡概率的影响。

（2）大数据方面，保险是低频数据行业，一般不发生交易，人身险长期性保单到期人们才会和保险公司打一次交道，保险行业在获取大数据和跨界竞争当中与互联网业相比位于劣势。现在消费者对线上体验要求越来越高，而保险公司的长项在线下，新的科技革命对保险商业模式和技术运用提出更高的要求。

（3）扩展风险管理的内容和范围。这主要体现在两个方面：一是运用生命科学技术对人身保险中的死亡风险、疾病风险进行事先管理；二是老龄化、生育政策的变化、社保制度的变化，既对保险行业提出了新要求，也对风险管理提出了新命题。

（4）保险个性化、碎片化。小微风险在旧技术下不可保，成本不能覆盖，在新技术环境下，这一需求可以得到满足，但是对经营者在销售、承保、理赔、客服等方面提出了新的要求。

二、市场创新的实践

（一）智能保险

所谓的智能保险，是指消费者只需要在很短的时间里，回答系统提前设定好的若干问题，就可以分析出保险需求，进一步地量身定制出一套"完美"的保险配置方案。简而言之，在智能保险时代，用户需要做的，就是一键下单。

人身保险的未来模样

目前国内已经有几家保险公司和保险中介公司先后推出了智能保险平台，比如大特保的智能保险、宜信博诚的智能保险和太平洋保险的阿尔法保险（见图1-4）。

图1-4 我国市场上的智能保险平台

根据市场的反馈，总体来说智能保险平台远远没有达到应有的高度。问题体现在以下两个方面。

（1）在问题的设计上不够全面，缺乏针对性。

如果想对客户的保险需求进行全方位的分析，至少需要了解客户的这些信息：家庭成员（父母、配偶、子女和本人）的年龄、各自的税后年收入情况、日常消费支出情况、有无社保、职业类别、储蓄存款、有无贷款（房贷、车贷）、贷款金额和期限、有无不良嗜好（吸烟、喝酒等）、身体健康情况（有无家族病史等）、有无企业补充医疗及对应的保障额度、有无投保其他商业保险及对应的保障额度情况、是否经常开车、是否经常出差旅游等。

而智能保险的一大"卖点"就是设置极简的问题，尽量通过最短的时间获取客户的关键信息，从而实现需求分析。

如果不对客户进行全方位的了解，仅凭几个简单得不能再简单的问题，如何能洞悉客户的真实需求？如何为客户量身打造最适合的保险方案？

（2）从智能保险推荐的保险产品配置建议来看，这类平台的最终目的仍然是销售，而没有真正做到以客户为中心。

每个平台最终推荐的产品，基本都是该公司的保险产品。这样，如何能保证方案的客观、公正？

保险公司本身并不适合推智能保险，除非这家保险公司能确保自家的各种类型的保险产品都是市场上性价比最高的。如果真要推广智能保险，最适合的还是与众多保险公司进行合作的保险经纪公司。

（二）定制保险

有人预测从未来发展趋势看，保险产品的小型化、个性化将成为主流，将逐步替代大而全的保险产品。随着新兴技术的发展及监管政策的松动，定制保险将引领行业新的发展趋势及新的产品提供方式、服务方式的转变。

对于定制保险来说，国外保险公司的实践远早于国内。如成立于2012年、总部位于加州的Trov备受业界称赞，Trov是一款移动应用兼数字保险平台，提供跟踪、价格信息查询及单项和财产微短期按需保险服务。客户把购物邮箱跟Trov关联起来，一旦邮箱收到电子小票，Trov就会读取小票，识别购买的物品，甚至马上计算出保费，并直接把这些信息放进客户的物品列表中。Trov还有一个关键特征是可以实时计算、结算保费，投保时间可以精确到秒。启动保险后，用户还可以根据情况调整重要的保险参数，例如免赔额等，进而调整保费。不仅如此，国外部分保险公司已经在试验各类利用数据分析客户的方案了。在国内，诸如百度、众安科技等公司也在探索通过数据提高保险产品和客户的匹配性。在未来，新兴技术会为保险机构和客户带来革命性的变革，通过各种技术的应用，保险公司不需要再花力气甄别客户信息、资料，客户也无需通过填写烦琐的个人信息浪费时间，在大数据、人工智能等技术的辅助下，可以获得个性化的报价信息。从中不难发现大数据、物联网、车联网、区块链等技术为定制保险时代的到来提供了强有力的技术支持。

在传统保险市场里，"保险"更多地代表着一种专业的技术字眼，无论寿险还是产险，产品设计的理念都是保障全面、涵盖时间长。现状是目前我国拥有超过百家的保险公司，但缺乏特色鲜明、让人耳目一新的公司和产品，同质化现象严重。

而定制化、差异化恰好是突破同质化瓶颈的有效途径。

目前世界各国对于保险业的监管都比较严格，定制化保险虽能给投保客户带来极大的便利，给保险机构业务带来突飞猛进的增长，但对于一直以来被保险业奉为行业根基的"大数法则""生命周期表"等来说却是不小的撼动。

2019年，慧择保险与海保人寿联合推出重疾险产品"芯爱"，该产品为心血管疾病和癌症保障量身定制。腾讯微保联合泰康在线、上药集团镁信健康举行"药神保"抗癌特药保障计划发布会，正式推出"药神保"，为用户提供确诊癌症后两年的抗癌特药供药保障和服务。妙健康协助太平洋医疗健康打造的国内首个"健康互动保险计划"正式上线。

这些产品都由第三方企业与保险公司共同推出，依托互联网大数据，根据消费者需求细分市场，为用户特别设计、精准推送，有效改善了保险产品同质化严重的现状。

三、未来保险的人工智能化趋势

2018年4月，麦肯锡发布最新报告《保险2030，人工智能对未来保险的影响》，报告显示：人工智能及其相关技术将对保险业的各个方面产生巨大影响，从分销到承保到定价到索赔；先进的技术已经影响到分销和承销，而政策则影响到实行定价、购买并对其产生约束。

具体来讲，保险行业的销售渠道或将成为被人工智能技术率先改造的对象。具备了专业知识的智能机器人，可以整合多方面的数据，针对客户的实际需求设计科学合理的保障方案，真正实现站在客户的立场考虑问题，告别销售误导，提升客户体验。美国的一家保险科技创业公司Insurify已经用人工智能替代人类开展保险工作。

人工智能能够在一定程度上模拟人类的智能活动，强大的计算能力又让其具备了更快的反应速度，因此在一定程度上，它能够更好地帮助人类趋利避害，从而降低风险发生的概率。在人身险方面，可穿戴设备及智能检测设备的发展，使人类可随时监控身体变化情况，一方面可以有效预防疾病，另一方面，即便发生疾病，也可以在早期就发现，早做治疗，这也将在很大程度上影响人身险，尤其是健康险的发展。

大数法则是保险业的立业之本，但限于技术能力，传统的大数法则只能建立在历史数据和抽样调查的基础上，存在较大缺陷和不足。但大数据及人工智能技术的发展让人类预测准确度大为提升，通过机器学习技术引入大数据技术建模优化后，保险业可以有效地降低赔付率，并扭亏为盈。

正因为如此，未来值得期待。

➤ **课后思考**

单元测试

1.名词解释

风险　人身风险　人身保险　社会保险　智能保险　定制保险

2.简答题

（1）简述人身风险的类型。

（2）发展商业人身保险有什么重要意义？

（3）分析我国老龄化现实及生育政策变化给人身保险发展带来哪些发展机遇。

（4）根据我国人身保险市场的现状，分析我国人身保险在发展中存在哪些问题。

第二章
人身保险的合同管理与条款

► **知识要点**

1. 人身保险合同的特点。

2. 人身保险合同的替代形式。

3. 人身保险合同的主体、客体和内容。

4. 人身保险合同的履行环节。

5. 人身保险合同的解释及争议处理。

6. 人身保险合同的条款。

► **案例导读**

保险是一种无形的金融产品，是对未来不可预知的风险所造成损失进行赔偿的承诺。而如何赔偿、赔偿多少、能否得到赔偿等都通过事先签订保险合同的方式固定下来，从而约束保险交易的各方主体，保障各方权利的享有及义务的履行。保险合同关系到众多利益方的权利和义务，各参与方是受保险法的保护和制约的。

一、2019 年前三季度保险消费投诉总体情况

2019 年 11 月，中国银保监会公布了 2019 年前三季度保险消费投诉总体情况。截止到 2019 年 9 月 30 日，中国银保监会及其派出机构共接收涉及保险公司的保险消费投诉 71990 件，同比增长 3.40%。其中，保险合同纠纷投诉 69589 件，同比增长 2.04%，占投诉总量的 96.66%；涉嫌违法违规投诉 2401 件，同比增长 68.02%，占投诉总量的 3.34%。

（一）涉及保险合同纠纷投诉情况

2019 年前三季度，中国银保监会及其派出机构接收并转保险公司处理的保险合同纠纷投诉 69589 件。其中，合同纠纷投诉量居前的人身保险公司为：平安人寿 6751 件，同比增长 79.64%；中国人寿 3731 件，同比下降 37.04%；太平洋人寿 3287 件，同比增长 18.62%；新华人寿 2392 件，同比下降 18.47%；泰康人寿 2352 件，同比下降 2.04%（见图 2-1）。

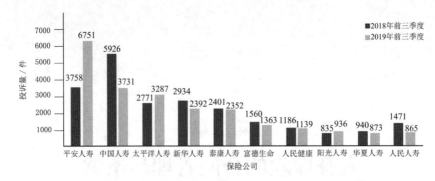

图 2-1　保险合同纠纷投诉量前 10 位的人身保险公司

（二）涉嫌违法违规投诉情况

2019 年前三季度，中国银保监会及其派出机构接收由监管机构负责处理的保险公司涉嫌违法违规投诉 2401 件。其中，涉及人身保险公司 1689 件，占比 70.35%。

二、投诉反映的主要问题

（一）理赔纠纷投诉

在涉及人身保险公司的投诉中，理赔纠纷 7313 件，占人身保险公司投诉总量的 22.32%，涉及的险种以疾病保险、意外伤害保险和医疗保险为主，主要反映责任认定纠纷、理赔时效慢和理赔金额争议等问题。

（二）销售纠纷投诉

在涉及人身保险公司的投诉中，销售纠纷 14691 件，占人身保险公司投诉总量的 44.84%，涉及的险种以普通人寿保险、分红保险、疾病保险和意外伤害保险为主，主要反映夸大保险责任或收益、未充告知解约损失和满期给付年限、承诺不确定利益的收益保证等问题。

销售纠纷投诉量居前的人身保险公司为：平安人寿 4372 件，同比增长 206.59%；中国人寿 1458 件，同比下降 43.92%；太平洋人寿 1436 件，同比增长 15.25%；新华人寿 1076 件，同比下降 28.84%；泰康人寿 1043 件，同比下降 15.20%（见图 2-2）。

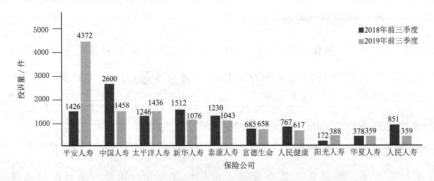

图 2-2　销售纠纷投诉量前 10 位的人身保险公司

➤ **思　考**

1. 市场消费者对保险的高度追捧，说明了什么？

2. 监管部门的管理举措又说明了什么？

第一节　人身保险合同概述

一、合同与人身保险合同

（一）合同的定义及性质

1.定义

合同，又称为契约、协议，是平等的当事人之间设立、变更、终止民事权利义务关系的协议。合同作为一种民事法律关系的一种形式，是当事人协商一致的产物，是两个以上的当事人意思表示相一致的协议。只有当事人所做出的意思表示合法，合同才具有国家法律约束力。依法成立的合同从成立之日起生效，具有国家法律约束力。

广义合同指所有法律部门中确定权利、义务关系的协议。我国的法律对"合同"进行了定义。《中华人民共和国民法典》第三编"合同"第一分编"通则"第四百六十四条规定：合同是当事人之间设立、变更、终止民事关系的协议。第四百六十五条规定：依法成立的合同，受法律保护。

2.合同成立的条件

根据相关法律约定，合同成立需要满足4个条件。

（1）双方当事人应具有实施法律行为的资格和能力；

（2）当事人应是在自愿的基础上达成的意思表示一致；

（3）合同的标准和内容必须合法；

（4）合同必须符合法律规定的形式。

3.合同的性质

合同一旦成立就具有法律约束力。合同的法律约束力是法律赋予合同对当事人的强制力，即当事人如违反合同约定的内容，则产生相应的法律后果，包括承担相应的法律责任。所谓的约束力是当事人必须为之或不得为之的强制状态，约束力可以源于法律，可以源于道德规范，也可以源于人们的自觉意识。当然，来源于法律的约束力，对人们的行为等约束力最强。

合同的约束力主要表现为：

①当事人不得擅自变更或者解除合同；

②当事人应按合同约定履行其合同义务；

③当事人应按诚实信用原则履行一定的合同外义务，如完成合同的报批、登记手续以

使合同生效。不得恶意影响附条件法律行为中条件的成就或不成就，不得损害附期限法律行为的期限利益等。

（二）人身保险合同

1. 保险合同

根据《中华人民共和国保险法》（以下简称《保险法》）2015 年修订版中第十、十一条的规定，保险合同是投保人与保险人约定保险权利义务关系的协议；订立保险合同，应当协商一致，遵循公平原则确定各方的权利和义务。

一般来讲，保险合同具有以下特征：

（1）有偿合同

有偿合同是指因为享有一定的权利而必须偿付一定对价的合同。

（2）双务合同

双务合同是指合同双方当事人相互享有权利、承担义务的合同。

（3）射幸合同

射幸合同是指合同的效果在订约时不能确定的合同，即合同当事人一方不必然履行给付义务，而只有当合同中约定的条件具备或合同约定的事件发生时才履行。

（4）附和合同

附和合同是指内容不是由当事人双方共同协商拟定，而是由一方当事人先拟就，另一方当事人只是做出是否同意的意思表示的一种合同。

（5）诚信合同

由于保险双方信息的不对称性，保险合同对诚信的要求远远高于其他合同。

2. 人身保险合同

人身保险合同是以人的寿命和身体为保险标的，以被保险人的生、死、残疾、疾病为保险事故的保险合同。人身保险的投保人在保险合同订立时，对被保险人应当具有保险利益。

（1）人身保险合同的保险金额，由投保人根据被保险人对人身保险的需要和投保人的交费能力，在法律允许的范围与条件下，与保险人协商确定。

（2）人身保险合同保险金的给付属定额给付性质。

（3）人身保险合同有保险利益特征。一方面，由于人身保险的保险标的是人的生命或身体，而人的生命和身体的价值不能用金钱来衡量，对人身保险来说，只要求有无可保利益，而对可保利益并没有金额大小的限制。另一方面，保险利益只是订立保险合同的前提条件，并不是维持保险合同效力及保险人给付保险金的条件。

（4）人身保险合同中禁止代位求偿权。《保险法》第四十六条规定："被保险人因第三者的行为而发生死亡、伤残或者疾病等保险事故的，保险人向被保险人或者受益人给付保险金后，不享有向第三者追偿的权利，但被保险人或者受益人仍有权向第三者请求赔偿。"

二、人身保险合同的形式

（一）保险单

保险单是签订保险合同的主要表现形式，简称"保单"，是保险人与投保人签订保险合同的书面证明。保险单的主要内容包括：（1）双方对有关保险标的事项的说明，包括被保险人名称、保险标的的名称及其存放地点或所处状态、保险金额、保险期限、保险费等；（2）双方的权利和义务，如应承担的责任和不予承担的责任等；（3）附注条件，指保险条款或双方约定的其他条件及保单变更、转让和注销等事项。

（二）保险凭证

保险凭证，又称"小保单"，是指保险合同生效成立的证明文件，即简化的保险单。保险凭证上通常不列明保险合同条款，与保险单具有同等效力。在保险凭证中列有条款时，如与正式保单内容冲突，则以保险凭证为准。

（三）暂保单

暂保单又称"临时保险书"，是保险单或保险凭证签发之前，保险人发出的临时单证。暂保单的内容较为简单，仅表明投保人已经办理了保险手续，并等待保险人出具正式保险单。暂保单既不是保险合同的凭证，也不是保险合同订立的必经程序，而仅仅是签发正式保险单之前的权宜之计，一般在以下几种情形中使用。

（1）保险代理人获得保险业务而保险人未正式签发保险单之前，向投保人所签发的凭证；

（2）保险公司的分支机构在接受需要总公司批准的保险业务后，在未获得批准之前所签发的书面凭证；

（3）投保人与保险人就保险合同的主要条款达成协议，但一些具体条款仍需进一步协商，保险单作为保险人签发的书面凭证。

三、人身保险合同的要素

人身保险合同由合同的主体、客体和合同的内容三部分组成。

人身保险合同主体

（一）人身保险合同的主体

人身保险合同的主体是指与人身保险合同发生直接、间接关系的人（包括法人与自然人），可细分为当事人、关系人和辅助人。

1. 当事人

当事人是订立合同、规定合同中权利与义务的主体，是与人身保险合同的订立和履行有直接关系的人，包括投保人和保险人。

投保人是指与保险人订立保险合同，并按照合同约定负有支付保险费义务的人。保险人是指与投保人订立保险合同，并按照合同约定承担赔偿或者给付保险金责任的保险公司。

2. 关系人

关系人是与人身保险合同有经济利益关系，而不一定直接参与人身保险合同的订立的人，包括被保险人和受益人。

被保险人是指受人身保险合同保障，享有保险金请求权的人。受益人，又称"保险金受领人"，是指被保险人或投保人在保险合同中约定当保险事故发生时，享有保险赔偿金请求权的人。受益人可以是投保人、被保险人，在人身保险的死亡保险合同中，受益人是投保人或被保险人外的第三人，具有独立意义。受益人一般由被保险人或投保人在合同中明确规定，未指明的则以被保险人的法定继承人为受益人。

3. 辅助人

辅助人是协助人身保险合同的当事人签署合同、履行合同，并办理有关保险事项的人，包括保险代理人、保险经纪人、保险公估人。

（二）人身保险合同的客体

人身保险合同的客体不是保险标的，而是投保人或被保险人对保险标的所具有的保险利益。人身保险的保险利益，是指投保人对于被保险人的生命和身体所具有的利害关系，这种利害关系，与财产保险的单纯经济利害关系是有区别的。人身保险的保险利益更多体现为投保人和被保险人之间的人身依附关系或者信赖关系。保险利益构成人身保险合同的效力要件，目的在于防范投保人利用保险谋财害命或者以赌博获取不当利益，从而维护被保险人的人身安全利益。

国际上对人身保险的保险利益的产生依据两种原则，即利益主义原则和同意主义原则。根据我国《保险法》第五十三条的规定，可以看出我国采用的是利益主义与同意主义相结合的原则。

1. 本人对自己的生命和身体的保险利益

任何人都可以为自己投保任何保险责任的人身保险合同，保险金额则一般根据投保人的交费能力及其实际需要确定。

2. 投保人对配偶、子女、父母的生命和身体的保险利益

因为配偶之间具有法律规定的扶养义务，父母与子女之间具有抚养或赡养义务，被保险人的死亡或伤残会造成投保人的经济损失，所以投保人对其配偶、父母、子女具有保险利益，可以作为投保人为他们投保，但是也需要被保险人同意。如果子女是未成年人，可以不需要被保险人本人签字。

3. 投保人对家庭其他成员、近亲属的保险利益

与投保人具有抚养、赡养或者扶养关系的家庭成员、近亲属的伤亡，可能会给投保人带来经济上的损失，因此，投保人对他们具有保险利益，可以为他们投保，但是，需要被保险人本人同意。例如，父母对于领养的孩子，就有保险利益。

4. 投保人对同意其订立合同的被保险人的保险利益

被保险人同意投保人为其订立合同的，视为投保人对被保险人具有保险利益。这主要限于投保人的合伙人、债务人及雇员等。例如，对于合伙经营，一旦一方合伙人死亡，就可能导致合伙经营的事业难以为继，使另一方合伙人遭受损失，因此合伙人之间互有保险利益。

（三）人身保险合同的内容

人身保险合同的内容与人身保险合同的主体、客体一样，是建立合同关系必不可少的要素之一。对人身保险合同的内容，有广义和狭义的两种理解：广义的人身保险合同的内容是指人身保险合同的全部记载事项，包括合同的当事人、关系人、双方权利义务和合同标的及保险金额等；狭义的人身保险合同的内容仅是指人身保险合同双方当事人所约定的、由法律确认的权利与义务。

第二节　人身保险合同的订立与履行

一、人身保险合同的订立与生效

（一）人身保险合同的订立程序

人身保险合同的成立，需经过投保人提出保险要求和保险人同意承保两个阶段，也称为要约与承诺两个阶段。

要约——对于保险营销员的展业与推销，只能称为要约邀请。

承诺——承诺又称"接受订约提议"，是承诺人向要约人表示同意与其缔结合同的意思，做出承诺的人称为承诺人或受约人。

具体来说，当事人一方向他方提出订立合同的建议和要求，要约人除表示希望订立合同的愿望和决心外，还必须按法定要求明确提出合同的主要条款，以便对方考虑愿否接受，这种订约提议即为要约。当事人另一方对对方的要约表示完全同意即为承诺。订立人身保险合同亦是要经过要约和承诺两个程序。通常先由投保人填写保险人事先提供的投保申请书，保险人经过审核后认为可以承保并收受第一期保险费后签发保险单，合同乃告成立。

要约与承诺都是一种法律行为，作为法律行为就要根据《中华人民共和国民法典》第四百七十二条、第四百七十九条、第四百八十八条规定的条件：

（1）要约是希望与他人订立合同的意思表示，该意思表示应当符合下列条件：①内容具体确定；②表明经受要约人承诺，邀约人即受该意思表示约束。

（2）承诺是受要约人同意要约的意思表示。

（3）承诺的内容应当与要约的内容一致。

投保人发出要约后，保险人对投保人的投保申请进行审核，才能决定承保与否。审查内容有以身体疾病为中心的医务审查，还有以经济、品德、信用等为中心的事务审查。保险人通过核保认可并收取首期保险费，表示接受要约（承诺），合同即告成立。

人身保险合同采用书面形式订立，合同书面文件有：保险单、投保申请书、复效申请书、医师诊断书或体检报告书、保险单发出后变更或补充合同的文件，以及其他有关当事人协商同意修改合同的文书、电报等。

（二）人身保险合同的生效

和一般合同不同的是，人身保险合同成立并不意味着人身保险合同生效。一般情况下，投保人与保险人就人身保险合同条款达成协议，即经过要约人的要约和被要约人的承诺，即告成立。而人身保险合同的生效是指人身保险合同对当事人双方发生约束力，即合同条款产生法律效力。同样的，保险人开始承担保险责任的时间与人身保险合同的成立时间也不一定一致，保险人是按照约定的时间开始承担保险责任。

➤ 知识链接

《保险法》的第十三条和第十四条有规定如下：

第十三条　投保人提出保险要求，经保险人同意承保，保险合同成立。保险人应当及时向投保人签发保险单或者其他保险凭证。保险单或者其他保险凭证应当载明当事人双方约定的合同内容。

当事人也可以约定采用其他书面形式载明合同内容。依法成立的保险合同，自成立时生效。投保人和保险人可以对合同的效力约定附条件或者附期限。

第十四条　保险合同成立后，投保人按照约定交付保险费，保险人按照约定的时间开始承担保险责任。

二、人身保险合同的履行

（一）人身保险合同当事人的义务

人身保险合同履行是指保险合同的双方当事人按照约定全面履行自身的义务。

1. 投保人义务的履行

投保人在合同的履行过程中，应履行如实告知义务、支付保险费义务、出险通知义务、提供单证义务等。

2. 保险人义务的履行

保险人在合同履行过程中的义务主要有承担保险责任、向投保人说明条款、及时签发保险单证、在合同解除或者合同无效时退还保险或者保险单的现金价值、为投保人等其他人身保险合同的主体保密等。

（二）人身保险合同的有效、生效和无效

有效的人身保险合同是由双方当事人依法订立，并受国家法律保护的；有效是人身保险合同生效的前提，一般情况下，保险合同有效，所附条件成立，人身保险合同生效。在现实中，还有一种情况，当事人虽然订立合同，但是不发生法律效力，法律不予以保护的合同，被称为无效合同。确认合同无效后，自始无效。

人身保险合同是合同中的一种，因此，认定人身保险合同效力的法律依据只能是《保险法》和《民法典合同编》。

➤ **知识链接**

第三十一条　投保人对下列人员具有保险利益：

（一）本人；

（二）配偶、子女、父母；

（三）前项以外与投保人有抚养、赡养或者扶养关系的家庭其他成员、近亲属；

（四）与投保人有劳动关系的劳动者。

除前款规定外，被保险人同意投保人为其订立合同的，视为投保人对被保险人具有保险利益。

订立合同时，投保人对被保险人不具有保险利益的，合同无效。

第三十四条　以死亡为给付保险金条件的合同，未经被保险人同意并认可保险金额的，合同无效。

按照以死亡为给付保险金条件的合同所签发的保险单，未经被保险人书面同意，不得转让或者质押。

父母为其未成年子女投保的人身保险，不受本条第一款规定限制。

第三十七条　合同效力依照本法第三十六条规定中止的，经保险人与投保人协商并达成协议，在投保人补交保险费后，合同效力恢复。但是，自合同效力中止之日起满二年双方未达成协议的，保险人有权解除合同。

保险人依照前款规定解除合同的，应当按照合同约定退还保险单的现金价值。

（三）人身保险合同的中止和复效

1. 人身保险合同的中止

根据《保险法》第三十六条规定，在人身保险合同中约定分期支付保险费的，投保人支付首期保险费后，除合同另有约定外，投保人自保险人催告之日起超过 30 日未支付当期保险费，或者超过约定的期限 60 日未支付当期保险费的，合同效力中止，或者由保险人按照合同约定的条件减少保险金额。

2. 人身保险合同的复效

复效是人身保险合同特有的一项规定，是对原合同的继续，效力溯及原合同订立之时。我国《保险法》第三十七条第一款体现了复效制度的内容，具体规定为："合同效力依照本法第三十六条规定中止的，经保险人与投保人协商并达成协议，在投保人补交保险费后，合同效力恢复。但是，自合同效力中止之日起满二年双方未达成协议的，保险人有权解除合同。"

对投保人来说，恢复保险合同的效力，往往要比重新投保更为有利。特别是效力中止后被保险人已经超过投保年龄的限制时，也只有要求恢复原保险合同的效力，才有可能继续享有参加保险的权利。

复效需要满足以下条件：

（1）时间限制

复效申请的时间不得超过复效申请的保留期限，一般规定时间为2年。

（2）满足投保条件

一般规定，被保险人的健康状况需要符合投保条件。因为在失效期间，被保险人的健康状况或职业可能会有所变化，如果健康状况恶化，或所变更的职业危险性增大，就会导致被保险人逆选择。所以投保人要求复效时，也应该根据最大的诚实信用原则，履行如实告知义务，被保险人必须提交体格检验书或健康证明等文件。

（3）费用

被保险人应交清失效期间所欠的保险费及其利息。

（4）保险人同意

复效是对原合同效力的继续，所以一般情况下，一方提出继续履行合同约定，另一方应予同意。但从保护保险人的利益考虑：如果保险人能够举出投保人、被保险人或受益人有与其主观恶意相匹配的不利于保险人的行为，或者保险人能有其他合理的抗辩，那么可以拒绝恢复合同效力。

（四）人身保险合同的终止和解除

1. 终止的含义

人身保险合同的终止是指在保险期限内，由于某种法定或约定事由的出现，人身保险合同当事人双方的权利义务归于消灭。

2. 终止的原因

（1）自然终止

自然终止是指已生效的保险合同发生法定或约定事由导致合同的法律效力不复存在的情况。这些情况通常包括：①保险合同期限届满；②合同生效后承保的风险消失；③保险标的因非保险事故的发生而完全灭失；④合同生效后，投保人未按规定的程序将合同转让，使被保险人失去保险利益，保险合同自转让之日起原有的法律效力不再存在。

（2）履约终止

履约终止是指在保险合同的有效期内，约定的保险事故已发生，保险人按照保险合同承担了给付全部保险金的责任，保险合同即告结束。但是，船舶保险有特别规定：如果在保险合同有效期内船舶发生全部损失，一次保险事故的损失达到保险金额，则保险人按保险金额赔偿后，保险合同即告终止；如果在保险合同有效期内发生数次部分损失，由于每次损失的赔偿款均未超过保险金额，即使保险赔款累计总额已达到或超过保险金额，保险人仍须负责到保险合同期限届满，合同才告终止。这是因为，为了保持继续航行的能力，船舶在发生事故后必须进行修理，所以在修理费用少于保险金额的情况下，保险人赔付后，保险合同中原保险金额继续有效，直到保险合同期限届满。

（3）提前终止（合同解除）

保险合同的解除是指保险合同期限尚未届满前，合同一方当事人依照法律或约定行使解除权，提前终止合同效力的法律行为。解除保险合同的法律后果集中表现在，保险合同的法律效力消失，回复到未订立合同以前的原有状态。因此，保险合同的解除具有溯及既往的效力，保险人一般要退还全部或部分保险费，并不承担相应的保险责任。

《保险法》中规定了保险人可以解除合同的六种情况。

（1）投保人故意或者因重大过失未履行前款规定的如实告知义务，足以影响保险人决定是否同意承保或者提高保险费率的，保险人有权解除合同。

投保人故意不履行如实告知义务的，保险人对于合同解除前发生的保险事故，不承担赔偿或者给付保险金的责任，并不退还保险费。

投保人因重大过失未履行如实告知义务，对保险事故的发生有严重影响的，保险人对于合同解除前发生的保险事故，不承担赔偿或者给付保险金的责任，但应当退还保险费。（第十六条）

（2）未发生保险事故，被保险人或者受益人谎称发生了保险事故，向保险人提出赔偿或者给付保险金请求的，保险人有权解除合同，并不退还保险费。

（3）投保人、被保险人故意制造保险事故的，保险人有权解除合同，不承担赔偿或者给付保险金的责任；除本法第四十三条规定外，不退还保险费。

保险事故发生后，投保人、被保险人或者受益人以伪造、变造的有关证明、资料或者其他证据，编造虚假的事故原因或者夸大损失程度的，保险人对其虚报的部分不承担赔偿或者给付保险金的责任。（第二十七条）

（4）投保人申报的被保险人年龄不真实，并且其真实年龄不符合合同约定的年龄限制的，保险人可以解除合同，并按照合同约定退还保险单的现金价值。（第三十二条）

（5）合同约定分期支付保险费，投保人支付首期保险费后，除合同另有约定外，投保人自保险人催告之日起超过三十日未支付当期保险费，或者超过约定的期限六十日未支付当期保险费的，合同效力中止，或者由保险人按照合同约定的条件减少保险金额。（第三十六条）

（6）合同效力依照本法第三十六条规定中止的，经保险人与投保人协商并达成协议，在投保人补交保险费后，合同效力恢复。但是，自合同效力中止之日起满二年双方未达成协议的，保险人有权解除合同。（第三十七条）

三、人身保险合同的变更

人身保险合同变更是合同在没有履行或没有完全履行之前，当事人根据情况变化，依照法律规定的条件和程序，对原保险合同的某些条款进行修改或补充。由于保险合同的标的、危险程度等在保险期内可能发生变化，因此，保险合同的变更在所难免。

《保险法》第二十条规定："投保人和保险人可以协商变更合同内容。"人身保险合同的变更，包括投保人的变更、受益人的变更、保险金额的变更、保险期限和保险责任的变更、交费方式的变更。

（一）人身保险合同变更条件

1. 保费增加

第三十二条 投保人申报的被保险人年龄不真实，并且其真实年龄不符合合同约定的年龄限制的，保险人可以解除合同，并按照合同约定退还保险单的现金价值。保险人行使合同解除权，适用本法第十六条第三款、第六款的规定。

投保人申报的被保险人年龄不真实，致使投保人支付的保险费少于应付保险费的，保险人有权更正并要求投保人补交保险费，或者在给付保险金时按照实付保险费与应付保险费的比例支付。

投保人申报的被保险人年龄不真实，致使投保人支付的保险费多于应付保险费的，保险人应当将多收的保险费退还投保人。

2. 保费减少

据以确定保险费率的有关情况发生变化，保险标的危险程度明显降低，或是保险标的的保险价值明显减少的，除合同另有约定外，保险人应当降低保险费，并按日计算退还相应的保险费。

（二）人身保险合同变更内容

1. 保险合同主体的变更

保险合同主体的变更指保险人及投保人、被保险人、受益人的变更。

（1）保险人的变更。保险人的变更，是指保险企业因破产、解散、合并、分立而发生的变更，经国家保险管理机关批准，将其所承担的部分或全部保险合同责任转移给其他保险公司或政府有关基金承担。

（2）投保人、被保险人、受益人的变更。在保险实践活动中，投保人、被保险人和受益人的变更最为常见。

2. 保险合同内容的变更

（1）保险合同内容变更的概念。保险合同内容的变更是指保险合同主体享受的权利和承担的义务所发生的变更，表现为保险合同条款及事项的变更。

（2）保险合同内容变更的依据。《保险法》第二十条规定："投保人和保险人可以协商变更合同内容。变更保险合同的，应当由保险人在保险单或者其他保险凭证上批注或者附贴批单，或者由投保人和保险人订立变更的书面协议。"

在保险实践中，一般不允许保险人擅自对已经成立的保险合同条款做出修订。因而其修订后的条款只能约束新签单的投保人和被保险人，对修订前的保险合同的投保人和被保险人并不具有约束力。

➤ **知识链接**

受益人的变更及受益权限的界定问题

1. 变更受益人是被保险人的合法权益。

被保险人根据自己享有的民事权利的处分权，可以按照自己的意愿指定受益人，也可变更受益人，只要这种变更不违背法律和社会公共利益。

2. 变更受益人必须履行法定程序，否则变更无效。

我国《保险法》第四十一条规定："被保险人或者投保人可以变更受益人并书面通知保险人。保险人收到变更受益人的书面通知后，应当在保险单或者其他保险凭证上批注或者附贴批单。"为了避免因变更受益人而产生不必要的纠纷，《保险法》规定了较为严格的通知义务，即要求被保险人或者投保人以书面形式将变更受益人的决定通知保险人，否则保险人可以不受该项变更的约束，在给付保险金时，依法仍然只将保险金给付原来的受益人。

3. 受益人的受益权以保险金请求权为限。

根据人身保险的相关原则，受益人的受益权以保险金请求权为限，对于保单中的多种其他权益，如退保、抵押贷款、分红等，仍旧由被保险人享有。

第三节 人身保险合同的条款解读

一、人身保险合同的条款

保险合同的条款即保险合同的内容，它是保险合同中规定保险责任的范围和确定合同当事人的权利、义务及其他有关事项的合同条款。依据不同的分类标准，可以对保险合同条款进行如下分类。

（1）依据其产生效力的基础，可以将保险合同条款分为法定条款和约定条款。

（2）依据其在保险合同中的地位，可以将保险合同条款分为基本条款与附加条款。

基本条款又称为普通条款，构成保险合同的基本内容，是一种险种的保险合同所固有的、必备的条款。附加条款是用以扩大或限制基本条款本身所规定的权利与义务的补充条款。

附加条款的目的在于：第一，增强基本条款的伸缩性，以适应投保人的特别需要；第二，变更保险单原来规定的内容，如扩大承保的危险责任、增加保险标的。附加条款通常也由保险人事先印就一定格式，待保险人与投保人特别约定，填好后附贴在保险单上。

二、人身保险合同的普通条款

（一）不可抗辩条款

1. 内容

不可抗辩条款的基本内容是：投保人故意或者因重大过失未履行前款规定的如实告知义务，足以影响保险人决定是否同意承保或者提高保险费率时，自保险人知道有解除事由之日起，保险人的合同解释权超过三十日不行使而消灭。自合同成立之日起超过二年的，保险人不得解除合同；发生保险事故的，保险人应当承担赔偿或者给付保险金的责任。

自杀条款和不可抗辩条款

根据上述描述，我们可以理解为：在被保险人生存期间，从保单签发之日起满二年后，除非投保人停止交纳续期保险费，保险人不得以投保人投保时的误告、漏告、隐瞒等为理由，否定保单的有效性。

2. 设置背景及意义

从历史上看，在发达国家保险业快速发展及保险市场主体大量增加的情况下，部分不诚信的保险公司为了自身的利益，在保险消费者发生保险事故时，滥用合同的解除权，拒不承担保险合同约定的合同义务，恶意拒赔，侵犯保险消费者合法的合同利益，导致全社会对保险业的信任度极大地降低。这种情况的出现，极大地阻碍和遏制了人们对保险这种非渴求商品的需求，事实上这也成为保险业发展的羁绊，所以，不可抗辩条款是为了帮助保险公司渡过"诚信危机"，重塑保险公司的诚信形象而出现的。

我国的《保险法》在2009年修订时，强调了不可抗辩条款对保护投保人或被保险人权益的重要性。从目前的实践看，设置不可抗辩条款可以使保险人和投保人权利及义务对等，解决"理赔难"问题和"逆选择"问题。

★案例 1：

A 先生 2011 年 1 月 7 日投保重疾险；2014 年 9 月确诊淋巴瘤（癌症）；2014 年 10 月收到拒赔通知书，理由是投保前未如实告知，确诊疾病非首次确诊。

拒赔原因：

A 先生在投保前，自 2010 年 7 月开始就连续五次由于同一癌症接受化疗，但他并未将该情况如实告知，且所患癌症并非首次确诊。

法院判决： 支持保险公司胜诉，本案案件受理费 1950 元，由投保人负担。这种情况就属于典型的带病恶意投保。投保人在投保前已经患有癌症，就算过了 2 年的时间，保险公司依据重疾保障责任中的该大病非首次确诊而拒赔，并非不遵守不可抗辩条款。

★案件 2：

W 先生 2012 年 6 月 27 日投保重疾险；2014 年 6 月 26 日初步确诊直肠瘤，6 月 30 日手术，10 月申请理赔；2014 年 11 月收到拒赔通知书并被解除保险合同，理由是投保前未如实告知。

拒赔原因：

W 先生在投保前，已患有心绞痛、冠心病、高血压等疾病，未履行如实告知义务足以影响保险公司决定是否承保的事实。

法院判决： 保险公司支付 W 先生保险理赔金。

法院认为： W 先生已交纳 2 年保费，保险公司没办法证明未如实告知的冠心病和直肠癌之间的因果关系，且已经过了 2 年，保险公司已丧失单方解除合同的权利，对其辩称解除合同的意见不予支持。

这个案例就是一个典型的虽然未如实告知，但是由于《保险法》第十六条二年不可抗辩条款的规定，投保人顺利获得了理赔的案例。

（二）年龄误告条款

1. 内容

该条款规定：如果投保人在投保时错误地申报被保险人的年龄，保险合同并不因此而无效。但保险事故发生时，保险人可以按照投保人实际交纳的保险费和被保险人的真实年龄，调整给付保险金的数额。在年龄误报影响保费及保险金额的实践中，被保险人年龄误报但符合保险合同约定的承保年龄的，可能存在两种情况：一是申报年龄小于真实年龄；二是申报年龄大于真实年龄。两者导致的结果也可能不同：或是实交保费少于应交保费；或是实交保费多于应交保费，即溢交保费。

2. 调整方法

在人身保险合同中，被保险人的年龄是一个"重要事项"，足以影响保险人是否同意承保或提高保险费率。因此，《保险法》根据被保险人年龄误报对人身保险合同造成实质影响的不同，规定了不同的处理结果。

（1）少交保费时的调整

保险合同成立后发现被保险人年龄不真实，保险人有权依据其真实年龄重新核定应交保费，并要求投保人补交不足部分保费。如在保险事故发生后或期满生存给付保险金时发现误报年龄，则保险人应按实付保险费与应付保险费的比例调整保险给付金额。调整公式为：

应付保险金额＝约定保险金额 × 实交保险费／应交保险费

（2）多交保费时的调整

保险合同成立后发现投保人申报的被保险人年龄不真实导致其多交保费的，保险人应将多收部分保费无息退还投保人。

演示案例：

张先生30岁，身体状况良好，投保了15万元的普通终身寿险。保险期内由于意外事件死亡，保险人在审核保险金给付申请时发现他的年龄在投保时被误记为28岁。如果30岁和28岁的普通终身寿险年保险费分别为1140元和1068元，则保险公司应给付多少保险金？

解答：

本案属于被保险人年龄少报的情况，即少交保费。保险合同成立后发现被保险人年龄不真实，保险人有权依据其真实年龄重新核定应交保费，并要求投保人补交不足部分保费。如在保险事故发生后或期满生存给付保险金时发现误报年龄，则保险人应按实付保险费与应付保险费的比例调整保险给付金额。调整公式为：

应付保险金额＝约定保险金额 × 实交保险费／应交保险费

应付保险金额＝ 150000×1068÷1140＝140526.3（元）

（三）自杀条款

1. 内容

一般来说，人身保险合同中的自杀条款是作为免除责任的条款提出的，把自杀列为保险的除外责任。根据我国《保险法》第四十四条规定："以被保险人死亡为给付保险金条件的合同，自合同成立或者合同效力恢复之日起二年内，被保险人自杀的，保险人不承担给付保险金的责任，但被保险人自杀时为无民事行为能力人的除外。保险人依照前款规定不承担给付保险金责任的，应当按照合同约定退还保险单的现金价值。"

很明显，自杀情况一般是被保险人故意行为导致的，从保险人承担的风险应该是非故意的这一角度来看，自杀的行为不应当属于人身保险的承保范围。

2. 设置背景及意义

不少国家在设置自杀条款时有时间上的规定，如果被保险人在特定的期间内（通常为签单生效或复效之日起 2 年）自杀，保险人不负给付保险金责任，只限于退回已交纳的保费，2 年后就不把故意自杀列为除外责任，保险人仍应给付保险金，其原因在于人寿保险的主要目的是向受抚养者提供保障。所以设置该条款的意义在于避免道德危险的发生，避免出现被保险人故意自杀以谋取保险金的情况，也能够最大限度地保障被保险人、受益人的利益。

3. 关于"自杀"

"自杀"一词含义有广义与狭义之分，简单地从广义上说就是指"非他杀"。有学者还把自杀分为过失自杀和故意自杀，举个例子来说，例如 10 岁的儿童模仿电视剧中的上吊情节而"自杀"、精神病患者在神志不清时跳楼，可以称为过失自杀。将所谓"过失自杀"运用在法律中有关自杀的处理规定中，甚至是以人身为保险标的的保险合同中，是不合理的。自杀条款中的"自杀"的含义更复杂，当事人必须具有完全民事行为能力，且在实施自杀时存有主观上的故意。

（四）宽限期条款

1. 内容

宽限期条款是长期人身保险合同中有关投保人支付保费的权利义务的常见条款。所谓宽限期，是指在人身保险合同中分期交付保险费的情况下，在投保人支付首期保费后，对到期未交付续期保费的投保人给予一定期限的优惠，使其得以在该优惠期内补交续期保险费。在宽限期内，保险合同继续有效，因此，如在此期限内发生保险事故，保险人仍应承担给付保险金的责任，但将从给付金额中扣除相应的欠交保费。

2. 设置背景及意义

设定宽限期条款的目的在于避免保险合同非出于投保人的意愿而失效。在分期交费方式中，投保人交付首期保险费往往是合同生效的前提，按时交付续期保费则是维持合同效力的条件。但在漫长的交费期中，投保人可能因经济条件的变化而发生临时交费困难，或出于疏忽等种种原因而未能按时交费，若保险人不给予其一定的交费宽限期，则可能最终导致许多合同非出于当事人的意愿而失效，因此，宽限期条款的设定，于合同双方均有利无害。宽限期为"六十天"，即投保人未按合同约定期限交付当期续期保费的行为，可持续至合同约定期限届满后六十日，未超过六十日的，投保人不承担相应的不利后果。

根据《保险法》第三十六条规定，合同约定分期支付保险费，投保人支付首期保险费后，除合同另有约定外，投保人自保险人催告之日起超过三十日未支付当期保险费，或者超过约定的期限六十日未支付当期保险费的，合同效力中止，或者由保险人按照合同约定的条件减少保险金额。

人身保险合同效力中止期间，即使发生合同约定的保险事故，保险人也不承担给付保险金的责任。但需注意的是，此处保险合同效力的中止只是暂时的，保险合同既未解除也未终止，因此，在合同效力中止后一定期限内和一定条件下，保险合同当事人可以重新恢复其效力，即保险合同复效。复效的意义在于，人身保险合同的效力因投保人逾期未交续期保费而中止后，经当事人双方达成合意，保险人继续承担保险责任，视为保险合同效力从未中止。根据《保险法》第三十七条规定，合同效力依照本法第三十六条规定中止的，经保险人与投保人协商并达成协议，在投保人补交保险费后，合同效力恢复。但是，自合同效力中止之日起满二年双方未达成协议的，保险人有权解除合同。

保险人依照前款规定解除合同的，应当按照合同约定退还保险单的现金价值。

（五）不丧失价值任选条款

不丧失价值任选条款是指保险人在约定的范围内，允许投保人自由处理其保险单现金价值的一种合同约定。不丧失价值任选条款的基本内容是：当投保人没有能力或不愿意继续交纳保险费时，保险单下已经积存的责任准备金可以作为退保金以现金返还给投保人，也可以作为趸交保险费将原保险单改为交清保险单或展期保险单，而究竟如何处理，由投保人任意选择。只有分期交费的人寿保险合同才有必要列入不丧失价值任选条款，趸交保险费时列入此条款显然无意义。

不丧失价值任选条款提出三种处理责任准备金的方式供投保人选择。

（1）现金返还。即把保险单下积存的责任准备金扣除退保手续费以后，作为退保金，以现金的形式返还给投保人。

（2）把原保险单改为缴清保险单。即原保险单的保险责任、保险期限均不变，只要依据已经积存的责任准备金的数额，相应降低保险金额，此后投保人不必再交纳保险费。这种处理方法实际上是以责任准备金作为趸交保险费，投保与原保险单责任相同的人寿保险，保险期限自停交保险费起至原保单满期时止，保险金额由趸交保险费的数额而定。

（3）将原保险单改为展期保险单。即将原保险单改为与原保险单的保险金额相同的死亡保险，保险期限相应缩短，此后投保人不必再交纳保险费。这种处理方法实际上是以责任准备金作为趸交保险费，投保死亡保险，保险金额与原保险单相同，保险期限则由趸交保险费的数额而定。两全保险改为展期保险单以后，保险期限不能超过原保险单的保险期限，如果责任准备金仍有剩余，则作为满期生存保险责任的趸交保险费。

一般来说，投保人可以在直接领取退保金、将原保险单的现金价值改为交清保险、将原保险单的现金价值改为展期保险三种处理办法中选择一种办法处理其保险单现金价值。

➤ **课后思考**

1. 名词解释

宽限期条款　不可抗辩条款　自杀条款　不丧失价值任选条款

2. 简答题

（1）简述人身保险合同成立和生效的相关条件。

（2）简述人身保险合同的主要形式。

（3）简述人身保险合同主体的构成。

（4）简述关于人身保险可保利益的具体规定。

第三章
人身保险的费率计算

➤ **知识要点**

1. 人身保险费率的构成。

2. 生命表的构成与发展。

3. 保费厘定的基本原则。

4. 利用生命表计算保费。

➤ **案例导读**

中国保监会于 2013 年 8 月启动了人身险费率市场化改革，建立起了符合社会主义市场经济规律的费率形成机制，明确了"普通型、万能型、分红型"人身险分三步走的改革路径。经国务院批准同意，中国保监会分别于 2013 年 8 月和 2015 年 2 月实施了普通型、万能型人身险费率改革工作，完成了改革的前两步。分红型人身险预定利率上限的放开，标志着人身险费率形成机制完全建立起来。

寿险费率市场化改革的深入，一是有利于保护消费者利益，打破过去管制条件下的价格保护，激励保险公司创新产品和服务，向市场提供质优价廉的保险产品，实现产品的多样化、服务的贴心化和企业的差异化，更好地满足客户需求；二是有利于健全市场化的费率形成机制，保险公司自主经营、自主定价，监管部门重点管控风险，市场与监管的关系更为顺畅；三是推动保险公司改进经营体制机制；四是有利于服务民生建设和经济发展。

改革后，保监会将主要从以下三方面防范恶性竞争风险：一是强化偿付能力监管约束，遏制恶性竞争；二是采取差异化的条款费率监管措施，防范公司开展恶性竞争，如为防止非理性的价格竞争，保监会将对相关分红保险产品实行分类管理，预定利率超过 3.5% 的分红险产品的推出需经过保监会审批；三是强化高管人员监管，对保险公司的相关责任人实行责任追究制，严惩恶性竞争行为。

第一节　人身保险费率的理论基础

一、精算基础与利息理论

（一）精算的概念与起源

　　精算，简单地说就是依据经济学的基本原理，运用现代数学、统计学、金融学及法学等的各种科学有效的方法，对各种经济活动中未来的风险进行分析、评估和管理，是现代保险、金融、投资业实现稳健经营的基础。

精算基础与利息理论

　　精算学在 17 世纪末期成为一门正式的数学学科。这些长期保障要求资金被储存起来以备将来的保险金支付。这就需要评估未来的不确定事件，例如随年龄增长死亡率的变化，要求不断发展对储蓄及投资基金进行贴现的数学技术。

　　聚焦到保险领域，即保险精算，就是运用数学、统计学、金融学、保险学及人口学等学科的知识和原理，对保险业经营管理中的各个环节进行数量分析，为保险业提高管理水平、制定策略和做出决策提供科学依据和工具的一门学科。人身保险精算是保险精算的主要内容。

　　保险精算学起源于寿险中的保费计算，其发展与寿险有着深厚的渊源，而寿险精算则是从寿险经营的困境中产生的一门新兴学科。现代寿险业经营的复杂性，决定了寿险中运用精算技术的必要性。

1. 寿险精算的历史和发展

　　寿险精算是以概率论和数理统计为工具研究人寿保险的寿命分布规律、寿险出险规律、寿险产品的定价、责任准备金的计算、保单现金价值的估值等问题的学科。17 世纪后半叶，世界上有两位保险精算创始人研究人寿保险计算原理并取得突破性进展。一位是荷兰的政治家维德，他倡导了一种终身年金现值的计算方法，为国家的年金公债发行提供了科学依据；另一位是哈雷彗星的发现者、英国天文学家哈雷，他在研究人的死亡率的基础上发明了生命表，从而使年金价值的计算更精确。保险精算的产生是以哈雷在 1693 年发表的世界上第一张生命表为标志，至今已有三百多年的历史。18 世纪 40 年代至 50 年代，辛普森根据哈雷的生命表，制作出依照死亡率增加而递增的费率表，陶德森依据年龄之差等因素而找出计算保险费的方法。

　　进入 20 世纪以来，金融保险市场发生了根本性变化。首先，金融市场出现了前所未有的巨大风险；其次，在日益完善的保险市场上，保险人之间的竞争愈演愈烈；再者，保险费率市场化，消费者保护运动崛起，甚至政府的费率管制等多种因素出现。因此，当代的保险人不再可能在业务中继续以较高费率水平收取保费。随着统计理论的发展及其不断成熟，保险人在确定保险费率，应付意外损失的准备金、自留限额、未到期责任准备金和未决赔款准备金等方面，都力求采用更精确的方式取代以前的经验判断。这些都对保险精算提出了更高的要求，也进一步推进了保险精算的发展。

保险精算是在20世纪80年代末90年代初才开始传入我国的，虽然起步较晚，但在开始引进时就与国际接轨，通过"派出去，请进来"的学习方式，直接使用国际上最权威的原版教材，直接吸收国际上最新成果，直接与国外学者进行交流。经过十余年的不懈努力，我国保险精算学学术水平已接近世界先进水平。保险精算学的教育发展势头，正如我国保险业的发展势头一样，方兴未艾。

2. 相关理论

概率论和大数定律是保险精算的基础。在保险实务中，我们就常常用频率来计算风险事件的损失概率。比如根据历年资料观察得知，某地区40～50岁年龄组的男性每10万人中1年内死于结核病的有60人，则该地区这个年龄组死于结核病的概率就可估计为0.06%。也只有比较精确地确定了保险事故所造成的损失大小的概率，才能确定经营成本并合理制定费率，实现正常的业务运行，并在此基础上获取满意的利润水平。概率论的发展将风险的不确定性在一定范围内实现了可测。

大数定律是指随机事件在一次独立试验中发生的某种偶然性在大量的重复试验中将呈现为事件发生发展的某种必然的规律性。保险经营利用大数定律把不确定的数量关系转化为确定的数量关系。当保险标的数量很大时，我们可以很有把握地计算出其中遭受危险事故的保险标的会是多少。寿险营销中不断拓展销售队伍进行展业正是来源于此。

（二）利息理论

在人身保险的费率计算中利息理论的作用也很重要。利息可以定义为资本借入者因使用资本而支付给资本所有者的一种报酬，即使用资本的代价。利息的决定因素有三个，即：本金、利率和时间（计息期数）。利息可以按年计算，也可以按半年、季、月等计算。

利息计算有两种基本方法：单利与复利。

1. 单利

单利是本金固定，到期后一次性结算利息，而本金所产生的利息并不再计算利息的一种方式。假设张先生有10000元，要存2年，年利率为3.25%，那么2年后利息是多少？按单利的方法计算：$10000 \times 3.25\% \times 2 = 650$（元）。

单利计算公式：利息（I）= 本金（P）× 利率（i）× 计息期数（n）

2. 复利

复利是指每年的利息还可以产生利息,俗称"利滚利"。假设张先生有 10000 元,要存 2 年,年利率为 3.25%,那么 2 年后利息是多少?按复利的方法计算:$10000 \times 3.25\% \times 2 + 10000 \times 3.25\% \times 3.25\% = 650 + 10.56 = 660.56$(元)。

其中 $10000 \times 3.25\% \times 3.25\% = 10.56$(元)就是第一年的利息在第二年产生的利息,也就是利息的利息。所以,在利率和时间相同的情况下,利息按复利计算比按单利计算要高出 10.56 元。

复利计算公式:本利和(S)= 本金(P)+(1+ 利率)× 期数(n)

单利与复利的区别在于,利息是否参与计息。两者利息的计算结果不同,计息方式不同,计算公式也不同。一般情况下,同样的利率水平,同样的本金,在用单利和复利方式计算利息的结果中复利会高于单利,且期限越长,这两个值之间的差额越大。在保险费率计算中一般采用复利计算的方法。

(三)精算在寿险中的应用

保险,特别是寿险,是以被保险人的生存和死亡为保险标的的保险,其保费和准备金的计算与被保险人的生死有着密切的关系,然而被保险人自保单生效后的未来的存活时间是不确定的,因此,我们就需要研究人的生、死的规律及其有关概率的计算。这其实就是精算在寿险中的应用。

二、人身保险费率

(一)概念

保险费是投保人为转移风险、取得保险人在约定责任范围内所承担的赔偿(或给付)责任而交付的费用,也是保险人为承担约定的保险责任而向投保人收取的费用。保险费是建立保险基金的主要来源,也是保险人履行义务的经济基础。

保险费的影响因素有保险金额、保险费率及保险期限,以上三个因素均与保险费成正比关系,即保险金额越大,保险费越高,或保险期限越长,应交纳的保险费就越多。其中任何一个因素的变化,都会引起保险费的增减变动。保险金额单位一般为 1000 元或 100 元,所以保险费率通常用千分率或百分率来表示。

(二)构成

保险公司向被保人收取的实际金额,不仅要满足其对保额支付的需要,还要满足对费用支付的需要,以及对风险加成、税收和利润因素考虑的需要。这样,保险公司向投保人收取的保费就可看成由纯保费、费用、风险加成、税收和利润几部分构成。习惯上,将由纯费率和附加费率两部分组成的费率称为毛费率。其中，纯费率也称净费率，是保险费率的主要部分，它是根据损失概率确定的。按纯费率收取的保险费叫纯保费，用于保险事故发生后对被保险人进行赔偿和给付。附加费率是保险费率的次要部分，按照附加费率收取的保险费叫附加保费。它是以保险人的营业费用为基础计算的，用于保险人的业务费用支出、手续费支出以及提供部分保险利润等。

（三）原则

保险人在厘定费率时要贯彻权利与义务相等的原则，具体而言，厘定保险费率的基本原则为充分、公平、合理、稳定灵活及促进防损。

1. 充分性原则

保险人所收取的保险费足以支付保险金的赔付及合理的营业费用、税收和公司的预期利润，充分性原则的核心是保证保险人有足够的偿付能力。

2. 公平性原则

一方面，保险人收取的保费收入必须与预期的支付费用相对称；另一方面，被保险人所负担的保费应与其所获得的保险权利相一致。保费的多寡应与保险的种类、保险期限、保险金额、被保险人的年龄、性别等相对称。风险性质相同的被保险人应承担相同的保险费率，风险性质不同的被保险人，则应承担有差别的保险费率。

3. 合理性原则

保险人厘定的保险费率应尽可能合理，不可因保险费率过高而使保险人获得超额利润。

4. 稳定灵活原则

保险费率应当在一定时期内保持稳定，以保证保险公司的信誉；同时，也要随着风险的变化、保险责任的变化和市场需求等因素的变化而调整，具有一定的灵活性。

5. 促进防损原则

保险公司制定的保险费率要有利于促进被保险人加强防灾防损。对防灾工作做得好的被保险人降低其费率；对无损或损失少的被保险人，实行优惠费率；而对防灾防损工作做得差的被保险人实行高费率或续保加费。

第二节　人身保险费率的计算

一、生命表

人身保险以人的生命或身体为保险标的，保险人的给付与被保险人的死亡率息息相关，因此，厘定人身保险费率的时候，死亡率是一个非常重要的因素。不同地区、不同民族、不同年龄的人的死亡率都是不同的，我们可以用生命表来发现其中的规律。

生命表的由来

什么是生命表呢？生命表又称"死亡表""死亡率表"，根据不同年龄死亡率编制，是反映一批人从出生后陆续死亡的全部过程的一种统计表。生命表上所记载的死亡率、生存率是决定人寿保险费的重要依据。生命表是反映一个国家或者一个区域人口生存死亡规律的调查统计表。一般来说，生命表以年岁为纲，全面、完整地反映了某一国家或地区一定人群从诞生直至全部死亡的生死规律。生命表的编制为经营人寿保险业务奠定了科学的数理基础，是计算人身保险的保险费、责任准备金、退保金的主要依据。历史上的第一张生命表是英国天文学家哈雷在 1693 年编制的。生命表的横空出世，背后是强有力的科学基础——大数法则和概率论的支持。因为对于一个国家、一个地区，在一定时间、一定的社会经济条件下，人的生、老、死是有规律可循的。人们可根据大数法则的原理，运用统计方法和概率论，编制出体现生命规律的生命表，它是同批人从出生到陆续死亡的生命过程的统计表。哈雷编制的生命表就是这样诞生的。哈雷以德国西里西亚的布勒斯芬市 1687—1691 年按年龄分类的死亡统计资料为依据，编制了世界上第一张生命表。他在生命表中精确表示每个年龄的死亡率，并首次将生命表用于计算人寿保险费率，为现代人寿保险奠定了数理基础。

年龄	死亡概率 q_x	尚存人数 l_x	死亡人数 d_x	生存人年数 L_x	x 岁以后生存人年数总和 T_x	平均预期再生存年数 e_x
0						
1						
⋮						
99						
100						
⋮						

图 3-1　生命表项目构成

生命表统计的项目：

（1）x：表示年龄 x 岁；（2）l_x：表示年龄 x 岁的生存人数；（3）d_x：表示在年龄 x 岁至 $x+1$ 岁内的死亡人数；（4）e_x：表示年龄 x 岁的人的预期余命；（5）q_x：表示年龄 x 岁的人在一年内的死亡率（见图 3-1）。

生命表的原意是反映同一批人陆续死亡过程当中各年龄人数之间的比例关系，以及这批人活到各年龄时的平均余寿。整个生命表的推理过程都是针对一批人而言的，但实际编制生命表时，通常都是根据某一年或连续几年不同批人的死亡率而定的，因而反映的是该时期的死亡水平，称为时期生命表。

当人口死亡率变化不大时，可利用生命表进行各种人口数的估计推算。有人综合许多不同死亡水平的生命表，编制成与各种不同 0 值相应的成套的生命表，称为模型生命表，可供资料缺乏的国家或地区使用。我国在没有自己的生命表时就借用过日本的生命表。

x	l_x	d_x	L_x	T_x	e_x
30	971627	936	971160	44108781	45.40
31	970691	977	970203	43137627	44.44
32	969714	1032	969198	42167424	43.48
33	968682	1100	969132	41198226	42.53
34	967582	1182	966991	40230094	41.58
35	966400	1277	965761	39263103	40.63
36	965123	1386	964430	38297341	39.68
37	963737	1508	962983	37332911	38.74
38	962229	1645	961406	36369928	37.80
39	960584	1798	959684	35408522	36.86
40	958786	1966	957802	34488838	35.93
…	…	…	…	…	…

图 3-2　我国男用生命表（1990—1993）

图 3-2 是我国第一版的生命表，是男性用表。

我们知道，生命表中的 x 表示年龄，l_x 表示 x 岁时活着的人数，d_x 表示在 x 到 $x+1$ 岁一年内死去的人数，所以表格中的 d_{30}= 936，表示在 30 岁到 31 岁这一年内共有 936 个人死去。

L_x 表示 x 岁的人在 x 到 $x+1$ 岁这一年内的生存人年数，因为在这一岁间隔内死亡的人是陆续死去的，即活了一段时间，又未满一年，所以 $l_x > L_x > l_{x+1}$。我们来看看表格中的数字验证一下。假设 $x=30$，通过查表我们得出 l_{30}=971627，L_{30}=971160，l_{31}=970691。

e_x 表示 x 岁的人未来还能存活的年数，叫完全平均余命。出生时的平均余寿，通称平均预期寿命或平均寿命。e_{40}=35.93，意味着 40 岁的男性的期望寿命还有 35 年多。

T_x 表示 l_x 个 x 岁的人直到他们全部死亡为止所活过的人的总年数。

➤ **知识链接**

生命表中各元素之间的关系：

$l_x - d_x = l_{x+1}$ 表示 x 岁活着的人数 l_x 减去在 x 到 $x+1$ 这一年内死亡的人数 d_x，就是在 $x+1$ 岁还活着的人数 l_{x+1}，如 $l_{31} = l_{30} - d_{30} = 971627 - 936 = 970691$。

L_x 表示 x 岁的人在 x 到 $x+1$ 这一年内的生存人年数。生存人年数的含义我们可通过下面的例子说明，假设有 1000 个 30 岁的人，在 30 岁到 31 岁这一年中，有 992 个人活到了 31 岁，共有 8 人死亡，其中有 2 人活了 0.25 年后死亡，有 4 人活了 0.5 年后死亡，有 2 人活了 0.75 年后死亡。则这 1000 人在 30 到 31 岁这一年中活过的人的总年数为：$L_{30} = 992 + 2 \times 0.25 + 4 \times 0.5 + 2 \times 0.75 = 996$。也就是说 1000 个 30 岁的人到 31 岁时总共活了 996 年。

e_x^0 表示 x 岁的人未来还能存活的年数，叫完全平均余命。例如，$e_{30}^0 = 45.40$，表示 30 岁的人大约还可活 45.40 岁。平均余命可以近似等于 l_x 个 x 岁的人未来活的人的总年数 T_x 除以 x 岁的人的个数 l_x，即为每个人的平均余命，$e_x^0 = T_x / l_x$。

另外，通过生命表可计算不同年龄段的死亡概率。生命表主要用于计算长期寿险的保险费率。我们知道，长期寿险的保险费率由死亡率、预定利率、附加费用率组成，因此，生命表的数据决定了长期寿险费率的高低，这也就是为什么年龄越大交费越贵的原因之一，因为年龄越大，死亡率就越高。

➤ **扩展阅读**

我国的生命表

中国人寿保险业经验生命表，是指中国保险公司依据一段时期内被保险人实际的死亡统计资料编制的生命表，并随死亡率的改善而适时更新调整。经验生命表广泛应用于寿险产品定价、现金价值计算、准备金评估、内含价值计算、风险管理等各个方面。在中国保险业的发展史中，生命表的发展也经历了不少重要时期。

1847 年在华设立代表处的英国标准人寿编制出了第一张中国生命表。1929—1931 年中国人自己编制出一张生命表，称"农民生命表"；1980—1984 年借助并引进日本的生命表进行人寿产品的开发；1990—1993 年在完成全国人口普查的基础上，着手编制我国自己的生命表，并于 1995 年完成编制。新中国成立后，第一版的《中国人寿保险业经验生命表》数据基于 1990—1993 年的寿险业数据编制，中国人民银行于 1996 年 6 月 23 日正式公布使用，为新中国保险业第一版经验生命表。其中非养老金业务表三张，养老金业务表三张。该版本经验生命表现已停用。

1998—2003 年随着人民生活水平、医疗水平的提高，以及保险公司个人保险业务核保制度的实施，寿险业务中被保险人群体的死亡率发生了较大的变化，使得行业迫切需要一张能够反映新时期行业经验的生命表。第二版《中国人寿保险业经验生命表》是中国保险监督管理委员会于 2005 年 12 月 19 日正式公布，于 2006 年 1 月 1 日起生效。该版生命表中包含非养老金业务表两张，养老金业务表两张。这两版生命表相比结构相同，但新表取消了混合表。在第二版的生命表中，男性和女性的平均寿命都有所增加，例如：养老金业务表女性平均寿命为 83.7 岁，较原生命表提高了 4.7 岁。

生命表更新的意义在于：①有利于防范化解风险。生命表广泛应用于寿险产品定价、现金价值计算、准备金评估、内含价值计算、风险管理等各个方面。死亡率估计高了，年金类产品将发生亏损；死亡率估计低了，保障类产品将发生亏损。②有利于促进寿险产品创新。一是将定价权交给公司，可以鼓励公司针对不同地域、不同人群开发不同的产品；二是有效防范了养老类产品的风险，提升了公司开办养老类保险的信心。③是我国寿险费率市场化的重要一步。

市场的迅猛发展、人口老龄化程度的不断加深，迫切要求我们的生命表与时俱进。第三版生命表《中国人身保险业经验生命表（2010—2013）》，于 2017 年 1 月 1 日正式投入使用。第三版表编制工作历时两年，样本量巨大，创新之多，可谓是万众瞩目。为何要编制第三版生命表？生命表是人身保险业的基石和核心基础设施，编制新生命表是服务国家治理体系和治理能力现代化的现实需要，也是贯彻落实新"国十条"的重要举措。之前寿险业使用的是 2005 年发布的第二版生命表，该表已经发布十多年，现在的人口死亡率已经发生了明显的变化，预期寿命显著提高，原有的生命表难以满足产品精细化定价和准备金评估的需要。目前市场上产品类型日益多元化，所以只使用非养老金业务表对"保障类"和"储蓄类"产品进行定价和责任准备金提取就比较局促。考虑到逆向选择的因素，选择购买纯保障型产品的被保险人的风险要高于购买储蓄型保险产品的被保险人，如果仍然依据第二版生命表，采用一刀切的方式，则在目前来看无法满足精细化定价和审慎评估的需要。

第三版生命表的亮点在于：样本数据量大，收集了 3.4 亿张保单、185 万条赔案数据，居世界第一；运用数据挖掘等先进技术，完成了全部理赔数据中 95% 的清洗工作，准确率高于 97%；采用三张表，养老金业务表 + 非养老金业务一表（保障型）+ 非养老金业务二表（储蓄型），三张表满足了不同保险群体的需要，进一步满足精细化定价和审慎评估的需要。

第三版生命表可用于产品定价。第三版生命表所提供的数据作为确定预定死亡率的依据，各大险企应该加强自身经验数据的积累、研究与开发，不断提高科学产品定价能力和经营管理水平。考虑到人身险费率市场化，同时部分寿险公司有自己的经验生命表，各家公司对产品的定价自主权较高，能促进市场产品多元化，第三版生命表可供保险公司在定价时参考。

第三版生命表应用于计提责任准备金。险企在评估死亡率时应采用第三版生命表所提供的数据。

具体运用如下：

①非养老金业务一表，适合定期寿险、终身寿险、健康保险；

②非养老金业务二表，适合保险期间内（不含满期）没有生存金给付责任的两全保险或含有生存金给付责任但生存金给付责任较低的两全保险、长寿风险较低的年金保险；

③养老金业务表，保险期间内（不含满期）生存金给付责任较高的两全保险、长寿风险较高的年金保险。

在选择生命表的过程中，一定要按照审慎性原则和精算原理，考虑产品与产品组合的全部保单、生存责任风险和长寿风险，以及保险人群死亡率的特点。

二、人身保险费率的计算

（一）计算需要考虑的因素

1. 人寿保险费率计算

（1）主要影响因素

利率因素，一般利率要根据其公司的盈利能力而制定，预定利率的计算相对来说比较保守。精算人员会根据保险公司过去的投资收益情况来制定预定利率。

死亡率因素，国民生命表所反映的数据，对于某一地区、某一群体而言并不适合。各个保险公司的经验死亡率也不同，高的经验死亡率可能是低的经验死亡率的1.5倍。根据国民生命表和各个保险公司的经验死亡率的不同，来制定不同的死亡率数据。

费用率因素，随公司的不同而不同，主要包括合同初始费用、代理人酬金、保单维持费用、保单终止费用等，一般大公司比小公司有更低的费用率。

（2）其他因素

失效率因素主要考虑：①保单年度，保单年度增加而失效率降低；②被保险人投保年龄，十几岁至二十几岁的人的失效率较高，三十岁及以上的人的失效率较低；③保险金额，大保额的失效率低；④交费频率，年交的失效率比月交的失效率要低；等等。不同的公司会根据自己的经营情况做调整，刚成立的保险公司会借鉴同行业的数据进行参考。

平均保额因素，通过平均保额来计算每张保单的开支情况，通常根据被保险人年龄、性别和保单特点来调整平均保额。

一般为了简化计算流程，仅采用死亡率、利息率、费用率进行分析。

2. 意外保险费率计算

意外保险是指保险人对被保险人由意外伤害事故所致死亡或残疾，或者门诊、住院医疗等，按照合同约定给付全部或部分保险金的保险。

意外伤害保险费率的厘定一般不需要考虑被保险人的年龄、性别等因素。因为被保险人所面临的主要风险不因被保险人的年龄、性别不同而有较大的差异。被保险人遭受意外伤害事故的概率多取决于其职业、工种或所从事的活动。在其他条件相同的情况下，被保险人的职业、工种或所从事活动的危险程度越高，应交的保险费就越多。

因此，意外险费率厘定时不需要以生命表为依据，而是根据损失率来计算。一般的意外伤害保险不具有储蓄性，保险费率较低，仅为保险金额的千分之几，投保人只要交纳少量保险费，就可以获得较大的保障。

3. 健康保险费率计算

决定健康保险费率的因素主要包括：疾病发生率、残疾发生率、疾病持续时间、利息率、费用率、失效率、死亡率等。其他因素如展业方式、承保习惯、理赔原则及公司的主要目标等也会影响健康保险费率。医院管理和医疗方法、经济发展、地理环境等条件的变化同样给保险人对将来赔款的预测带来影响，但这些因素不容易被完整地、准确地预测。

健康保险费率厘定的主要原则有：（1）统一费率原则；（2）阶梯费率原则；（3）逐年变动费率原则；（4）均衡保险费原则。这些方法虽有各自的优势，但都必须同时考虑风险的估测、费用的支付、利润和其他被动安全系数等问题。

（二）利用生命表计算人寿保险费率

1. 人寿保险费率计算原理

费率厘定要遵循收支相等的原则，即现在收取的保费要足以应付未来可能的保险支出。也就是现在要收取的趸交保费刚好要等于未来可能支付的保险金额的精算现值，如果是采取分期交纳保费的方式，则每一次交纳的保费的精算现值之和刚好等于未来可能支付的保险金额的精算现值之和。

➤　**知识链接**

在保险实务中，纯保费与理赔额的发生通常不会在同一个时间点上，但应该将两者放在同一个时间点上进行比较。一般将纯保费与理赔额折现到保单（policy）生效这个点上。这样，对纯保费和理赔额的比较就不能单纯地看其数额的大小，还要看资金的时间价值、保险标的物的死亡时间。为了解决这个问题，我们引入精算现值。收入（纯保费）与支出（理赔额）在保单生效时的精算现值相等就是所谓的"精算等价原理"，纯保费就是运用精算等价原理来计算的。

2. 趸交保费的计算

假设是一个保险金额为 1000 元，保险期限为 3 年的寿险，保单规定如果被保险人在保险有效期内死亡，则保险人在其死亡年度末支付 1000 元的保险金额。现在厘定该被保险人应该交纳的保险费。

假设该被保险人应交纳 A_x 单位的保费，共有 l_x 个被保险人买了同样的险种，且保险金额都为 1000 元，根据生命表可知 l_x 个在 x 到 $x+1$ 岁（第一保单年度）这一年中将有 d_x 个人死亡，在 $x+1$ 到 $x+2$ 岁（第二保单年度）这一年中有 d_{x+1} 个人死亡，在 $x+2$ 到 $x+3$ 岁（第三个保单年度）有 d_{x+2} 个人死亡。

假设每个被保险人交纳 A_x 单位保费，则 l_x 个被保险人共交纳 $l_x \times A_x$ 的保费。

根据生命表 l_x 个 x 岁的被保险人有 d_x 个在第一保险年度死亡，每个死亡者在年末获得 1000 元的保险金，则保险公司在年末共支出 $d_x \times 1000$ 元的保险金，这 $d_x \times 1000$ 的保险金在年初的现值为 $(d_x \times 1000)/(1+i)$；以此类推，在第二保单年度末支出的保险金额在第一年年初的现值为 $(d_{x+1} \times 1000)/(1+i)^2$；第三保单年度末支出的保险金额在第一年年初的现值为 $(d_{x+2} \times 1000)/(1+i)^3$。

根据收支相等的原理，收取的保费应该等于未来每个保单年度可能的保险金额支付的现值之和。即，

$l_x \times A_x = (d_x \times 1000)/(1+i) + (d_{x+1} \times 1000)/(1+i)^2 + (d_{x+2} \times 1000)/(1+i)^3$

由上式可得：

$A_x = [(d_x \times 1000)/(1+i) + (d_{x+1} \times 1000)/(1+i)^2 + (d_{x+2} \times 1000)/(1+i)^3]/l_x$

其中，d_x、d_{x+1}、d_{x+2} 和 l_x 都可以在生命表上查到，预定利率确定后该险种的纯保费就能够计算出来了。

2. 均衡纯保费的计算

以上面的险种为例，假设保费不是趸交的，而是在保险期限内分期交纳的，也就是在每个保单年度初交纳 P 元。

在第一保单年度初假设有 l_x 个 x 岁的被保险人，每人交纳 P 元，其现值为 $P \times l_x$；如果在第二保单年度初还有 l_{x+1} 个被保险人活着，每个人再交纳 P 元，则共交纳 $P \times l_{x+1}$，现值为 $P \times l_{x+1}/(1+i)$；依此类推第三保单年度交纳的保费现值为 $P \times l_{x+1}/(1+i)^2$。

3 个保单年度初交纳的保险费现值和为

$P \times l_x + P \times l_{x+1}/(1+i) + P \times l_{x+1}/(1+i)^2$

根据上面的计算，该险种未来可能保险金给付的现值为：

$(d_x \times 1000)/(1+i) + (d_{x+1} \times 1000)/(1+i)^2 + (d_{x+2} \times 1000)/(1+i)^3$

根据收支相抵原则，每期交纳保险费的现值之和 = 未来可能的保险金给付的现值之和，即：

$P \times l_x + P \times l_{x+1}/(1+i) + P \times l_{x+1}/(1+i)^2$

$= (d_x \times 1000)/(1+i) + (d_{x+1} \times 1000)/(1+i)^2 + (d_{x+2} \times 1000)/(1+i)^3$

$P = 1000 \times [d_x/(1+i) + d_{x+1}/(1+i)^2 + d_{x+2}/(1+i)^3]/[l_x + l_{x+1}/(1+i) + l_{x+1}/(1+i)^2]$

查生命表可计算出每期应交纳的均衡纯保费。从上式可知，保费的大小和预定利率的

大小成反比关系，与预定的死亡率的大小成正比关系。

在上述阐述中，我们假设了保险金额，如果用字母 M 来替代，交费期用 t 年来替代，则人寿保险趸交纯保费和年交纯保费的计算公式就可以推算出来了：

趸交纯保费：

$$A_x = (M/l_x) \times [d_x/(1+i) + d_{x+1}/(1+i)^2 + \ldots\ldots + d_{x+(t-1)}/(1+i)^t]$$

期交纯保费：

$$P = M / [l_x + l_{x+1}/(1+i) + \ldots\ldots + l_{x+(t-1)}/(1+i)^{t-1}] \times [d_x/(1+i) + d_{x+1}/(1+i)^2 + \ldots\ldots + d_{x+(t-1)}/(1+i)^t]$$

➤ **课后思考**

1. 简答题

（1）什么是生命表？生命表的出现和更新对人身保险的发展有什么意义？

（2）简述人身保险费率厘定的原则。

2. 计算题

（1）假定年利率为 3%，为了在 5 年后积累到 20000 元，则现在必须投资多少本金？

（2）假定年利率为 3%，在 5 年内每年年初存入 3000 元，则在第 5 年末将积累到多少金额？

（3）假定年利率为 3%，为了在 5 年内每年年末支付 3000 元，则现在必须透支多少本金？

（4）如果 $L_{30}=1000$，$d_{30}=27$，$d_{31}=20$，那么 L_{32} 是多少？

（5）如果 $L_{30}=1000$，$d_{30}=27$，在 30 岁到 31 岁这一年死去的 27 人中，有 10 人是活了 0.25 年死亡，有 10 人活了 0.5 年死亡，有 7 人活了 0.75 年死亡，求 L_{30} 的值。

单元测试

第四章

人寿保险

► **知识要点**

　　1. 人身保险产品的分类。

　　2. 人身保险产品的特征。

　　3. 人寿保险产品的分类。

　　4. 人寿保险产品的功能。

　　5. 人寿保险产品相关法律规定。

　　6. 人寿保险的产品创新。

► **案例导读**

信美"相互保"业务被处罚金 65 万元　"相互保"是天使还是魔鬼

　　2019 年 4 月 12 日，银保监会下发处罚决定，信美人寿因未按照规定使用经批准或者备案的保险条款、保险费率及欺骗投保人、被保险人或者受益人，处罚金共计 65 万元；时任董事长杨帆和时任副总经理兼总精算师曾卓对上述违法行为负有直接责任，分别处罚金 13 万元、15 万元。

　　针对银保监会下发的处罚决定，信美人寿回应财联社表示，作为一家初创的新型保险机构，从未想过、更不会有意欺骗消费者。在创新过程中确实还有很多东西需要进一步学习与思考，接下来会加强对各项监管制度的细致研究，与监管部门保持密切联系，加强汇报沟通，在业务发展中不断加深对监管制度和政策的理解。

　　据了解，自"相互宝"推出以来，"一人患病，众人均摊"的互助模式受到大众追捧，截至目前，成员数已经超过5000万。在一定程度上，"相互宝"因其低门槛的准入方式，满足了部分人对于大病保险的渴求。然而，业内人士也指出，这类"相互保"产品在销售的时候，使用了很多带有误导、含擦边球性质的描述和引导。不确定的价格、自动扣费都注定是将来被投诉的重点。同时，网络互助与商业保险抵御风险的能力不可同日而语，消费者在购买时也应意识到这类产品的风险。

第一节　人身保险产品概述

一、产品和保险产品

（一）产品概念和特征

产品的概念是企业想要注入顾客脑中关于产品的一种主观意念，它是用消费者的语言来表达的产品构想。我们可以用文字或图片来描述产品概念，通常一个完整的产品概念由四部分组成：①消费者洞察，从消费者的角度提出其内心所关注的有关问题；②利益承诺，说明产品能为消费者提供哪些好处；③支持点，解释产品的哪些特点是怎样解决消费者洞察中所提出的问题的；④总结，用概括的语言表达上述三点。

1. 概念

从不同角度概括，产品的概念是不同的。从狭义上来讲，产品是被生产出来的物品；从广义上来讲，产品是可以满足人们需求的载体；从整体观出发，产品是人们向市场提供的能满足消费者或用户某种需求的任何有形物品和无形服务。

社会需要是不停变化的，因此，产品的品种、规格、款式也会相应地改变。新产品的层出不穷、产品质量的日益提高、产品数量的迅猛增加，凸显出现代社会经济发展的显著特点。

2. 产品整体概念

20 世纪 90 年代以来，美国经济学家、"现代营销学之父"菲利普·科特勒等学者倾向于使用五个层次来表述产品整体概念，认为五个层次的表述方式能够更深刻、更准确地表述产品整体概念的含义。产品整体概念要求营销人员在设计市场销售方案时，要考虑到能提供给顾客价值的五个层次。产品整体概念的五个基本层次是：

（1）核心产品。核心产品是指向顾客提供产品的基本效用或利益。从根本上说，每一种产品实质上都是为解决问题而提供的服务。因此，营销人员向顾客销售任何产品，都必须确保产品具有反映顾客核心需求的基本效用或利益。

（2）形式产品。形式产品是指核心产品借以实现的形式。其由五个特征构成，即品质、式样、特征、商标及包装。即使是纯粹的服务，也具有相类似的形式上的特点。

（3）期望产品。期望产品是指购买者在购买产品时期望得到的与产品密切相关的一整套属性和条件。

（4）延伸产品。延伸产品是指顾客购买形式产品和期望产品时附带获得的各种利益的总和，包括产品说明书、保证书、安装、维修、送货、技术培训服务等。国内外很多企业的成功，在一定程度上应归功于他们更好地认识到了服务在产品整体概念中所占的重要地位。

（5）潜在产品。潜在产品是指现有产品包括所有附加产品在内的，可能发展成为未来最终产品的潜在状态的产品。潜在产品指出了现有产品可能的演变趋势和前景。

（二）保险产品特质

1. 保险产品的定义

保险产品是保险公司为市场提供的有形产品和无形服务的综合体。保险产品在狭义上是指由保险公司创造、可供客户选择、在保险市场进行交易的金融工具；在广义上是指保险公司向市场提供并可由客户取得、利用或消费的一切产品和服务。

进一步讲，保险产品是由保险人提供给保险市场的，能够引起人们注意、购买，从而满足人们减少风险和转移风险的需要，必要时能得到一定的经济补偿的承诺性组合。从营销学的角度讲，保险产品包括保险合同和相关服务的全过程。

从上述分析可以看出，保险产品定义包含以下四层含义：能引起人们注意和购买；能转移风险；能提供一定的经济补偿；是一种承诺性服务组合。因此，保险产品的真正含义是满足消费者保障与补偿的需要。保险产品保障被保险人在发生不幸事故时仍能拥有生活下去的基本条件，并能使人们以最小的代价获得最大的经济补偿。

2. 保险产品的形式

按照产品功能本质，可以把保险产品划分为以下三个层次：核心产品、形式产品和扩展产品。

（1）核心产品。核心产品也称利益产品，是指能满足客户需求的产品，是客户购买到的基本服务或利益，因此，核心产品在保险产品的三个层次中处于中心地位。如果核心产品不能符合客户需求，那么形式产品和扩展产品再丰富也不能吸引客户。

（2）形式产品。形式产品也称有形附加层产品，是指保险产品的具体形式，用以展现产品的外部特征。保险产品的无形性，使其形式产品无法通过外形、颜色、式样、品牌、商标来展示，而主要通过质量和方式来表现。随着人们消费水平的提高、生产方式的变革和生活需求的变化，人们对保险产品外在形式的要求也越来越高。因此，保险公司在营销时必须注意设计出不同表现形式的产品，以提高对人们的吸引力。

（3）扩展产品。扩展产品也称无形附加层产品，是指在满足客户的基本需求之外，还可以为客户提供额外的服务，使其得到更多的利益，例如健康管理服务、与健康保险相联系的配套服务等。保险产品具有较大的相似性，不同保险公司为客户提供的多种服务在本质上是相同的。为了使自己公司的产品有别于其他公司的同类产品，吸引更多的客户，保险公司必须充分认识扩展产品在保险产品中的重要性。

3. 保险产品的特殊属性

（1）无形性

保险产品面对的是普通需求而不是特定需求，其消费是一种不能预先用五官直接感触到的特殊消费，而且保险产品在为各类客户和机构提供服务时，其受益程度并无明显差别。当你购买一种实物产品时，你可以预先用自己的感官来判断该产品的质量和价值。但在购买保险产品时，除了一张保单外，你无法感受到任何东西。在多数客户眼里，一项保险产品与另一项保险产品通常是没有差异的。保险产品依赖于它的服务信息能有效地为大众所知，以此确保其形象和服务具有吸引力。

（2）无一致性

保险产品的质量很大程度上取决于提供产品的具体人员。由于人的气质、修养、能力和水平各不相同，产品服务质量也会因人而异。即使是同一个人为不同客户提供服务，其服务的质量也很难保持一致性。一个人在体力和心情都很好的情况下，可能会提供质量较高的服务；否则，产品服务质量则可能下降。

（3）无分割性

一般的工业产品是先制造，然后加以存储和出售，最后才进行消费。而对保险产品而言，保险的服务和消费是不可分割的，一项产品服务的提供是与消费同时进行的，所以通常客户主要关心的是保险机构创造的时间和效用，就是说是否可以在适当的地点、适当的时间得到服务。这一特殊因素会对定价产生影响，因为为顾客提供这一产品服务要花费较高的成本。

（4）无存货性

保险产品是一种在特定时间内的需要。保险产品不可能把货存起来等待消费。当消费者购买产品时服务即产生。保险产品的无存货性并不表示其不产生存货成本，只是保险产品的存货成本主要发生在顾客身上，是一种闲置生产力成本。

（5）异质性

保险产品的异质性是指保险产品、服务范围的广泛性。在以高科技和法制经济为特点的现代社会，风险具有加速生成的特点，显性化、附着性和创造性风险不断出现。同时，客户的个性化需求也越来越强烈。因此，保险产品机构必须提供范围非常广泛的产品和服务，以满足不同区域、不同顾客的各种保险相关的需要。

（6）未寻觅性

在现代营销学中，按人们的购买习惯，将消费品分为便利品、选购品、特殊品、未寻觅品四类。保险产品在很大程度上具有未寻觅品的特点，即消费者不知道或即使知道也不会主动考虑购买。

二、保险产品设计

理想的保险产品，既要满足保险服务提供者的需要，又要满足保险服务需求者的需要。因此，优良的保险产品还应具有以下条件：是被保险人真正需要的；能保证被保险人的利益不受侵害；费率合理公正，能令双方接受。

（一）保险产品构成要素

保险产品的构成要素一般包括保险责任、保险费率、保费交付方式、保险期限、保险赔款或保险金给付方式。

1. 保险责任（和除外责任）

保险责任是保险人所承担风险的责任范围，即保险合同中约定的风险发生后，保险人承担赔偿或给付保险金的责任。除外责任是保险人不负责赔偿或给付保险金的责任。

2. 保险费率

保险费是保险人向投保人收取的费用，以作为保险人承担保险责任的报酬。保险费率是指单位保险金额中保险人应收取的保险费。在保险实务中，保险费率通常是以千分数来表示的，是依据保险标的的风险程度、损失概率、保险责任范围、保险期限和保险人的经营管理费用等因素综合加以考虑的。

3. 保费交付方式

保险费的交付一般有两种方式：一种是合同成立时投保人一次交纳，即趸交；另一种是投保人分期交纳。

4. 保险期限

保险期限是指保险人对保险标的承担保险责任的时间范围，或者说是保险责任开始到终止的有效期间。保险期限是保险产品的重要内容，也是确定保险事故的重要依据。财产保险产品的保险期限较短，通常为一年；人寿保险产品的保险期限较长。在实践中，保险人一般允许续保，即投保人可在旧保单期满后继续交纳保险费，并规定续保期限。

5. 保险赔款或保险金给付方式

在保险有效期内发生责任范围内的损失或事件时，保险人要按照合同的约定向被保险人或受益人支付保险赔款或保险金。被保险人或受益人领取保险赔款或保险金的方式在财产保险与人寿保险中存在一定的区别。在财产保险中，一旦保险事故发生，被保险人就可以一次性领取保险赔款。在人寿保险中，被保险人或受益人领取保险金可以采取以下三种方式中的任意一种：一次性领取保险金；以年金方式分期领取保险金；将上述两种方式混合使用。

（二）保险产品设计流程

许多人都有购买保险的经历，享受着保险保障，那么，保险产品的设计流程是怎么样的？下面就简单概述一下，见图 4-1。

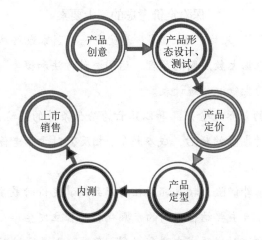

图 4-1　保险产品设计流程图

保险产品是公司与客户之间的纽带，因此保险产品设计的出发点必然是满足客户需求。保险产品开发的第一步是要有创意，然后在众多创意的基础上筛选出可以被执行的好创意来开发设计成保险产品。

所谓创意（想法）事实上就是保险公司对客户保险需求进行调研的结果。在实际操作过程中，往往会因为一些因素而使得一些创意被搁置或放弃。例如：费率太高客户接受不了；产品设计方面存在技术或监管的约束限制。

从好创意到形成产品，需要经过产品形态设计环节，就是把产品外在的形式确定下来，例如设计成分红还是万能、终身寿险还是两全险，以及更进一步把投保年龄、保障期限等基本要素确定下来。之后需要进行产品形态的测试，测试的最主要对象是客户和产品销售渠道，比如说保险代理人、经纪公司、银行，测试产品的市场接受度如何。完成产品测试之后进入形态定型环节，由精算部门定价，产品部门制定合同条款。

精算部在对一款保险产品定价时，考虑的最主要的三大决定因素分别是：生命表、预定利率和公司经营管理费用。

在精算部完成对产品的定价之后，产品市场部在此基础上对产品形态进行适当的微调，并最终确定产品合同条款、费率表等有关产品形态的全套资料，这个环节就是产品最终定型环节。

一款新的保险产品诞生会对核保、理赔、客服、财务、信息系统等内部运营体系提出新的要求，相关部门会在不同阶段给予配套的支持，比如业务管理规则和业务流程的制定、新产品相关的 IT 系统开发等。

在完成上述所有流程后，公司的总精算师、法律负责人要对产品进行审核确认，并向中国银保监会备案。经过备案，意味着一款产品真正完成，可以正式上市销售了。

> **扩展阅读**

保险定价考虑的三大要素

第一个是"生命表"，又称"死亡表"，是反映一个国家或区域人口生存死亡规律的调查统计表，是人们根据大数法则的原理，运用统计方法和概率论编制出的能反映同批人从出生到陆续死亡的生命过程统计表。

生命表影响最大的是养老金产品和以死亡为给付条件的寿险产品，预期寿命越长，则意味着保险公司赔付期限的延后，成本越低；相反，对于养老保险，预期寿命越长则意味着保险公司赔付额越多。

对于医疗保险、意外保险，精算部门在对产品精算定价时最主要考虑的是疾病发生率和意外发生率。医疗险主要结合不同的疾病病种的独立发生率，以及这些疾病以往的发病情况，利用精算方法对风险成本进行计算；意外险则是通过对意外事故的历史发生规律及概率进行总结，进而将其作为意外险产品精算定价的依据。

第二个是预定利率，是指保险公司在产品定价时，根据对未来资金运用收益率的预测而为保单假设的每年收益率，其实质是寿险公司因占用了客户的资金，而承诺以年复利的方式赋予客户的回报。通俗而言，预定利率也就是保险公司提供给消费者的回报率。

自 1999 年 6 月以来，我国对保险产品仍实行价格管制，规定寿险保单（包括含预定利率因素的长期健康险保单）的预定利率不超过年复利的 2.5%。

由于预定利率是在计算寿险产品保险费及责任准备金时所采用的利率，在生命表中的死亡率和公司经营费用一定的情况下，相同期限和保障水平的寿险产品价格主要取决于预定利率。如果一款产品的预定利率较高，则该产品所交纳的保费越少，反之亦然。

第三个是公司经营管理费用。生命表和预定利率影响保险产品定价的只是纯保费部分，而所有保险产品定价还涉及附加保费，最主要的就是保险公司的经营管理费用。

所谓纯保费指的是由保险标的损失率决定的风险价格，理论上纯费率部分正好能够补偿保险事故造成的损失，并且终将全部返还给全体投保者。但除此之外，作为企业，对于每一份保险产品保险公司在纯保费之外还需要收取附加保费，以充抵其日常运营的费用。

具体而言，保险公司的运营费用主要分为佣金和管理费用两大部分。佣金是保险公司对卖出一张保单支付给保单业务员及其团队的各项费用；而管理费用则涵盖了保险公司日常运作所需的各种费用。

（三）保险产品设计需要考虑的因素

（1）法律因素。保险公司设计的人身保险产品必须以当地的法律为准绳，通常涉及保险法、税法和民法等。

（2）经济因素。包括宏观经济环境因素、保险公司的成本—收益考虑、消费者的经济承受能力、再保险公司的参与、中介机构及销售人员的参与。

（3）社会需求因素。社会需求量越大，对人身保险产品的要求也越高，保险产品创新的动力就越大，有利于保险产品设计的推陈出新；反之亦然。

三、保险产品分类

保险种类是根据保险经营的性质、目的、对象和保险法规的要求及历史习惯等划分的。国际上对保险业务的分类没有固定的原则和统一的标准，各国通常根据各自需要采取不同的划分方法。

1. 按照保障对象分为财产保险和人身保险

财产保险是以物质财富及其有关的利益为保险标的的险种，主要有海上保险、货物运输保险、工程保险、航空保险、火灾保险、汽车保险、家庭财产保险、盗窃保险、营业中断保险（又称利润损失保险）、农业保险等。

人身保险是以人的身体为保险标的的险种，分为人身意外伤害保险、健康保险、人寿保险。

2. 按保险人是否承担全部责任分为原保险和再保险

原保险是保险人与投保人之间直接签订保险合同而建立保险关系的一种保险。在原保险关系中，保险需求者将其风险转嫁给保险人，当保险标的遭受保险责任范围内的损失时，保险人直接对被保险人承担赔偿责任。

再保险又称分保，是保险人将承保的保险责任向另一个或若干个保险人再一次投保，以分散风险。再保险种类有比例再保险和超额损失再保险。分保的形式有临时分保、固定分保和预约分保等。

3. 按保险经营性质可分为政策性保险和商业性保险

绝大多数保险都具有商业动机，由保险公司按商业惯例经营；而政策性保险则按政府有关法令或政策规定开办，有社会保险、财产保险和责任保险等，多为贯彻政府的某一项经济或社会政策服务。

4. 按保险实施方式可分为自愿保险和强制保险

自愿保险是当事人在平等互利和自愿的基础上确立合同关系，被保险人可自行决定是否投保、保险标的种类、金额和期限等，保险人也可选择承保与否及其有关承保项目和内容的保险。强制保险又称法定保险，是政府以法令或政策形式强制规定被保险人与保险人的法律关系，在规定范围内，不管当事人双方自愿与否，必须按规定办理的保险。

除按各国有关法规所做不同具体分类外，保险产品还可按保险主体分为个人保险与团体保险，按承保危险范围分为单一险、综合险和一切险。

第二节　人寿保险概述

一、关于人寿保险

（一）概念

人寿保险是人身保险的一种，以被保险人的寿命为保险标的，且以被保险人的生存或死亡为给付条件。和所有保险业务一样，被保险人将风险转嫁给保险人，接受保险人的条款并支付保险费。与其他人身保险不同的是，人寿保险转嫁的是被保险人的生存或者死亡的风险。

从整个社会来看，总会有人发生意外伤害事故，总会有人患病，各种危险随时会威胁着人们的生命，所以我们必须采用一些管理人身风险的方法，对发生人身风险的人及其家庭在经济上给予帮助，人寿保险就是这样的风控手段。人寿保险的特点是通过订立保险合同、支付保险费，对参加保险的人提供保障，以便增强被保险人抵御风险的能力，编制家庭理财计划，为个人及其家庭构筑坚固的抵御风险的防线。人寿保险作为一种兼有保险、储蓄双重功能的投资手段，越来越被人们所理解、接受和钟爱。人寿保险可以为人们解决养老、医疗、意外伤害等各类风险的保障问题，当发生意外时，家庭可得到生活保障，人年老时可得到养老金，有病住院时可得到经济保障。

（二）我国人寿保险市场的发展

展望未来，保险行业发展前景诱人，其主要动力包括：庞大的人口规模、较快的老龄化趋势与较高的储蓄率；经济持续发展，居民收入不断提高；政策法规大力支持；风险保障意识得到根本性加强；终身福利系统瓦解；投资环境大大改善。

在 2005 年中国人身险保费中，寿险占有 89% 的绝对份额，健康险和意外险分别只占 8% 和 3%。其中寿险中的分红险占比 60%，普通险占比 21%，其他险种占比 8%。中国保险产品在分散利率风险方面做得比较到位，但在营销渠道和专业化发展方面才刚刚起步，具有广阔发展空间。

2006 年 6 月,《国务院关于保险业改革发展的若干意见》的颁布，是保险资金投资渠道放开的里程碑。2020 年已放开对保险公司 12 个月内涨幅超过 100% 的股票的投资限制，对保险资金入市比例的放开也是大势所趋，直接投资放开正在进行中。这些举措都有利于保险公司优化资产配置结构，而配置决定了回报。就寿险市场而言，中国人寿和中国平安在市场中分列第一、第二位，且整个市场大部分被其瓜分。

2013 年 12 月末，全国寿险公司实现原保险保费收入 1.07 万亿元，同比增长 8%。相对于 2012 年寿险业同比 4.16% 的增速，基本上实现了增速的翻番。其中，平安寿险以 1460.91 亿元位居第二；新华保险在 2013 年前 9 个月保费下降 5% 的背景下，在最后一个季度发力，最终全年实现保费收入 1036.4 亿元，同比增长 6.06%，在寿险中位列第三。我国寿险业经过将近三年的调整，开始进入缓慢复苏阶段。

2018 年 10 月 10 日，银保监会副主席黄洪表示，改革开放以来我国寿险业获得极大发展，2017 年成为世界第二大寿险市场，中国平安和中国人寿两家公司进入世界保险公司前十强。

二、人寿保险产品分类

人寿保险又称为生命保险，它以被保险人的生命为保险标的，以被保险人的生存或者死亡为保险事故，当发生保险事故时，保险人对被保险人履行给付保险金责任。从传统来说，人寿保险可分为生存保险、死亡保险、生死两全保险。生存保险是以被保险人在保险期满时仍然生存为给付条件的人寿保险；死亡保险是以被保险人的死亡为保险事故的人寿保险；生死两全保险的"两全"是指当被保险人在保险期内死亡，或在保险期满时仍生存，保险人均负有理赔或支付保险金的义务。所谓的特殊型人寿保险，是在传统寿险的基础上，针对特定的人群开发的新品种。而创新型的寿险是为了解决寿险产品"重保障，低收益"的问题，将保险资金与资本市场相结合的产物。具体情况见表 4-1。

表 4-1 人寿保险产品一览

类型	种类	特点
传统型	死亡保险	费用较低，能够作为贷款的担保手段。
	生存保险	以被保险人在保险期内生存为给付保险金的条件，纯粹的生存保险一般不单独办理。年金保险是生存保险的特殊形式。
	生死两全保险（年金保险）	是死亡保险与生存保险的组合，可作为储蓄、养老保障的手段。
特殊型	少儿保险	被保险人一般为 0～14 岁的少年儿童。在少儿保险单中一般设有保费豁免条款。
	简易人身保险	针对低收入阶层，保险金额小，不需要进行体检，可按月交纳保费。
	信用人寿保险	以债务人为被保险人，债权人为受益人，保险金额为贷款本利和，保险期限等于贷款期限的定期寿险。

续表

类型	种类	特点
创新型	分红保险	又称利益分配保险，当投保人所购险种的经营出现盈利时，保单所有人享有红利的分配权。
	万能保险	保费和保险金额都变动的寿险，兼顾保障和投资功能。
	变额保险	投资连结保险，保险金额可以变动的寿险。

（一）传统型人寿保险

1. 生存保险

生存保险是以被保险人在保险期内生存为给付保险金的条件，若被保险人在约定的期限内或达到约定的年龄前死亡，保险人不承担给付保险金责任，也不退还保费。一般情况下，纯粹的生存保险寿险公司不单独办理，往往与死亡责任或定期给付相结合，年金保险就是生存保险的一种特殊形式。

年金保险是保险人承诺在一个约定的时期或在被保险人的生存期内按照保险合同的约定进行定期给付的一种人身保险。这种给付可以是定期的，也可以是终身的，即给付到被保险人死亡为止。

由于年金的给付主要提供的是被保险人的养老费用，年金保险也被称作养老保险。商业养老保险作为对社会养老保险的补充，一般来说，满足下列条件的人士都适合购买商业养老保险：①年龄不宜太大，通常为50周岁以下。虽然有些养老保险产品允许投保年龄可以超过50周岁，但投保时年龄过大，需交付的保险费也相应较高，对已接近退休年龄的投保人是不利的。但是如果经济能力许可，年龄较大也可以投保养老保险。②有足够的收入。在扣除需交纳的养老保险费用以后，收入必须能满足日常生活需要，不能因为购买商业养老保险而使正常生活水平得不到保障。

2. 死亡保险

死亡保险，是以被保险人在保险期限内发生死亡为保险事故而由保险人给付保险金的保险。死亡保险分为定期死亡保险（定期寿险）和终身死亡保险（终身寿险）。

（1）定期寿险

定期寿险是指在一定保险期限内提供死亡保障的一种人寿保险。在合同约定的期限内，被保险人发生死亡事故，保险人向受益人给付保险金；如果被保险人在保险期满时仍然生存，则保险合同即行终止，保险公司不再承担任何给付义务，也不退还保费。定期寿险是纯粹意义上的保险，保费中不含储蓄因素，故其费用低廉。保险期限的长短具有灵活性，可长可短，如5年、10年、20年或者到某个年龄为止。保险期满后，被保险人享有续保选择权，可以延长保险期限，但通常续保的期限长度有一定的限制。另外，被保险人还具有把定期寿险单变换为终身寿险单或两全保险单的选择权。

定期寿险以最低的保费成本，提供某一特定期间的保险保障，适合投保人在责任最重的时期投保。定期寿险适合的人群包括：在短期内从事比较危险的工作且急需保障的人；家庭经济境况较差，子女尚幼，自己又是家庭经济支柱的人；正在偿还贷款或债务的人；暂时失业者或经济较困难者。对他们来说，定期寿险是廉价的保险，可以用最低的保险费支出取得最大金额的保障。

（2）终身寿险

投保终身寿险，保险公司将对投保人终身负责，直到死亡为止，且最终必定要给付一笔保险金，因此费率高于定期寿险。终身寿险的一个显著特点是保单具有现金价值，而且保单所有人既可以中途退保领取退保金，也可以在保单的现金价值的一定限额内贷款，具有较强的储蓄性。所以较之定期寿险，终身寿险的费率高，并且采取均衡保费的方法。

终身寿险较适用于：

①家庭生活责任重的被保险人，如刚成家立业的人或抚养子女成长及教育的人；

②计划把保险金遗留给家人的被保险人，即以遗产方式给配偶或子女一笔保险金的人；

③计划用保险金来交遗产税的被保险人；

④计划以保险金当作退休生活费或用于其他用途的被保险人，即以具有储蓄成分的终身保险作为退休生活费保障的人。

终身寿险都是主保险合同，一般可在其后附加各类健康医疗、特殊需求（如豁免保费）等附加保险。

3. 生死两全保险

生死两全保险又称为生死合险。被保险人在保险期内因意外或疾病身故，保险公司依保险合同给付身故保险金；被保险人在保险期满时仍然生存，保险公司给付相当于保险金额的期满生存保险金。保险期限一般分为5年、10年、20年和30年等数种，保险期限越长，保险费越便宜。

（1）生死两全保险的特点——储蓄性

被保险人参加生死两全保险，既可获得保险保障，同时又参加了一种特殊的零存整取储蓄。被保险人可按月（或按年）交付少量保费，存入保险公司。若遇到保险责任范围内的事故，即得到一份保障；若平平安安到保险期满，则可以领到一笔生存保险金，用来养老。

（2）生死两全保险的特点——给付性与返还性

无论被保险人在保险期间身故，还是在保险期满后依然生存，保险公司均要返还一笔保险金。在未返还给被保险人保险金之前，投保人历年所交的保险费以保险责任准备金的形式存在保险公司，此即保险公司对被保险人的负债。

（二）特殊型寿险

1. 少儿保险

少儿保险就是专门为少年儿童设计的，它用于解决其成长过程中所需要的教育、创业、婚嫁费用，以及应付可能面临的疾病、伤残、死亡等风险的保险产品。

以未成年人作为被保险人的少儿保险，与成人保险最大的区别在于：从保障的意义上说，成人保险保障的是被保险人未来创造收入的能力，而少年儿童尚不具备创造收入的能力。所以，为避免人寿保险中的道德风险，很多国家都对少儿保险的寿险保额规定上限，中国法律的规定是 5 万元（北上广深等经济发达城市是 10 万元），但含有寿险责任的重大疾病保险保额不受此限制。

2. 简易人身保险

简易人身保险习惯上称为简身险，它是一种小面额、免体检、适合一般低工资收入者的人寿保险，其保险责任主要为生死两全保险附加意外伤害保险。简身险于 19 世纪 50 年代起源于英国，后来逐渐流传到其他国家。简身险曾经占我国寿险业务相当大的部分，但随着人们保险业务需要和保险市场的变化，简身险目前几乎处于停滞状态。

简易人身保险具有以下特点：

（1）免体检

由于简身险每份保额较低，一般都免于身体检查，只是为了防止逆选择，保险公司在接受承保申请时必须注意对被保险人的健康条件进行审查，对不符合承保条件的被保险人不予承保或以弱体承保方式加以限制。

（2）保险费率高于普通寿险

由于简身险承保面广，被保险人人数众多，保险期限长，业务分散，就承保和收费而言，工作量大，且采取上门收费方式，管理费用开支大。

（3）保险期限、保险费、保险金额标准化

一般情况下，简身险只规定几种保险的期限，投保人只能根据被保险人的年龄，在不超过期满最高年龄（一般确定为 70 岁）的情况下，可在保险期限中任意选择。简身险保费按份计算，不论年龄和保险期限的长短均相同。保险金额和年龄相关，且金额固定。

（4）低保额、低保费、交纳次数频繁

参加简身险的投保人一般为低工资收入者，为适应投保人的需求，简身险实行低保额、低保费和按周期交纳保费的办法。保险人对每一份保单或每一个被保险人的保额有最高限制，如美国为 5000 美元，我国为 10000 元人民币。在交费方面，为了与投保人领取工资的周期一致，一般均采取按月交纳保费的方式。

3. 信用人寿保险

信用人寿保险是以债务人为被保险人，以债权人或债权人指定的人为受益人，保险金额为贷款本利和，保险期限等于借款期限的定期寿险。

信用人寿保险一般采用定期金额限制，并随贷款偿还而递减，当贷款全部清偿后责任也就终止。

（三）创新型寿险

创新型寿险主要有以下三种类型（见图 4-2）。

图 4-2　创新型寿险三种类型

1. 分红保险

分红保险是指当投保人所购买的险种的经营出现盈利时，保单所有人享有红利的分配权的人寿保险。分红保险是世界各国寿险公司规避利率风险，保证自身稳健经营的有效手段。相对于传统保障型的寿险保单，分红保单向保单持有人提供的是非保障的保险利益，红利的分配还会影响保险公司的负债水平、投资策略及偿付能力。为了保障保单持有人的利益和保证保险公司的持续经营，各国保险监管机构都非常重视对分红保险的监管。

（1）红利来源

分红保险的红利来源于寿险公司的"三差收益"，即利差益、死差益和费差益，主要来源于利差益。利差益是保险公司实际的投资收益率高于预计的投资收益率时所产生的盈余。死差益是保险公司该险种被保险人的实际死亡人数小于预计死亡人数时所产生的盈余。费差益是保险公司实际的经营费用低于预计的经营费用时所产生的盈余。

（2）红利的分配方式

由公司董事会讨论决定当年的可分配盈余，并在分红保单持有人和公司股东之间进行分配。保险公司每一会计年度向保单持有人实际分配盈余的比例不得低于当年可分配盈余的 70%。

（3）红利的领取方式

①现金领取，也可通过银行转账；

②累积生息；

③抵交保险费；

④交清增额保险。

2. 万能保险

万能保险是指包含保险保障功能并至少在一个投资账户拥有一定资产价值的人身保险产品。1979年，世界上第一款万能寿险在美国应运而生。由于交费灵活与保障可调等特点，万能险一经推出就受到了市场的青睐。从20世纪80年代中期开始，万能寿险在欧洲各国也显示了强大的市场生命力，在很短的时间内，就抢占了英国、荷兰等国的保险市场。在万能寿险登陆亚洲市场以后，也迅速风靡日本、新加坡、中国香港等地，成为市场销售的主力险种之一。万能寿险在中国已经经过了若干年的发展，监管部门为此出台的各项有关万能险的法律法规显示出政府对万能险的监管更加规范。可以说万能寿险在中国保险市场的发展正面临着历史最好的机遇。

万能寿险之"万能"，在于投保以后可根据人生不同阶段的保障需求和财力状况，调整保额、保费及交费期，确定保障与投资的最佳比例，让有限的资金发挥最大的作用。万能险是风险与保障并存，介于分红险与投连险之间的一种投资型寿险。所交保费分成两部分，一部分用于保险保障，另一部分用于投资账户。保障和投资额度的设置主动权在投保人，其可根据不同需求进行调节；账户资金由保险公司代为投资理财，投资利益上不封顶，下设最低保障利率。

万能保险除了同传统寿险一样给予生命保障外，还可以让客户进入由保险公司为其建立的投资账户内直接参与投资活动，将保单的价值与保险公司独立运作的投保人投资账户资金的业绩联系起来。由投资专家负责账户内资金的调动和投资的决策，确保投保人在享有账户余额的本金和一定利息保障的前提下，借助专家理财进行投资运作。

3. 投资连结保险

投资连结保险，简称投连保险，也称变额保险。投资连结保险顾名思义就是保险与投资挂钩的保险，是指一份保单在提供人寿保险时，在任何时刻的价值是根据其投资基金在当时的投资表现来决定的。20世纪70年代，英国最早出现投连保险并在国际上流行，目前这类保险已经成为欧美国家人寿保险的主流险种之一。

投资连结保险是一种融保险与投资功能于一身的新险种。设有保证收益账户、发展账户和基金账户等多个账户。每个账户的投资组合不同，收益率就不同，投资风险也不同。由于投资账户不承诺投资回报，在保险公司收取资产管理费后，所有的投资收益和投资损失由客户承担。投连保险充分利用专家理财的优势，客户在获得高收益的同时也承担投资损失的风险。因此投资连结保险适合于具有理性的投资理念、追求资产高收益的同时又具有较高风险承受能力的投保人。

传统寿险都有一个固定的预定利率，保险合同一旦生效，无论保险公司经营状况如何，都将按预定利率赔付给客户。而投资连结保险则不存在固定利率，保险公司将客户交付的保险费分成"保障"和"投资"两个部分。其中，"投资"部分的回报率是不固定的。如果保险公司投资收益比较好，那么客户将获得较高回报。反之，如果保险公司投资不理想，则客户也将承担一定的风险。投资连结保险与传统人寿保险的区别在于，投资连结保险将投保人交付的保险费分成"保障"和"投资"两个部分，独立运作，管理透明。因此，投资连结保险的保险金额由基本保险金额和额外保险金额两部分组成。基本保险金额是被保险人无论何时都能得到的最低保障金额，额外保险金额则须另立账户，视保险公司资金运用情况而调整改变。

第三节　人寿保险重点产品分析

一、生存保险的特殊形式

（一）商业养老保险

商业养老保险是以获得养老金为主要目的的长期人身险，它是年金保险的一种特殊形式，又称为退休金保险，是社会养老保险的补充。商业养老保险的被保险人，在交纳了一定的保险费以后，就可以从一定的年龄开始领取养老金。这样，尽管被保险人在退休之后收入下降，但由于有养老金的帮助，他仍然能保持退休前的生活水平。一般情况下，购买商业养老保险的投保人，交纳保险费的时间间隔相等、保险费的金额相等、整个交费期间内的利率不变，且计息频率与付款频率相等。

1. 商业养老保险的类型

（1）传统型——卖点是回报固定、风险低；缺点，很难抵御通胀的影响；适合人群为以强制储蓄养老为主要目的，在投资理财上比较保守的人群。

（2）分红型——优势是除了有约定的最低回报，还有与保险公司经营业绩挂钩的收益；弊端是分红具有不确定性，红利的多少有无与保险公司的经营状况有关；适合人群为既要保障养老金最低收益，又想追求一定收益的人群。

（3）万能型——优势是复利计息，可有效抵御银行利率波动和通货膨胀的影响；适合人群为理性投资理财者，坚持长期投资，自制能力强。

（4）投资连结型——优势是不同账户之间可自行灵活转换，如坚持长线投资，有可能收益很高；适合人群为年轻人，风险承受能力强，以投资为主要目的，兼顾养老。

2. 市场产品案例

市场上的商业养老保险产品很多，我们从网络上随机选择了新华保险的尊逸人生养老年金保险和中国人寿的松鹤颐年年金保险进行分析，来了解产品的具体信息。

（1）尊逸人生养老年金保险（见图4-3）

尊逸人生养老年金保险适合出生满30天～65周岁的投保人投保。开始领取年龄为：55、60、65、70周岁。交费方式为：一次交清、3年、5年、10年、20年交清。产品保障被保险人终身。

尊逸人生养老年金保险

- 投保年龄：出生满30天～65周岁
- 保险期间：被保险人终身
- 交费方式：一次交清、3年、5年、10年、20年交
- 开始领取年龄：55、60、65、70周岁

图4-3 尊逸人生养老年金保险

这款产品的特点是保证保障伴随终身，活得越长，领得越多，是一款费率市场化新产品。其明确约定利益，每年领取保额的10%，至少20年领完，有4种领取年龄，5种交费方式。什么时候退休自己决定，自主灵活，具有保费豁免条款。这款产品的保险责任包括养老年金、身故保险金。

（2）松鹤颐年年金保险（见图4-4）

国寿的松鹤颐年保险产品是一款（分红型）年金保险，养老金终身领取，保障被保险人终身，让被保险人尽情享受精致晚年。凡出生28天以上、65周岁以下，身体健康者均可作为被保险人，由本人或对其具有保险利益的人作为投保人进行投保。

产品简介：国寿松鹤颐年年金保险（分红型），养老金终身领取，保障一辈子相伴，天伦之乐常在身边，尽情享受精致晚年。

保险期间：本合同生效之日起至合同终止日止

保　费：算价格

在线咨询　　如何购买这款保险？

图4-4 国寿松鹤颐年年金保险

举例而言：被保险人张先生，今年 30 周岁，为自己投保国寿松鹤颐年年金保险（分红型），年交保费 5 万元，交费 10 年，年金领取方式为年领，年金开始领取年龄为 60 周岁，年金领取金额为 26840 元，其可获得如下收益：

（1）交费有期限，领取至终年

按照合同约定，张先生每年交费 5 万元，只要交满 10 年并生存，即可享受从 60 周岁开始每年领取年金直至终年。

（2）年年养老金，红利终身领

若张先生生存，从 60 周岁开始，每年的年生效对应日即领取 26840 元直至终年；另外每年享有红利分配权，可以现金领取也可以累积生息，有效抵御通货膨胀。

（3）保单可借款，身故有保障

在合同保险期间内，如果合同已经具有现金价值，则投保人可以书面形式向国寿公司申请借款，方便资金周转，以解燃眉之急；若被保险人身故，国寿公司按身故当时合同所交保险费（不计利息）与现金价值两项金额中的较大者给付身故保险金，合同终止。

（4）畅享退休后，颐养天年时

张先生 60 周岁退休后可以定期领取高额年金和红利，保证退休后的生活更加丰富多彩，畅享退休后的悠闲和惬意。

3. 商业养老保险的发展机遇

近年来，为了推动商业养老保险的发展，缓解老龄化对国家财政的压力，我国针对商业养老保险出台了一系列政策。例如，国务院办公厅印发《关于加快发展商业养老保险的若干意见》（以下简称《意见》），《意见》对商业养老保险的发展提出了新定位、新目标、新重点、新要求、新政策，是新时期商业养老保险发展的纲领性文件。还有上半年个税递延商业养老保险试点的启动，也是很好的例证。所谓的个人税收递延型商业养老保险，是由保险公司承保的一种商业养老年金保险，主要面向缴纳个人所得税的社会公众，公众投保该商业养老年金保险，交纳的保险费允许税前列支，养老金积累阶段免税，领取养老金时再相应交纳，这也是目前国际上采用较多的税收优惠模式。在接下来的市场实践中，我们可以预料到会有更多的商业养老保险创新产品出现。

➤ 扩展阅读

我国的人口老龄化

所谓人口老龄化，是指人口生育率降低和人均寿命延长致使总人口中年轻人口数量减少、年长人口数量增加从而导致老年人口比例相应增长的动态。

人口老龄化

人口老龄化可以从两个方面来理解：一是指老年人口相对增多，在人口中所占比例不断上升；二是指社会人口呈现老年状态，进入老龄化社会。当一个国家或地区 60 岁以上老年人的数量占人口总数的 10% 或 65 岁以上老年人占人口总数的 7% 就意味着这个国家或地区处于老龄化社会状态。

人口老龄化是当前许多发达国家所面临的难题，只有充满活力而年轻的劳动力才可以创造繁荣的经济。一个国家，如果老年人过多而可以提供劳动力的年轻人太少，就容易影响国内经济发展水平甚至引发经济危机。但很多发达国家由于人民生活水平高，思想前卫，缺乏养儿防老的心理认知，国民的生育意愿普遍不高。人口老龄化已成为了许多国家发展过程中的通病。

人口老龄化速度的加快，使老龄人口的供给支付额度对人口比例较小的青壮年形成极大的压力，社会财富创造与现代化建设无法满足老龄人口的快速发展需要，从而导致经济发展与人口老龄化问题产生了较大的矛盾——一方面无法满足老年人口的赡养需要，另一方面又出现了财政赤字。从实质上来看，人口老龄化程度并不是社会经济压力的决定因素，但老龄人口保障必须具有充分的经济基础和社会资源。

改革开放 40 年，中国的经济迅速发展，人民的生活水平也不断提高。与之相伴的是人民的平均寿命不断提高，中国在改革开放 40 年后，也不得不面临人口老龄化的危机。那么我国的人口老龄化究竟是如何产生的呢？我们可以从三个方面来分析：首先是由于计划生育政策的实行使我国人口的生育率迅速降低；第二是由于经济的发展，人民生活水平提高，老年人有了更好的养老条件；第三是由于科技医疗条件的进步，现代医学水平不断提高，不少疑难杂症和老年疾病得到了有效治疗，老年人的平均寿命有了极大的提高。根据第六次人口普查（2010）统计数据，我国人口平均预期寿命达到 74.83 岁，其中女性为 77.37 岁，男性为 72.38 岁。近年来，我国人均期望寿命不断增长，尤其是经济发达的省份人均寿命超过了 80 岁。

正是由于这三个原因，中国在近 30 年来，老年人口的数量不断增加，中国也迈入了老龄化社会。为此，中国在 2014 年、2015 年、2016 年相继调整生育政策，但是与专家预料不一致的是在全面开放二孩政策以后，2017 年全年出生的人口一共 1723 万，依然比 2016 年减少 63 万，这就意味着我国老龄化程度在继续加深。

与欧美发达国家的人口老龄化不同，我国的人口老龄化有着鲜明的中国特色。第一，绝对数量大，发展态势迅猛；第二，地区间发展不均衡，城乡倒置；第三，高龄化趋势加强；第四，独居老人和空巢老人数量增速加快，由于家庭模式小型化，加之城市生活节奏加快，年轻子女陪伴父母的时间越来越少，我国传统的家庭养老功能正在逐渐弱化。

我国人口老龄化的这些特点导致了很多社会问题。第一，对老年人身心健康会产生不利的影响，这当中包括生活自理的问题、健康问题，当然还有我们不能忽略的心理问题。第二，人口老龄化使家庭养老问题突出，解决中国老龄化的问题需要各方努力，需要国家、社会、家庭的相互结合。第三，老龄化进一步加重了我国的经济负担，2017年 12 月人事部最新的社保报告显示，2016 年黑龙江省养老保险收不抵支，扣除 2015 年结余的 88 亿，总欠账达到了 232 亿元，成为全国首个养老金结余被花光的省份。最后，我们也不能忽视人口老龄化对社会稳定的影响，人口决定着一个国家的命运，老龄化和少子化对一个民族来说是必须认真对待的问题。

（二）教育年金

教育年金是针对少年儿童在不同生长阶段的教育需要提供的相应保险金。在目前市场上销售的教育年金保险，除了初中、高中和大学几个时期的教育基金以外，还包括了参加工作以后的创业基金、婚嫁基金甚至还有退休之后的养老基金等。

近年来教育年金的销售一直不错，究其原因是教育年金可以解决以下问题：①专款专用。子女教育要设立专门的账户，就像个人养老金账户用在退休规划，住房公积金账户用在购房规划，只有这样才能做到专款专用。②交费缺乏时间弹性。子女到了一定的年龄就要上学（如 7 岁左右上小学，18 岁左右上大学），不能因为没有足够的学费而延期。③费用本身缺乏弹性。各阶段的基本学费相对固定，这些费用对每一个学生都是相同的。④教育持续周期长，总费用庞大。子女从小到大将近 20 年的持续教育支出，总金额可能比购房支出还多。且阶段性支出高，比如大学教育，平均每个孩子每年 2 万，4 年就是 8 万元，若出国留学，费用总价则为每年 20 万～ 30 万元。这些费用支付周期短、支付费用高，需要有提前的财务准备。⑤额外费用差距大。子女的资质不同，整个教育过程中的相关花费差距很大，所以宁可多准备也不能少准备。

1. 教育年金的类型

从产品的保障期限来看，教育年金分为终身型和非终身型。

（1）终身型教育年金保险通常会考虑到一个人一生的变化，是几年一返还的，关爱孩子的一生，孩子小的时候可以将其用作教育金，年老时可以转换为养老金。优点是分享保险公司长期经营成果，保障家庭财富的传承等。

教育年金

（2）非终身型教育年金保险一般属于真正的"专款专用"型的教育年金保险产品。就是说，在保险金的返还上，完全是针对少儿的教育阶段而定，通常会在孩子进入高中、大学两个重要时间节点开始每年返还资金，到孩子大学毕业或创业阶段再一次性返还一笔费用及账户价值，以帮助孩子在每一个教育的重要阶段都能获得一笔稳定的资金支持。

2. 教育年金的功能

购买教育年金除了可以在各个重要的教育时期获得充足的教育金外，还有以下功能。

（1）保费豁免功能。所谓保费豁免功能就是一旦投保的家长遭受不幸、身故或者全残，则保险公司将豁免所有未交保费，子女还可以继续得到保障和资助。

（2）强制储蓄功能。父母可以根据自己的预期和孩子未来受教育水平的高低来为孩子选择险种和金额，一旦为孩子建立了教育保险计划，就必须每年存入约定的金额，从而保证这个储蓄计划一定能够完成。

（3）保险保障功能。一旦投保人发生疾病或意外身故及高残等风险，不能继续孩子的教育金储备计划，不能再交保费，则保单规定的被保险人原应享有的权益不变，仍然能够给孩子提供以后受教育的费用。

（4）理财功能。教育年金能够在一定程度上抵御通货膨胀的影响，它一般分多次给付，回报期相对较长。

3. 购买原则

购买时要注意以下原则：确定性原则——教育金是固定时间里的固定支出，保证确定的资金来源是关键；安全性原则——任何不可预料的风险都可能让教育年金保险的目标无法达成，保证教育金安全性是关键；稳定性原则——教育金是一笔可预期的必然支出，保证教育金收益稳健是关键；及早性原则——越早准备教育金，所花的钱就越少，保障就越早。

4. 产品案例——全能英才保险计划

平安人寿的全能英才保险计划是一份主打"一张保单、全面保护、专款专用、呵护成长、可享分红、贴心增值"的保险，兼顾分红＋重疾保障。可以为0～10岁的小朋友投保，保障被保险人到30岁。（见图4-5，图4-6）

假设A先生为儿子小A（0周岁）投保平安全能英才教育年金保险（分红型）（简称全能英才），基本保险金额50000元，交费期为10年，年交保费20574元，指定身故保险金受益人。

那么在这个购买计划中A先生就是投保人，儿子小A为被保险人及成长关爱金、教育关爱金、学业有成金、成家立业金受益人，妻子李女士为身故保险金受益人，平安人寿为保险人。

《平安全能英才教育年金保险（分红型）》费率表

（每万元基本保额对应的月交费率）

交费期间 投保年龄	性别	8 年		10 年	
		男性	女性	男性	女性
0		456.26	455.28	370.36	369.54
1		464.05	463.01	376.69	375.82
2		472.05	470.94	383.18	382.26
3		480.25	479.08	389.84	388.86
4		488.67	487.43	396.67	395.64
5		497.30	495.99	403.67	402.59
6		506.14	504.77	410.86	409.71
7		515.22	513.76	418.22	417.02
8		524.52	522.99	425.77	424.51
9		534.05	532.45	433.51	432.18
10		543.82	542.14	441.44	440.05

注：年交费率＝月交费率×11.11

图 4-5　平安全能英才教育年金保险费率表

图 4-6　全能英才保险产品计划

购买这份产品后，可以获得的保险利益有：①成长关爱金，自第5个保单周年日起每年1500元一直到最后保单周年日生存为止；②教育关爱金，15岁到24岁每年领取15000

元；③学业有成金，18、21、24 周岁分别领取 15000 元；④成家立业金，30 岁保单周年日生存，领取 50000 元；（5）若小 A 不幸身故，则所交保险费与身故当时的现金价值两者中较大的给予受益人。

二、人身保险市场热销产品分析

（一）新型养老保险产品

2018 年 6 月 11 日，太平人寿个人税收递延型商业养老保险专项产品"太平人寿保险有限公司个人税收递延型养老年金保险（2018）"正式获得中国银保监会的批复，6 月 13 日起在上海市、福建省（含厦门市）和苏州工业园区同步启动销售。

太平人寿个人税延养老保险产品包括收益确定型（A 款）和收益保底型（B1 款）两款，匹配了不同风险偏好的客户需求。A 款产品账户专为风险保守型客户设计，在积累期客户都能享有保证利率 3.5% 的固定收益；B1 款产品账户供稳健型客户选择，它设置了 2.0% 的保证结算利率，在此基础上客户享有浮动增值收益。

这两款产品账户，还可以按规则进行灵活转换，有助于客户实现资产配置的最大化收益。除了确保专项产品能够将所有的政策红利落到实处，在配套的服务上，太平人寿也发挥了其独有的优势。在投保渠道上，太平人寿提供了线上 + 线下并行的便捷方式。

1. 产品保障利益

（1）养老年金

达到国家规定退休年龄后，被保险人可申请领取养老年金。

保险人将开启领取日的产品账户价值，按被保险人选择的领取方式，根据提供的领取标准表确定被保险人月领（或年领）年金金额，并按规定从当期给付的年金中扣除对应的应纳税款。被保险人开始领取养老年金后，公司注销产品账户。

提供的养老年金领取方式包括保证返还账户价值终身月领（或年领）、固定期限 15（或 20）年月领（或年领）。

（2）身故保险金与全残保险金

开始领取养老年金前，被保险人享有身故与全残保险金保障。

在 60 周岁保单周年日前身故或全残，给付申请身故或全残保险金时的产品账户价值，并扣除对应的应纳税款，同时按产品账户价值的 5% 额外给付身故或全残保险金，后注销产品账户，合同终止。

在 60 周岁保单周年日后身故或全残，给付申请身故或全残保险金时的产品账户价值，并扣除对应的应纳税款，后注销产品账户，合同终止。

（3）产品转换

合同生效后至开始领取养老年金前，客户可申请将本产品的产品账户价值转移至公司其他个人税收递延型养老年金保险产品，或转移至其他保险公司的个人税收递延型养老年金保险产品。

2. 产品演示案例

蔡先生，35周岁，销售主管，每月工资38000元。

蔡先生投保了"太平人寿个人税收递延型养老年金保险B1款（2018）"，并选择65周岁开始领取养老金。

★获享税收优惠

每月少缴个税250元；积累期暂免个税90000元。

★账户价值积累

每月交1000元，扣除每次初始费用10元，其余皆进入账户积累，享有保证利率2%以上的浮动增值收益。

至40周岁保单年度末，账户价值可高达约7万元（中）、6万元（低）。

至50周岁保单年度末，账户价值可高达约25万元（中）、21万元（低）。

至60周岁保单年度末，账户价值可高达约54万元（中）、38万元（低）。

★养老金终身领取

从养老金开始领取日至终年，每月可领取养老金约3605元（中）、2366元（低）。

至70周岁保单年度末，共可领取养老金约22万元（中）、14万元（低）。

至80周岁保单年度末，共可领取养老金约65万元（中）、43万元（低）。

至90周岁保单年度末，共可领取养老金约108万元（中）、71万元（低）。

至105周岁保单年度末，共可领取养老金173万元（中）、114万元（低）。

（二）保障性产品

保险的本质是家庭的一种未雨绸缪的财务安排，保险不能够弥补任何亲人离世时带来的情感上的伤害，但赔偿的保险金却能让其家人能够更好地活下去。定期寿险，是最大限度体现保险回归保障本源的保险产品，我们经常讲买重疾险、医疗险，这些健康保障固然每个人都要配置，但是，对于成年人来讲，更应该买的是——定期寿险。

定期寿险是在一定期间或者到一定年龄，例如到了30岁或50岁，与人的寿命、生命相关，以身故为赔付条件的保险产品。定期寿险一般是消费型产品，如果被保险人在保障期内没有身故，则没有保险金赔付，保险合同终止，所交保费也不会退还。

★具体产品——平安小安定期寿险（见图4-7）

出品公司：中国平安人寿保险股份有限公司

产品名称：平安小安定期寿险

保障期限：20/30 年

最高保额：150 万

投保年龄：18 ～ 50 周岁

交费年限：10/20 年

等待期：180 天

小安的保障期限可选保 20 年或 30 年，交费年限可选 10 年或 20 年，比较适合家庭经济支柱购买，可以覆盖未来二三十年最重要的人生阶段。

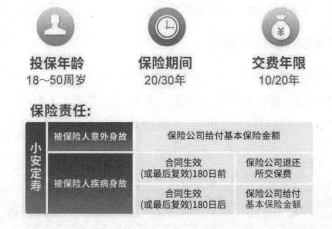

图 4-7　平安小安定期寿险

1. 保险责任

只保身故。等待期内，返还保费；等待期后，给付保额。意外身故无等待期。

2. 健康告知

投保小安定寿无需体检，只要符合健康告知要求，就可以线上投保。健康告知不通过大数据核保，以健康询问为主，只询问 6 个月内的症状，未询问到遗传性疾病和先天性疾病，故整体来看不算严格。唯一不足的是不支持人工核保或智能核保，只要任意一项不符合就不能投保。

职业方面，仅限制了矿工、高空作业者、特种兵等少量职业人员投保，警察、货车司机等都可以投保，算是比较宽松。由于没有智能核保，患有高血压、糖尿病、胃溃疡等疾病的人，就无法投保小安定寿，只能选择其他产品。

3. 大数据核保，免体检，最高保额 150 万

平安和前海征信合作，利用大数据核保，系统自动出核保结果，极速闪投，无需体检，各渠道累计保额最高 150 万。通过大数据核保，会有几种情况，具体能投多少，与个人信度分数、所在城市及年龄有关。

风险评分 ≥ 600 分，18 ～ 45 岁最高保额为 150 万，46 ～ 50 岁最高保额 80 万；

风险评分 ＜ 600 分，各年龄段最高保额均为 50 万。

小安的风险保额是单独累计的，不受平安其他寿险保额影响。

4．产品评价

定期寿险性价比高，责任简单，对家庭经济支出影响较小，以下这些人群最需要：①初入社会的学生，收入低且不稳定、无储蓄；②家庭支柱，家庭全部收入由一人承担，其担负着养家糊口的重任；③上有老下有小的顶梁柱，需要赡养父母、教育子女，家庭花销重；④身负车贷、房贷的人群，高额贷款压力大。

5.平安保险小安定期寿险产品特色

性价比高：保费低廉，例如 18 岁男性购买保障 20 年交费 20 年产品的费率是 65 元/10 万；小安定寿保额高，如果被保险人满足 A 类城市（北京、上海、广州、深圳），年龄区间 18 ～ 45 岁，保额最高可达到 150 万。（见图 4-8）

费率演示：（每10万元费率）　　　　　　　　　　　　　　　　　　　　单位：人民币元

性别	男		女	
保期	保20年		保20年	
年龄	10年交	20年交	10年交	20年交
18	113	65	56	33
20	126	73	61	36
25	177	103	82	48
30	265	155	124	72
35	409	239	195	113
40	619	364	305	178
45	938	555	486	285
50	1461	874	818	482

图 4-8　小安定期寿险费率演示

➤ **课后思考**

1.名词解释

人寿保险　定期寿险　终身寿险　生死两全保险　分红保险　变额保险　万能寿险

2.简答题

（1）简述人身保险产品的分类。

（2）设计保险产品时需要考虑哪些因素？

（3）比较分红保险、投资连结保险和万能保险的异同。

单元测试

第五章
健康保险

► **知识要点**

1. 健康保险的定义与条件。
2. 我国健康保险的发展现状。
3. 我国商业健康保险产品分类。
4. 商业健康保险的未来发展。
5. 长期护理保险在我国及世界的发展。

► **案例导读**

2019 年全国癌症报告

2019 年 1 月，国家癌症中心发布了最新一期的全国癌症统计数据。全国肿瘤登记中心负责全国肿瘤登记数据收集、质量控制、汇总、分析及发布工作。（由于全国肿瘤登记中心的数据一般滞后 3 年，本次报告发布的数据为全国肿瘤登记中心收集汇总全国肿瘤登记处 2015 年的登记资料）

恶性肿瘤（癌症）已经成为严重威胁人类健康的主要公共卫生问题之一，根据最新的统计数据，我国因恶性肿瘤死亡占居民全部死因的 23.91％，且近十几年来恶性肿瘤的发病死亡率均呈持续上升态势，每年恶性肿瘤所致的医疗花费超过 2200 亿，防控形势严峻。

2015 年恶性肿瘤发病约 392.9 万人，死亡约 233.8 万人。平均每天超过 1 万人，每分钟有 7.5 个人被确诊为癌症。与历史数据相比，癌症负担呈持续上升态势。近十多年来，恶性肿瘤发病率每年保持约 3.9％的增幅，死亡率每年保持 2.5％的增幅。

肺癌、肝癌、上消化系统肿瘤及结直肠癌、女性乳腺癌等依然是我国主要的恶性肿瘤。肺癌位居男性发病率第 1 位，而乳腺癌为女性发病率首位。男性恶性肿瘤发病率相对女性较高。

城乡恶性肿瘤发病水平逐渐接近，而恶性肿瘤负担差异仍然较为明显，表现在城市恶性肿瘤发病率高于农村，而农村恶性肿瘤死亡率高于城市。

在过去的十余年里，恶性肿瘤生存率呈现逐渐上升趋势，目前我国恶性肿瘤的 5 年相对生存率约为40.5%，与10年前相比，我国恶性肿瘤生存率总体提高约10个百分点，但是与发达国家还有很大差距。

总之，我国恶性肿瘤负担日益加重，城乡差异较大，地区分布不均衡，癌症防控形势严峻；发达国家和发展中国家癌谱并存，防治难度巨大。

➤ **思 考**

面对日益恶劣的健康环境，健康保险可以发挥什么样的作用？

第一节　健康保险概述

一、关于健康保险

（一）定义

保险按照保障范围分为财产保险和人身保险两大类。健康保险就是从人身保险分离出来的一支独立险种，是指保险公司通过疾病保险、医疗保险、失能收入损失保险和护理保险等方式对健康原因导致的损失给付保险金的保险。

现代社会发展迅猛，瞬息万变，尽管科技水平和医疗技术的提升使得大部分疾病的治疗不成问题，但不断恶化的生活环境威胁着人类健康，人们身体的抗病能力变得脆弱，更实际的问题是高额的医药医疗费用支出不但超出老百姓的正常收入，而且在很大程度上对家庭财务收支的平衡和财务计划的制订造成了更大的冲击。因而，近年来人们对商业健康医疗类保险的需求越来越高。

健康保险是以被保险人的身体为保险标的，对被保险人遭受疾病或意外伤害事故所发生的医疗费用损失或导致工作能力丧失所引起的收入损失，以及年老、疾病或意外伤害事故导致需要长期护理的损失提供经济补偿的保险。健康保险属于短期性保险。有些国家把商业保险分为财产保险、人寿保险和第三领域保险三类，其中第三领域保险就是健康保险和意外伤害保险，这两种保险和人寿保险有着较大的区别。

（二）特殊条款

在健康保险合同中，除适用一般人寿保险的宽限期条款、复效条款、不可抗辩条款等条款之外，由于威胁健康的因素具有变动性和不易预测性、赔付危险大，保险人对所承担的保险金给付责任还规定了一些特殊的条款，即健康保险所独有的条款。

1. 年龄

不同年龄的人具有不同的健康状况，年龄过高或过低都存在较高的健康风险，因此年龄大小是保险人在决定是否承保时所要考虑的一个重要因素。健康保险的承保年龄一般多为 3 岁以上、60 岁以下，个别情况下可以放宽到 0 ～ 70 岁。此外，人的性别与健康保险也有很大关系。通常，女性的期望寿命要长于男性，健康状况也要好于男性，因而男性投保健康保险时的保险费率要较同龄女性高。

2. 体检条款

该条款允许保险人指定医生对提出索赔的被保险人进行体格检查，目的是使保险人对索赔的有效性做出鉴定。体检条款适用于残疾收入补偿保险。

3. 观察期条款

观察期是健康保险特有的概念。一般来讲，健康保险的保单中常规定一个等待期或观察期，等待期或观察期多为 180 天，被保险人在等待期或观察期内因疾病支出医疗费用或收入损失，保险人不负责任。等待期或观察期结束后，健康保险才正式生效。

观察期

观察期一般出现在医疗保险、重大疾病保险这几类健康保险中。被保险人在首次投保时，观察期的起始时间为合同生效日。从观察期的时限来看，在普通住院类医疗保险中，观察期一般为 60 天或 90 天；在重大疾病保险中，观察期一般为 90 天、180 天、一年。

设置观察期的目的是通过一定的时间来证明投保人的身体是符合健康要求的，以保证投保标的的风险条件相当，保证制度的基本公平。如果在观察期发生病情，就不符合观察期内的健康要求，无法获得保险保障。

设置观察期的目的还为了维持合同的公正性，保证最大诚信原则的履行。因为在健康保险经营实务中，面临的最大的道德风险是带病投保，这与保险市场的信息不对称有着极大的关系，也与消费者的逆选择密不可分。保险保障的是未知风险，若人人带病投保则将破坏整个保险制度的运行。设置一定时间的观察期，能够有效筛选出带病投保的人群，以维护其他投保人的合法权益。

4. 免赔额条款

在健康保险合同中，一般均对医疗费用采用免赔额的规定，即在一定金额下的费用支出由被保险人自理，保险人不予赔付。

5. 给付限额条款

在补偿性质的健康保险合同中，保险人给付的医疗保险金有最高限额规定，如单项疾病给付限额、住院费用给付限额、手术费用给付限额、门诊费用给付限额等。健康保险的被保险人个体差异很大，其医疗费用支出的高低差异也很大，因此为保障保险人和大多数被保险人的利益，规定医疗保险金的最高给付限额，可以控制总的支出水平。

而对于具有定额保险性质的健康保险，如大病保险等，通常没有赔偿限额，而是依约定的保险金额实行定额赔偿。

> **知识链接**

健康保险是什么病都保吗？

答案当然是否定的。健康保险中的可保疾病须符合以下要求：

（1）必为明显非外来原因所致。健康保险中的可保疾病的条件必为身体内在的生理原因所致，与意外伤害保险的条件即必须是外来的、突发的、不可预料的原因导致的伤害不同。虽然许多疾病是因饮食不洁，外感细菌、病毒而产生，但不能简单理解为外来因素，因为外来的病菌与病毒往往要感染人体内部并逐渐酝酿方可形成疾病，表现为一个损伤与抗损伤的过程。因此，是否有明显外来的原因，是划分疾病和意外伤害的界限。

（2）必为非先天性原因所致。健康保险仅对被保险人在保险合同效力存续期间由健康状态转入病态承担责任。先天原因（一般为遗传基因变异）导致身体发生的缺陷或形态的不正常，不能成为健康保险的承保范围。值得注意的是，健康保险只对投保后在保险合同效力存续期限内发生的疾病承担保险责任。因为保险转移的是具有不确定性、偶然性特点的风险。

（3）必为非长存的自然常态原因所致。人的一生必然经历生长、成年、衰老的过程，这一过程是与时间相关的生理上长存的原因所致。机体进入衰老过程时显示一些病态，这是必然要经历的生理现象，不属于健康保险的保障范围。但是，在衰老的同时，诱发出其他疾病却是偶然的，需要健康保险来提供保障。

（三）作用

我国的社会主义性质和国情决定我国现阶段医疗保障体系的组成既包括由政府开办的社会医疗保险，又包括农村的合作医疗保险和商业保险公司开办的商业健康保险。社会医疗保险在构筑整个国民医疗保障体系方面的能力有限，要建立一种统一、规范和多层次的国家医疗保障制度和保障体系，农村的合作医疗保险和商业健康保险有着不容忽视的作用。随着我国社会主义市场经济体制的进一步完善和居民收入的提高，商业健康保险在完善国家医疗保障体系方面的地位和作用逐渐显露出来。

从宏观看，大力发展商业健康保险有以下三大作用。

1. 商业健康保险是国家多层次医疗保障体系建设的重要组成部分

从国际经验来看，无论是在国家福利保障模式、社会医疗保险模式，还是商业健康保险模式的医疗保障体系中，商业健康保险均发挥着重要作用，成为医保体系中不可替代的重要支柱。从中国情况来看，我国建立了以基本医疗保险为主、商业健康保险为补充的制度架构。基本医保遵循"保基本、兜底线、可持续"的原则，满足群众的基本医疗需求，发挥兜底保障功能。单纯依靠基本医保，不可能解决 13 亿人口的多层次医疗健康需求。我国多层次医保体系的建设，需要商业健康保险发挥补充保障作用和专业化经办服务优势，需要政府与市场合力更好托举民生。

2. 发展商业健康保险是推进国家治理体系和治理能力现代化的重要手段

国务院《关于促进健康服务业发展的若干意见》《关于加快发展商业健康保险的若干意见》等政策的推行，从健康中国建设和医改顶层设计的层面，明确了商业健康保险是创新社会治理的有效机制、转变政府职能的重要抓手、改进政府公共服务工作的有效工具。

3. 发展商业健康保险是落实国家普惠金融战略和全方位保障人民健康的有效方式

服务国家脱贫攻坚战略，大力实施健康扶贫工程。解决因病致贫、因病返贫问题，是国家脱贫攻坚战略的主攻方向。健康保险机构主动对接贫困人口的医疗保障需求，积极提供精准化、特惠制的健康扶贫保险服务。落实国务院税收优惠政策，做大做强税优健康险。税优健康险是国家推出的重大惠民工程，其运用税收杠杆激发民众的健康保障需求，提高了民众的健康保障程度。

从微观层面看，商业健康保险对个人、家庭和企业也有十分积极的作用。

（1）对个人和家庭。对大多数人来讲，疾病风险的发生是在所难免的，但是我们可以利用健康保险，积累医疗基金补偿因病造成的经济损失。

（2）对企业和单位。在当今社会，商业健康保险成为企业员工福利体系的一部分，被称为人事管理制度中有效的激励机制。

二、健康保险的分类

（一）按保险责任分

健康保险按照保险责任分为疾病保险、医疗保险、收入保障保险、长期护理保险。

1. 疾病保险

通常指重大疾病保险，对重大疾病承担保障。只要被保者被医院确诊为患上保险合同中承保的某一种疾病，保险公司就会依据保险合同事先约定的保额承担责任。

2. 医疗保险

通常指住院医疗费用保险，当被保者由于意外或疾病而住院医疗时，可申请保险报销费用。这种保险保障的范围涵盖医生的治疗费和手术费用，对于住院、护理、医院设备使用等产生的费用也会承担相应的责任。很多产品是一年期的，大家在选择的时候，要注意产品有没有续保保证。选择有续保保证的产品比较好。

3. 收入保障保险

是指当被保者因疾病或意外伤害残疾，没有了劳动能力，导致收入锐减甚至没有收入时，保险公司会依据合同的约定进行赔偿。这种保险一般是住院结束后赔付的，通常按日、周、月进行补偿，与医保或别的商业险是否赔偿是没有关系的，与被保者失去劳动能力之前的收入水平息息相关。

4. 长期护理保险

一般投保的是因年老、疾病或伤残而需要长期照顾的人群，这类保险可给这些人士提供护理服务费用补偿。通常对医护人员看护、照顾式看护、中级看护及家中看护这四种看护提供保障，在投保时要看清楚自己买的产品有没有看护方式的限制。

（二）按给付方式分

健康保险依据不同的给付方式可以划分为给付型、报销型、津贴型三种。

1. 给付型

被保者一旦发生保险合同保障范围内的事故即可获得赔付，比如很多确诊即给付的重疾险，其理赔不需要提供发票等资料，与实际发生的费用无关，与保额息息相关。

2. 报销型

一般是住院医疗保险、意外伤害医疗保险，被保者发生保险合同保障范围内的费用，可依据合同的约定申请报销。报销的金额最高不会超过被保者实际发生的损失，而且要把相关的医疗单证等理赔资料提供给保险公司，其审核无误后才能获得补偿。

3. 津贴型

一般是住院医疗补贴保险、住院安心保险等，这类健康保险一般对被保者的住院费用等进行补偿，很多产品是按日补偿保险金的，比如 200 元 / 天等，这类保险能获得多少赔偿是可以确定的。

此外，费用报销型健康保险适用费用补偿的原则，是补偿性的；而定额给付型健康保险却不适用，被保人获得的保障与保额有关，与实际发生的损失没有关系。

三、我国健康保险的发展现状

（一）现状

在行业回归保障本源的背景下，我国健康险业务发展势头迅猛，正逐渐成为推动保险业转型的重要动力。

银保监会披露的统计数据显示，2019年1月至6月，健康险业务实现原保险保费收入3976亿元，同比增速为32%。而同一时期，保险行业整体实现原保险保费收入2.55万亿元，同比增速为14%；寿险业务实现原保险保费收入1.50万亿元，同比增长12%；人身意外伤害险实现原保险保费收入641亿元，同比增长17%。对比来看，健康险的保费增长势头可见一斑。更为值得关注的变化是，2019年上半年，健康险原保险保费收入超过了车险（3966亿元），晋升为行业第二大险种。

事实上，健康险的崛起并非一日之功。近年来，健康险一直保持了较为积极的发展态势。据统计，2013年至2018年，健康险业务原保险保费收入分别为1123.5亿元、1587.18亿元、2410.47亿元、4042.50亿元、4389.46亿元、5448.13亿元，同比增速分别为30.22%、41.27%、51.87%、67.71%、8.58%和24.12%。

健康险保持强劲发展势头，主要得益于我国医疗保障体制不断完善，充分发挥商业健康保险的补充保障作用。加之，伴随网络平台等新渠道的兴起，居民对于个人健康和保险消费的理念发生了积极的变化。再加上近年来监管不断完善及市场竞争的促进作用下，健康险产品设计、定价都更为合理。这些因素都推动了居民健康险消费需求的上升。

➤ 扩展阅读

我国的社会医疗保险

社会医疗保险是国家和社会根据一定的法律法规，为向保障范围内的劳动者提供患病时基本医疗需求保障而建立的社会保险。

解读社会医疗
保险制度

1. 社会医疗保险制度的优势

参保人调动时可随同转移，参保人死亡后可由法定继承人继承。基本医疗保险对参保人员一视同仁，尊重和保障参保人的健康权益，不会出现参保人员因单位经济效益不景气而延误就医，也不会出现对参保人报销费用拖欠的现象。基本医疗保险分担了国家、企业或个人承担全部医疗费用的风险，通过实施共济性、互助性的保险制度，使参保人员的基本医疗需求得到了切实有效的保障。

社会医疗保险体系由基本医疗保险（个人账户、统筹基金）、补充医疗保险（公务员医疗补助、企业补充医疗保险）、大额医疗费补充保险构成。其中，基本医疗保险是医疗保险体系的基础，实行个人账户与统筹基金相结合，能够保障广大参保人员的基本医疗需求，主要用于支付一般的门诊、急诊、住院费用。公务员医疗补助是国家公务员在参加基本医疗保险的基础上，国家为保障公务员医疗待遇水平不降低而建立的医疗补助制度，是对统筹基金最高支付限额以上部分的医疗费、住院费和长期门诊慢性病医疗费个人负担的部分给予适当补助。企业补充医疗保险是指一些经济条件较好的企业在参加基本医疗保险的基础上，为职工和退休人员建立的补充医疗保险。大额医疗费补充保险属于基本医疗保险的补充形式，是借鉴商业保险机制为职工建立的大额医疗费给付的保险形式。它是参保人员必须参加的补充保险形式，资金主要用于支付基本医疗保险统筹基金最高支付限额以上部分的医疗费用。

2. 我国社会医疗保险制度存在的问题

（1）保障对象界定模糊。对非从业城镇居民没有统一的界定，尤其对灵活就业人员和城市农民工及其子女这类较为特殊的群体是否纳入城镇居民基本医疗保险没有明确界定。

（2）城镇居民基本医疗保险实施以来虽然覆盖面扩大了，参保率也有所提高，但该制度的实际受益率是比较低的，大约在20%左右。

（3）参保的持续性弱，原因有三个：一是自愿原则的规定；二是政策宣传不到位；三是存在一小部分参保但又退保的群体。

（4）缺乏衔接。城镇居民基本医疗保险、城镇职工基本医疗保险、新型农村合作医疗保险三项医疗保险制度共同构成了覆盖我国全民的社会医疗保障制度，但各项制度分块运行，制度之间不能有效衔接，造成参保人员无法进行正常的区域间的流动。

3. 解决方法

（1）明确参保对象。只有参保对象有了清晰的界定，参保者及其家属才都能享受基本的医疗保险待遇，这样各地也就不会因为户籍制度的限制而将部分群体排除在外。

（2）改自愿参保为强制参保。城镇居民医保制度存在逆向选择问题，要解决这个问题就要想办法让所有符合条件的人都参保，而且终身参保，如果改自愿参保为强制参保就能从根本上解决逆向选择问题和退保问题。此外，贫困群体可以通过向政府申请减少或免除交费的形式参保，避免其陷入因病（尤其是大病）导致更贫困的恶性循环中。

（3）提高并优化政府补助标准。在城镇居民医疗保险的筹资中，政府财政补助发挥了很大的作用。为了提高参保率，可以降低参保人的交费标准，尤其是成年人的交费标准，而这就需要提高政府财政补助标准，同时提高医保待遇如增加门诊报销额度、提高报销上限额度等。在非从业居民中实际上大多数是收入较低者，通过提高政府补助标准，对其进行经济刺激无疑可以提高其参保的积极性。

（4）建立健全三项医保制度的衔接与整合。社保、卫生、民政等部门应建立协调机制、整合制度，使其适应城镇居民工作岗位、身份变动频繁的特点。应建立起跨区域可以转账的医疗保险个人账户，当参保人身份、工作地点发生变化，账户可以迁转，各地衔接，一旦交费账户就随人流动、终身拥有，而且能一卡通用。

（5）加大宣传的力度、广度和深度。自城镇居民基本医疗保险政策实施以来，仍有居民因不了解政策而未参保，因此要加大宣传力度。除此之外，宣传也要有广度和深度，既要阐明政策优势、特点和适合人群，又要宣传城镇居民基本医疗保险的好处和参保、交费、报销的程序，也要宣传如何看病、如何选择医院等参保人能享受医保待遇相关的所有信息，使居民能全面透彻地了解城镇居民基本医疗保险。

（二）行业内外的政策利好

健康险的发展离不开行业内外的不同政策利好，这些无疑能给健康险发展提供持续的推动力。

1.《健康保险管理办法》

2019年12月1日，新修订的《健康保险管理办法》正式实施，与之前的管理办法相比，新的管理办法在概念定位、产品规范和经营销售、消费者权益保护等方面做出了修改，鼓励健康保险充分承担社会责任。

在概念定位方面，将健康保险定位为国家多层次医疗保障体系的重要组成部分，完善健康保险的定义和业务分类，将医疗意外保险纳入健康保险。

在产品规范和经营销售方面，明确经营健康保险应当具备的条件，推进提升经营专业化水平；坚持健康保险保障属性，明确各类健康保险产品的产品特点和要求；鼓励保险公司将信息技术、大数据等应用于健康保险产品开发、风险管理、理赔等方面，提升管理水平。

在消费者权益保护方面，对保险公司销售健康保险产品提出不得强制搭配其他产品销售、不得诱导重复购买保障功能相同或者类似的费用补偿型医疗保险产品等禁止性规定；明确保险公司不得要求投保人提供或者非法收集、获取被保险人除家族病史之外的遗传信息或者基因检测资料；吸收采纳近年来相关医改政策，如针对贫困人口给予倾斜支持等。

《办法》首次将健康管理以专章写入，对健康管理的主要内容、与健康保险的关系定位、费用列支等方面予以明确。

2.《"健康中国2030"规划纲要》

《"健康中国2030"规划纲要》是为推进健康中国建设，提高人民健康水平，根据党的十八届五中全会战略部署制定。由中共中央、国务院于2016年10月25日印发并实施。

到2030年具体实现以下目标。

（1）人民健康水平持续提升。人民身体素质明显增强，2030年人均预期寿命达到79.0岁，人均健康预期寿命显著提高。

（2）主要健康危险因素得到有效控制。全民健康素养大幅提高，健康生活方式得到全面普及，有利于健康的生产生活环境基本形成，食品药品安全得到有效保障，消除一批重大疾病危害。

（3）健康服务能力大幅提升。优质高效的整合型医疗卫生服务体系和完善的全民健身公共服务体系全面建立，健康保障体系进一步完善，健康科技创新整体实力位居世界前列，健康服务质量和水平明显提高。

（4）健康产业规模显著扩大。建立起体系完整、结构优化的健康产业体系，形成一批具有较强创新能力和国际竞争力的大型企业，成为国民经济支柱性产业。

（5）促进健康的制度体系更加完善。有利于健康的政策法律法规体系进一步健全，健康领域治理体系和治理能力基本实现现代化。

3.《关于开展中国人身保险业重大疾病经验发生率表修订工作有关事项的通知》

从我国健康险的产品结构来看，重疾险在其中占据主导地位。随着我国经济社会的快速发展，医疗科技水平的不断提高，居民所面临的疾病环境已经发生了巨大的改变，重疾定义及经验发生率也需要动态跟进。

2019 年 3 月，银保监会发布《关于开展中国人身保险业重大疾病经验发生率表修订工作有关事项的通知》。重大疾病经验发生率表的修订将为重疾险的开发提供更为科学的支撑，未来在定价层面保险公司将更加精细，健康险产品设计整体也将精细化。拥有完备精算人才和数据库支撑的龙头险企及深耕某一细分险种领域的健康险公司都将受益。绿色通道、在线问诊、海外就医等增值服务逐渐成为保险公司抢夺健康险中高端用户的核心竞争要素，这些核心要素下沉至大众用户或将打开更为广阔的市场空间。

4.《国务院关于实施健康中国行动的意见》

2019 年 7 月，国务院印发了《国务院关于实施健康中国行动的意见》，标志着"健康中国"战略继续深入推进。在推动实施"健康中国"战略的过程中，保险业特别是健康险扮演着十分重要的角色，也有望搭上发展的"顺风车"。

在 2019 年 7 月健康中国行动推进委员会印发的《健康中国行动（2019—2030 年）》中，心脑血管疾病防治、癌症防治、慢性呼吸系统疾病防治、糖尿病防治均被列入重大行动内容中。心脑血管疾病、癌症、慢性呼吸系统疾病、糖尿病等均属于慢性病。目前，我国慢性病患者已超过 2 亿，居民因慢性病死亡人数占总死亡人数的比例高达 86.6%，造成的疾病负担已占总疾病负担的 70% 以上。随着健康中国行动提升居民对于自身健康的关注，针对不同慢性病的个性化保障需求及健康管理需求将会显著增长，商业健康险在这一方面大有可为。

为推动和规范健康保险的发展，中国银行保险监督管理委员会在 2019 年重新修订了《健康保险管理办法》（以下简称《管理办法》），新修订的《管理办法》从产品定义、分类规范、健康保险产品监管、健康保险产品经营与销售等各个方面着手，希望矫正目前市场上销售产品的设计瑕疵和销售过程、经营管理及理赔中存在的不规范现象，让商业健康保险发挥其应有的参与社会管理的责任。与之前的《管理办法》相比，新的《管理办法》在概念定位、产品规范、经营销售、消费者权益保护等方面做出了修改，例如进一步提高了健康保险的地位，将健康保险作为国家多层次医疗保障体系的一部分。

《健康保险管理办法》全文

新修订的《健康保险管理办法》于 2019 年 12 月 1 日起施行。

（三）市场主体

大部分商业健康保险在国内还是和寿险混合经营，在国外健康保险和寿险是单独经营的。目前国内已经有四家专业健康保险公司，分别为：中国人民健康保险股份有限公司、平安健康保险股份有限公司、瑞福德健康保险股份有限公司和昆仑健康保险股份有限公司。随着健康险占人身险保费收入比重的上升，健康险赔付也从 2010 年的 264.02 亿元增长到 2016 年的 1000.75 亿元，健康险深度和健康险密度不断上升。这些无疑就是我国的商业健康保险发展潜力巨大、前景广阔的证明。

健康保险单独经营是发展趋势。越来越多把目光瞄准健康险市场的险企都在积极布局大健康产业，打造健康管理生态闭环。

中国人寿、中国平安、人保健康、中国太保等大型险企也在积极布局大健康产业。以中国平安为例，通过流量端和支付端切入，构建出"患者—提供商—支付方"的综合模式。从流量端来看，"平安好医生"通过提供医疗健康服务成为流量入口，通过高频次的健康管理带动低频次的医疗服务，实现高活跃和高留存率。而在支付端，平安医保科技通过连接参与医疗健康的各方，为医疗健康产业上下游的服务商乃至 C 端用户提供一系列智能化解决方案，目前已接入超过 2000 家医院，服务全国超 200 个城市。太平人寿推出"我是乐享派—乐享通计划"，涵盖健康、医养、服务三大领域，在提供保险保障的基础上，还可为客户定制国内及海外就医方案，提供一揽子健康服务解决方案，从而打通诊前、诊中、诊后的就医全流程，打造健康服务闭环。一些中小型保险公司也通过与一些医疗机构、第三方健康管理服务平台合作来提升自身在此方面的竞争力。

打造健康管理生态闭环将成为商业健康保险发展的趋势。一方面，保险公司可以通过健康管理生态闭环控制风险，提升服务能力；另一方面，保险公司还可以借此加强与医疗、医药部门的合作，帮助前者规范管理、节省开支，商业保险也可以实现合理控费。闭环的健康险发展模式可以做到全流程跟踪，有效地消除以往保险产品靠价格竞争的弊病，以客户为中心，降低健康风险，提升客户归属感和黏性，从而促进保险公司健康险业务发展更为持久。

第二节　健康保险产品

一、积极拓展的新领域——长期护理保险

（一）概念

长期护理险主要是为被保险人在丧失日常生活能力、年老患病或身故时，提供护理保障和经济补偿的制度。目前，全球有社会保险和商业保险两种形式。商业保险形式的长期护理保险是对被保险人因为功能丧失，生活无法自理，需要入住康复中心或需要在家中接受他人护理时的种种费用给予补偿的一种健康保险。社会保险形式的长期护理保险是以社会互助共济方式筹集资金，对经评估达到一定护理需求等级的长期失能人员，为其基本生活照料和与基本生活密切相关的医疗护理提供服务或资金保障的社保制度。

具体来看，商业保险形式下，长期护理保险的保险责任是为被保险人年老失能以致生活无法自理，需要接受老年中心医护人员的看护服务或在家中接受日常生活的看护服务所需的费用提供保险金的补偿。长期护理保险保障的护理项目一般包括照顾被保险人的吃饭、穿衣、入浴、如厕和行动等的护理费用。长期护理保险对提供护理服务的人员和机构有严格的规定，看护中心必须有营业执照和主管部门颁发的同意其提供护理服务的许可证。

在社会保险形式下，长期护理保险有社区居家照护、养老机构照护和住院医疗护理等三种护理服务形式。

（1）社区居家照护。指护理站、社区养老服务机构等为居家的参保人员提供上门照护或社区日间集中照护及相关医疗护理服务。

（2）养老机构照护。指养老机构为其中住养的参保人员提供基本生活照料及相关医疗护理服务。

（3）住院医疗护理。指护理院、社区卫生服务中心和部分二级及以上医疗机构，为入住其机构内护理性床位的参保人员提供医疗护理服务。

（二）长期护理保险推出的历史背景

大约在 20 世纪 90 年代，长期护理保险在美国兴起，并日益成为广大家庭最受欢迎的险种，目前已占美国人寿保险市场 30% 的份额。德国和法国的长期护理保险发展势头一直很好。

20 世纪 90 年代中后期，日本老龄化日趋加剧，失能老人日益增多，一方面，财政在

承担低收入失能老人的收容和照顾上已不堪重负，另一方面，因"社会性住院"造成的医保支付危机也未得到缓解。针对此种情况，日本政府设立了专门机构研究应对措施，希望通过建立一项新的社会保险制度从根本上解决这一问题。2000 年 4 月，日本介护保险制度正式实施。

在各国的长期护理保险制度中，日本的介护保险制度有不少值得我们借鉴的地方。庞大的老年人口，促使日本的养老产业发展一直处于世界前列，同时也使日本产生了典型的"日本养老模式"——以介护保险体系为支撑的养老模式。日本的养老机构分日间照料中心、失智照护机构、医养结合机构等多种形态。

在日本 40 岁以下的人群不参加介护保险；40～64 岁的参保，用人单位代扣应缴部分后与医保费一起缴纳，只有痴呆、中风等 15 种疾病造成失能的人才可享受；65 岁及以上的人群需要参保，费用从退休金中扣除，不论何种疾病均可享受保险保障。

在日本介护等级分为 7 类，从程度最轻的 1 级（要支援）基本能够独立如厕、进食到最严重的 7 级（要介护）卧床不起，日常生活所有方面都需要帮助。

介护等级必须经过指定程序经过官方指定机构进行评估，只有持有评估鉴定意见，养老服务费用方能得到一定程度的报销，并且每半年需重新评估一次，确定介护等级并匹配介护方案。当介护评估等级为要支援类的 1、2 级老人，介护保险只给予报销上门居家养老服务项目和日间照料项目；要介护 1～5 级的老人可以另外报销机构养老服务。

（三）我国的长期护理保险

2018 年我国老年人口达到 2.4 亿，人口老龄化进入了一个新的阶段，独生子女的赡养负担加重，年轻人工作繁忙使得照顾老年人的时间减少，长期护理保险很有市场前景。事实上，我国也一直在进行长期护理保险的探索。

2016 年 7 月，人社部办公厅发布了《关于开展长期护理保险制度试点的指导意见》，在上海、江苏、浙江、安徽等 15 省市进行长期护理保险制度试点。

在我国，根据长期护理保险制度的规定，在开展长期护理保险的地区，年满 60 周岁及以上，参加本市职工医保或居民医保的人员，还需按照规定，办理申领基本养老金手续。经老年照护统一需求评估，失能程度达到评估等级 2～6 级且在评估有效期内的参保人员可申请长期护理保险金。长期护理保险参保人员分别按照现行的本市职工医保和居民医保有关登记征缴的规定，办理登记缴费手续。试点期间，个人暂不需要交费。由于长期护理保险的对象是长期失能人员，需要对其失能程度、疾病状况、照护情况等进行评估，才能确定评估等级，实现照护服务与老年人照护需求的合理匹配。老年照护统一需求评估是指对具有照护需求且符合规定条件的老年人，按照全市统一的评估标准，依申请对其失能程度、疾病状况、照护情况等进行评估，确定照护等级。照护等级作为申请人享受长期护理保险待遇、养老服务补贴等的前提和依据。评估等级分为：照护 1 级、照护 2 级、照护 3 级、照护 4 级、照护 5 级、照护 6 级，以及其他情况（未达到照护 1 级和建议至二级以上医院就诊的）。其中，未达到照护 1 级及其他情况（未达到照护 1 级和建议至二级以上医院就诊的），不享受长期护理保险服务；照护 2 ～ 6 级的，可以享受相应的长期护理保险服务。

我国长期护理保险开展的时间短，面临护理服务提供体系滞后、护理服务人员匮乏的困境。因此我们需要持续探索长期护理保险政策，尤其要探索建立全国统一完善的护理等级评定体系（包括失能程度的评估程序、标准、方法等），使评估具有科学性和权威性，以及探索建立效能较高的护理服务体系，解决好护理服务供给不足的问题。还可大力创新长期护理保险产品、开发护理机器人、设立子女护理假等等。

（四）保险公司销售的长护险产品

人保健康的"美好生活个人长期护理保险"是一款提供因疾病和意外伤残的个人终身护理的保险，具备长期给付、高额保障、累计增额、关爱豁免等特色，能够为老年人、伤残人士等需要护理的人群，提供长期护理的保险服务。

1. "美好生活个人长期护理险"的保障范围

长期护理月度保险金额等于投保时的基本保险金额，合同有效期内，自被保险人 60 周岁起，未发生合同约定保险事故，每满 5 年长期护理月度保险金额按基本保险金的 5% 递增一次，累计递增额度为 20%。

（1）护理关爱保险金：被保险人发生日常生活能力障碍且达到约定的伤残程度，按长期护理月度保险金额的 10 倍给付护理关爱保险金，合同继续有效。

（2）长期护理保险金：被保险人发生日常生活能力障碍且达到约定的伤残程度，且在合同有效期内被保险人持续生存，按长期护理月度保险金额每月给付长期护理保险金，最高给付期限 360 个月。（注意：当被保险人伤残恢复，或者达到最高给付期限时，长期护理保险金责任终止，合同继续有效。）

（3）疾病身故保险金：被保险人因意外伤害之外的原因身故，按已交保费与现金价值较大者（减去累计已领取的长期护理保险金）给付疾病身故保险金，合同终止。（注意：当受益人累计已领取的长期护理保险金金额达到或超过已交保费与现金价值的较大者时，疾病身故保险金金额为零。）

2. "美好生活个人长期护理险"的保费

举例：王先生（30 周岁）为自己投保"美好生活个人长期护理保险"，基本保险金额 1 万元，交费期限 30 年，年交保费 7150 元。

假设王先生 55 周岁时因病日常生活能力出现障碍且一直延续，直至 85 周岁身故，保障如下。

（1）护理关爱保险金：55 岁领取 10 万元。

（2）长期护理保险金：55 ～ 85 周岁，每月领取 1 万元，累计领取 360 万元。

（3）疾病身故保险金：累计领取长期护理保险金已超过所交保费与现金价值较大者，疾病身故保险金为零。

（4）保险费豁免：从 55 周岁开始免交余下各期保费，合同继续有效。

长期护理保险指的是为那些因年老、疾病或意外伤残而需要长期照料的被保险人提供护理服务费用补偿的保险。虽然长期看护险的优势显而易见，但是毕竟它的费率还是较高的。为此，家庭保障预算有限，或是家中经济特别无忧的人群，不见得一定要购买该类产品，中等收入族群比较适合在年轻时选购该类产品，为年老以后做保障。

二、网上热销产品

防癌险

（一）重疾险——防癌险

1. 概念辨析

人吃五谷杂粮难免会生病，疾病风险是人身风险中常常被提及的。近年来，重大疾病的发病率呈不断上升趋势，我们不得不直面这一严峻的现实。那什么是重大疾病呢？根据中国保险行业协会定义的重大疾病，主要有 6 种疾病：恶性肿瘤、急性心肌梗死、脑中风后遗症、重大器官移植术或造血干细胞移植术、冠状动脉搭桥术（或称冠状动脉旁路移植术）和终末期肾病（或称慢性肾功能衰竭尿毒症期）。此 6 种重大疾病占据重疾理赔的 80%。

而在上述 6 种重大疾病中，癌症（恶性肿瘤）往往是最让人担惊受怕的。我们先来看一组国家癌症中心发布的权威数据，从统计数据中可以看到：

40 岁之后，癌症的发病率开始急速上升，越来越快；

80 岁左右，发病率会达到顶峰，是年轻时的数十倍。

罹患癌症，患者的治疗费需要多少？卫计委发布的数据显示肺癌、肝癌和胃癌三大疾病发病率排名居首，治疗费用平均 50 万～ 60 万元，而像白血病这类疾病的治疗费用甚至高达百万。在肿瘤专科医院，恶性肿瘤治疗费用自付的比例高达 90%。面对这么庞大的费用开支，普通老百姓有哪些途径可以筹集医疗费用呢？存款、亲属资助、社保、商业保险，还是社会救助？

从成本和收益的角度考虑，购买一份商业防癌险是不错的途径。

癌症是恶性肿瘤的俗称，恶性肿瘤只是法定 25 种重疾里面的一种，所以防癌险是重大疾病保险的一种，提供的是专门针对恶性肿瘤疾病的保障。给付方式和重疾险一样，就是只要首次确诊，就可以一次性得到一笔保险金。

2. 防癌险的购买人群

市场上已经存在重疾险，为什么还要开发防癌险呢？

因为防癌险一般比较适合以下两种人群。

（1）购买不了重疾险的人。因为个人的身体情况，比如存在"三高"、糖尿病等问题，没办法购买重疾险，所以退而求其次选择购买防癌险，这种情况在老年人身上比较常见。

（2）期望搭配保额更高的人。已经购买了一份重疾险，但是觉得保额不够高，所以选择购买相对便宜的防癌险使整体保额更高。

任何保险产品都有特定的目标客户，防癌险适合哪些人群呢？

（1）因身体条件已经买不到重疾险的人群；

（2）56周岁以上买不了百万医疗保险的高龄人群；

（3）保费预算有限的人群。

3. 防癌险的类型

从种类上说，防癌险的类型有三大类。

（1）终身型——保障时间为终身，价格会比消费型的重疾险贵一些；

（2）消费型——只保障一段时间，而且只专注癌症保障，所以保费在所有产品中最低；

（3）返还型——只保障一段时间，但是满期后会返还所交纳的保费，所以每年保费会特别高，甚至会高于保障终身的产品。

4. 具体产品分析[①]

市场上防癌产品有很多，如何比较选择呢？笔者从沃保网搜集市面上16款终身防癌险（见表5-1），并选择2个产品做如下分析。[②]

（1）和谐健康之尊。保费最便宜，特定癌症额外赔付1倍保额，免责条款限制最少，仅4条。需注意男性超过34周岁或女性超过29周岁、保额超过20万元均不能线上投保，但可以线下投保。

（2）国寿乐康宝。这款产品的特点是保障递增，每年递增20%保障额度，癌症保险金最高不超过200%保额，轻症保险金最高不超过40%保额。例如投保20万元保额，第一年癌症保障20万元、第二年癌症保障24万元……第五年癌症保障36万元，从第六年开始癌症保障保持40万元不变。

在选择产品时除了考虑性价比、续保条件、核心优势外，关键是产品要符合癌症疾病的变化特点，能够满足患病被保险人的保障诉求（首次确诊给付、复发给付、特效药给付

---

① 资料来源：产品分析内容来源于"小泽晓保"微信公众号，仅供学生分析产品使用，不作为销售推荐。

② 资料来源：沃保网。

三项或其中两项得到满足）。

表 5-1　网销防癌保险产品列表（部分，排名不分先后）

序号	产品名称	最大赔付 / 投保年龄
1	和谐健康之尊	特定癌症额外赔付 1 倍保额
2	信泰 i 立方防癌险	3 倍赔付
3	同方全球康爱一生多倍保	3 倍赔付
4	富德生命康爱星	/
5	合众新爱无忧	/
6	平安人寿爱无忧	/
7	太平全无忧	投保年龄 65 岁
8	平安人寿爱优宝	/
9	建信人寿康佑一生	投保年龄 65 岁
10	恒安标准一生无忧恶性肿瘤	/
11	国寿乐康宝恶性肿瘤	保障递增
12	国寿康爱 e 生恶性肿瘤保险	/
13	中英爱无忧	投保年龄 65 岁
14	新华人寿康爱无忧二代	/
15	珠江人寿福多多防癌险	/
16	珠江人寿康爱一生防癌险	/

（二）互联网热销产品——百万医疗保险

► **新闻链接**

2018 年 4 月— 6 月间，天津保监局、银保监会相继出台关于"百万医疗"类短期医疗险及短期健康险的监管要求和消费提示。

——天津保监局表示针对相关产品在销售、核赔、理赔等环节存在的问题加大监管力度。

——银保监会文件明确禁止保险公司在设计这类保险产品时，给消费者设置"陷阱"，并于近期针对短期健康险在续保宣传方面存在的误导风险，向消费者发出提示。

1. 什么是百万医疗保险

简单来说，健康险是重疾险和医疗险的统称。而"百万医疗险"因其一般医疗保额达到或超过 100 万元而得名，此后同业竞争产品也沿用了这一保额。

在网络上搜索"百万医疗保险"，能够搜集到超过 50 个与百万医疗相关的产品，其中比较有名的产品有 4 个：众安的尊享 e 生旗舰版、平安的 e 生保 2018PLUS3、华夏的医保通和复星联合的乐享一生。

我们一般可以通过购买者、续保规则、保障内容、保障额度及免赔额、责任免除、增值服务、价格等 7 个方面对保险产品进行比较。

首先是谁可以买？在投保方面，从年龄看，一般出生满月后就可以投保，年龄上限一般均为 60 岁，如果超过 60 岁，可以考虑 e 生保和医保通。上述 4 款产品都是全国均可理赔，而尊享 e 生可以不限公立和私立医院，二级及以上即可。4 款产品中，部分可以单独购买，医保通需要购买相应的重疾险和理财险才能购买。为了控制风险，保险公司需要对申请人的健康状况进行审核，例如是否有过住院史、年龄是否 56 周岁及以上。

续保原则方面，续保是衡量医疗险最重要的一点，商业医疗险是没有续保保证的，只能从续保条件最好的方面来衡量。值得注意的是，如果产品条款中有续保审核、停售不续保、费用保留调整这三个条件的保险产品，尽量别选。上述提及的 4 款产品，尊享 e 生和 e 生保均有可能因为停售而不续保；医保通不会因为停售而影响续保；乐享一生是保证 5 年续保，因为其本身就是 5 年期医疗险。（见表 5-2）

表 5-2　百万医疗险产品对比一览表

公司名称		众安保险	平安健康	华夏人寿	复星联合
产品名称		尊享 e 生旗舰版	e 生保 2018PLUS3	医保通	乐享一生
投保规则	投保年龄	30 天～60 岁	28 天～65 岁	28 天～65 岁	30 天～60 岁
	续保年龄	80 岁	99 岁	终身	80 岁
	适用医院	二级及以上医院普通部	二级及以上医院普通部	二级及以上医院普通部	二级及以上医院普通部
	医院特需部/国际部/VIP	可附加	/	/	/
	适用职业	1～4 类	除高风险职业	1～4 类	1～4 类
	销售模式	单独销售	单独销售	捆绑销售	单独销售
	核保方式	智能核保	智能核保	人工核保	智能核保
	外籍人士	/	可以	/	可以

续表

公司名称		众安保险	平安健康	华夏人寿	复星联合
保障范围	等待期	30 天	30 天	30 天	60 天
	住院医疗	有	有（年限180天）	有	有
	特殊门诊	有	有	有	有
	门诊手术	包含	包含	/	包含
	住院前后门、急诊	前7天后30天（不包含特殊门诊和门诊手术费）	前7天后7天（不包含特殊门诊和门诊手术费）	前7天后7天（不包含特殊门诊和门诊手术费）	前7天后30天（不包含特殊门诊和门诊手术费）
	质子重离子治疗	100万（可附加）	未提及	未提及	未提及
	人工器官	可赔付	只保障心脏瓣膜、人工晶体、人工关节	可赔付	可赔付
增值服务	就医绿通	有	有	有	有
	救护车费用	/	有	/	有
	法律费用	有	/	/	/
产品费率	保费测算（元），有社保				
	0 岁	766	999	621	1003
	30 岁	306	335	308	477
	60 岁	1466	1579	1199	2416
	保费测算（元），没有社保				
	0 岁	1586	2118	621	2092
	30 岁	636	723	308	1077
	60 岁	4426	4065	1199	7251

任何保险，保障内容才是其核心所在。虽说都是可以报销一百万元甚至一百万元以上的医疗险，但真正的保障内容还是不同的。

简单举几个例子：

（1）常规住院费用。e生保多了监护人的加床费，但是除去了治疗费中的理疗费及药品费中的中药费；乐享一生，可报销无法包含在住院账单中的膳食费用的50%，并且也包含监护人的陪床费、膳食费。

（2）住院前后门、急诊。尊享e生和乐享一生包括前7天后30天，其他是前7天后7天。

（3）质子重离子治疗目前是治疗癌症效率最高的方式之一。国内名气最大的是上海质子重离子医院，可这家医院的治疗费用不纳入社保，百万医疗险大多也不承保。尊享e生2020年升级，单独将这一块附加了进来。

（4）人工器官。e生保的免责条款里有不包含心脏瓣膜、人工晶体、人工关节以外的人工器材。

免赔额，一般都是社保报销完 1 万元。

保障额度及免赔额简单看一下就可以。建议买商业保险前，务必买社会医疗保险。

保险产品里的责任免除项是值得重点留意的，这里指的责任免除不是指常规免责条款，而是指非常规项，4 个产品中医保通是最少的。

从增值服务角度来讲，4 个产品均开通了绿色就医服务，但是在费用直付、费用垫付、齿科服务、外购药物、救护车费用方面有所欠缺。

对于保险消费者来说，产品价格是购买选择的重要因素。4 款产品中，只从价格上讲医保通是同期价格最便宜的，可是它需要捆绑销售。而尊享 e 生是这几款可以单独销售的产品里面价格最便宜的。

2. 百万医疗险的选择

百万医疗保险就是拥有一百万元甚至一百万元以上的医疗费用报销额度的保险。由于医疗险本身特别复杂，往往会造成消费者难以选择的困境。买不买？怎么买？

百万医疗险之所以火爆，与人们的需求是分不开的。不管是职工还是城乡居民，基本上都有某种形式的社会医疗保险，但大家对大病的个人支出还是非常多的，所以在这种情况下，百万医疗保险着重于保障大额的医疗费用支出，虽然大额费用发生概率较低，但百万医疗险还是有非常积极的意义的。百万医疗险是社会医疗保险的补充，但是和社会医疗保险一样需要先期垫付后报销，与重疾险有一定区别。保险行业天然存在信息不对称的问题，我们不能想当然地认为贵的就一定是最好的，也不能说大公司的产品就一定是最好的，每款产品都有自己的优势和不足，关键是和消费者的实际需求相匹配。毕竟，适合自己的才是最好的！

➤ **课后思考**

简答题

（1）简述健康保险的定义与条件。

（2）简述我国健康保险的发展现状及存在的问题。

（3）简述健康保险产品的主要类别。

（4）选择一款你认为值得购买的商业健康险，并阐述购买理由。

（5）简述长期护理保险在我国的发展。

单元测试

第六章
人身意外伤害保险

➤ **知识要点**

1. 人身意外伤害保险的概念。

2. 意外和伤害的构成要件及判断。

3. 人身意外伤害保险的保障项目。

4. 人身意外伤害保险的责任期限。

5. 人身意外伤害保险的类型。

6. 我国人身意外伤害保险的发展。

➤ **案例导读**

根据浙江省防汛指挥部最新信息，2019年第九号台风"利奇马"已致浙江39人死亡，9人失联，紧急安置126万人，倒损房屋4.1万间；

2019年3月21日，江苏盐城天嘉宜化工厂爆炸，致78人死亡；

2019年4月1日，四川凉山森林火灾30名失联扑火人员牺牲；

2019年3月22日，湖南26死28伤高速客车起火事故原因查明。

珍惜今天，珍惜现在，谁知道明天和意外，哪一个先来。

——野坂昭如《萤火虫之墓》

第一节　人身意外伤害保险概述

人身意外伤害保险简称意外伤害保险或意外险，是人身保险中的一种，是指当被保险人遭遇到非本意的、外来的、突发的意外事故（非疾病因素），身体遭受伤害而残废或死亡时，保险公司按合同约定给付保险金的一种人身保险。

一、意外伤害的含义

意外伤害在人身意外伤害保险中具有特定含义，明确意外伤害含义是理解人身意外伤害保险产品的基础，它包含意外和伤害两层含义，两者缺一不可。所谓意外伤害是指没有预见、违背意愿、突然的外来侵害造成被保险人身体明显、剧烈损伤的事实。

意外伤害的判断

（一）意外

人身意外伤害保险中提到的意外与人们在日常生活中理解的意外不同，这里所谓意外是针对被保险人的主观状态而言，指被保险人事先没有预见到伤害的发生或伤害的发生违背被保险人的主观意愿，其特征是非本意的、外来的、突发的。

（1）被保险人未预料到的和非故意的事故，因为没有事先遇见，所以无法躲避。这里可以分成3种情况：①伤害的发生是被保险人事先不能预见的，如飞机坠毁使乘客遭受伤害；②伤害的发生是被保险人本可以预见的，但是由于疏忽大意而没有预见，例如水性很好的人在江河中游泳不幸溺水；③伤害虽然被保险人预见到了，但是技术上已经不能采取措施避免，或者技术上可以采取措施避免，但是基于法律或者职责不能躲避，或出于道德、社会公共利益考虑甘愿冒险，例如见义勇为。

（2）外来原因造成的，即被保险人身体外部原因造成的事故，如食物中毒、失足落水、行人被大风吹下来的广告牌砸伤，这是和健康保险进行区分的主要因素。

（3）突然发生的，并在瞬间造成伤害的事故。突然性事件是相对于缓慢发生的事件而言的，是指事件发生的原因与结果之间具有直接瞬间关系，被保险人来不及预防伤害。例如煤气爆炸导致的伤害。

（二）伤害

伤害亦称损伤，是指被保险人的身体受到侵害的客观事实，由致害物、侵害对象、侵害事实和侵害之间的因果关系4个要素构成。

（1）致害物是直接造成伤害的物体或物质，是导致伤害的主体。根据致害物的不同，伤害可以分为器械伤害、自然伤害、化学伤害、生物伤害、精神方面的伤害。在人身意外伤害保险中，只有伤害物是外来的，才构成伤害。

（2）侵害对象是致害物侵害的客体，在人身意外伤害保险中是指被保险人的身体或生命。值得注意的是，在人身意外伤害保险中，承保的伤害必须是生理或身体上的，而不包括精神或其他权益。

（3）侵害事实是指致害物与被保险人身体以一定的方式破坏性地接触并作用于被保险人身体的客观事实，结果突出被保险人身体受到损伤。

（4）侵害之间的因果关系强调存在侵害的客观过程。如果致害物没有接触或作用于被保险人的身体，就不能形成侵害事实。法医学将侵害方式分为 15 种：碰撞、撞击、坠落、跌倒、坍塌、淹溺、灼烫、火灾、辐射、爆炸、中毒、触电、接触、掩埋、倾覆。

意外伤害的构成包括意外和伤害两个必要的条件，缺一不可。

► **知识链接**

意外伤害的判断

步骤：是否存在外来因素？（N：不构成）→侵害对象是否是被保险人的身体？（N：不构成）→是否发生侵害的客观事实？（N：不构成）→是否是被保险人的故意行为？（Y：不构成）→被保险人能否预见？（N：构成）→被保险人是否因疏忽未预见？（Y：构成）→技术上能否采取措施？（N：构成）→是否因法律或职责规定不能躲避？（Y：构成）→是否为维护国家、社会公共利益、财产，抢救他人生命甘愿冒险？（Y：构成）

二、人身意外伤害保险的特征

（一）人身意外伤害保险与人寿保险的区别

人身意外伤害保险和人寿保险同属于人身保险范畴，它们的保险金额都不是根据保险标的的价值来确定的，而是由合同双方当事人约定的，为给付性保险，不适用损失补偿原则和代位追偿原则。

人身意外伤害保险和人寿保险的区别主要体现在：

（1）保险期限不同。人寿保险的保险期限一般较长，有的长达十几年、几十年，甚至终身；而人身意外伤害保险的期限通常较短，且保险期限的确定也很灵活。人身意外伤害保险的保险期限大多为一年，根据不同险种的特点，有的人身意外伤害保险的保险期限还可定为几天、几小时，甚至可能是几分钟，期限长的通常也不超过三五年。

（2）承保的风险不同。人寿保险承保的是人们生存或死亡的风险，与被保险人的年龄和性别密切相关。人身意外伤害保险承保的是被保险人遭受意外伤害而致死亡或残疾的风险，这种危险与人们的年龄和性别关系不大，主要与被保险人的职业或其所从事活动的危险程度相关。

（3）费率厘定的依据不同。与人寿保险根据生命表和利息率计算纯保险费的方法不同，人身意外伤害保险是根据保险金额损失率计算纯保险费的。被保险人遭受意外伤害的概率主要取决于职业及其所从事的活动，与被保险人的年龄及性别关系不大。因此职业是确定人身意外伤害保险费率的关键因素，在其他条件相同时，被保险人的职业或其所从事活动的危险程度越高，费率就越高，其年龄和性别则一般不予考虑。

（4）保险金给付方式有差异。人寿保险是纯粹的定额给付保险，保险事故一旦发生，保险人就按保险合同的约定给付保险金。人身意外伤害保险金的给付主要有两种情况，即死亡保险金给付和残疾保险金给付。

（5）责任准备金不同。人寿保险大多为长期业务，一般采取均衡保费制度来计收保费。均衡保险费通常可划分为危险保费和储蓄保费，储蓄保费及其利息构成人寿保险的责任准备金，以保证保险人将来履行其保险责任。而人身意外伤害保险属短期保险业务，保费为自然保费，保单没有现金价值，是纯保障性险种。因此，人身意外伤害保险的责任准备金主要是未到期责任准备金，年末未到期责任准备金是按其当年自留保费的一定百分比如40%或50%来计提的，这与财产保险责任准备金的性质和计算方法相同。

（二）人身意外伤害保险与财产保险的区别

人身意外伤害保险虽然属人身保险的范畴，但在许多方面与财产保险有相似之处。人身意外伤害保险与财产保险同属短期保险业务，保费交纳均为一年一交，二者的纯保险费都是根据保险金额损失率计算的。此外，二者在责任准备金的计算与提存方面也是一致的，包括赔款准备金和未到期责任准备金。

但是，人身意外伤害保险与财产保险也存在着明显的区别。

（1）两者的保险标的不同。财产保险的保险标的是财产或其有关利益；人身意外伤害保险的保险标的是被保险人的生命或身体。

（2）保险金额的确定方法不同。财产保险的保额由标的价值确定；人身意外伤害保险的保额则由双方协商约定。

（3）保险金的性质不同。财产保险是补偿性保险业务，保险事故发生，保险人只补偿被保险人的损失。人身意外伤害保险金的给付主要有死亡保险金给付和残疾保险金给付两种情况，如果合同中包含有意外医疗责任，保险人则还要按照合同的约定，对被保险人因意外伤害事故造成的医疗费用支出进行补偿。

（三）人身意外伤害保险与人身伤害责任保险的区别

从概念上来看，人身意外伤害保险是对被保险人自身受到的伤害进行保障的保险，而人身伤害责任保险是投保人对他人造成的伤害进行给付的保险。

具体不同可以分为以下几点。

（1）合同主体不同。人身伤害责任保险的被保险人可以是自然人，也可以是法人，是可能对他人造成财产损失、人身伤害而承担法律赔偿责任的人。由于在该保险中投保人与被保险人为同一人，投保人无论是法人还是自然人，都有权为自己应承担的法律赔偿责任投保责任保险。而人身意外伤害保险的被保险人只能是自然人，是可能遭受意外伤害的个体。其投保人可以是被保险人，也可以是被保险人的配偶、子女、父母，与其有抚养、赡养关系的家庭成员和近亲属，或者是取得他人同意为其订立保险合同的人。

（2）保险标的不同。人身伤害责任保险的保险标的是被保险人依据法律、合同对第三者应负的经济赔偿责任，是一种无形的、不确定利益的标的；而人身意外伤害险的保险标的是被保险人的身体和寿命，是一种有形的实体标的，可以具体固定。

（3）保费来源与保险金支付对象不同。在人身伤害责任保险中，保险赔款可以支付给被保险人，也可以直接给遭受被保险人伤害的第三者。人身意外伤害险的保险费只能由投保人个人支付。保险金给付对象只能是被保险人或被保险人指定的受益人。

（4）保险金额的确定不同。人身伤害责任保险以有关法律规定或执法部门的裁决为依据承担相应的赔偿责任，在实际的业务操作中并不与具体的人发生因果关系。也就是说当被保险人给他人造成损害的行为违反了有关法律法规，依法应承担赔偿责任时，保险人才会履行赔偿责任。人身意外伤害保险的赔偿是保险合同中约定的意外事故发生并造成了被保险人的死亡、伤残等事实，保险人按约定承担给付保险金的责任。

（5）转嫁的风险和保障效果不同。人身伤害责任保险转嫁的是依附于人身风险之上的责任风险，责任的大小程度，除取决于是否造成他人损害及损害的程度外，还取决于一定的法律责任制度。而人身意外伤害险转嫁的只是保单中列明的意外事故所致的损失。所以，责任风险比人身风险具有更大的不确定性。正因为如此，人身意外伤害保险可以明确规定保险金额，而人身伤害责任保险只能规定保险责任限额。人身意外伤害保险直接保障的对象是被保险人，保险人与被保险人是直接的保险合同关系。而人身伤害责任保险在客观上间接保障第三者的权益，但实际上保险人与第三者又不存在保险关系。就保障效果而言，人身伤害责任保险承担了一部分安定社会、维护正常经济秩序的政府功能。

三、人身意外伤害保险的类型

（一）按实施方式划分

1. 自愿性的人身意外伤害保险

自愿性的人身意外伤害保险是投保人根据自己的意愿和需求投保的各种人身意外伤害保险。比如我国现开办的中小学生平安险、投宿旅客人身意外伤害保险就是其中的险种。这些险种均采取家长或旅客自愿投保的形式，由学校或旅店代收保费，再汇总交保险公司。

2. 强制性的人身意外伤害保险

强制性的人身意外伤害保险是由政府强制规定有关人员必须参加的一种人身意外伤害保险，它是基于国家保险法令的效力构成的被保险人与保险人的权利和义务关系。

（二）按承保风险划分

1. 普通人身意外伤害保险

该类人身意外伤害保险是承保由一般风险而导致的各种人身意外伤害事件。在投保普通人身意外伤害保险时，一般由保险公司事先拟定好条款，投保方只需做出"是"与"否"的附和。在实际业务中，许多具体险种均属此类人身意外伤害保险，如我国开办的团体人身意外伤害保险、个人平安保险等。

2. 特种人身意外伤害保险

该类人身意外伤害保险是承保在特定时间、特定地点或由特定原因而发生或导致的人身意外伤害事件。由于"三个特定"，相对于普通人身意外伤害保险而言，后者发生保险风险的概率更大些，故称之为特种人身意外伤害保险。例如在游泳池或游乐场所发生的人身意外伤害，在江河漂流、登山、滑雪等激烈的体育比赛或活动中发生的人身意外伤害等。

（三）按保险对象划分

1. 个人人身意外伤害保险

个人人身意外伤害保险是以个人作为保险对象的各种人身意外伤害保险。机动车驾乘人员人身意外伤害保险、航空人身意外伤害保险、旅客人身意外伤害保险和旅游人身意外伤害保险等是个人人身意外伤害保险的主要险种。个人人身意外伤害保险的特点是：①大多属于自愿保险，但有些险种属于强制性保险；②多数险种的保险期限较短；③投保条件相对宽松，一般的个人人身意外伤害保险对保险对象均没有资格限制，凡是身体健康、能正常工作或正常劳动者均可作为保险对象；④保险费率低，而保障范围较大，由于一般的个人人身意外伤害保险不具有储蓄性，保险费仅为保险金额的千分之几，甚至万分之几。

（2）团体人身意外伤害保险

团体人身意外伤害保险是以团体为保险对象的各种人身意外险。由于人身意外伤害保险的保险费率与被保险人的年龄和健康状况无关，而是取决于被保险人的职业，人身意外伤害保险最适合于团体投保。

（四）按保险期限划分

1. 极短期人身意外伤害保险

该类保险保险期限往往只有几天、几小时甚至更短。我国开办的公路旅客人身意外伤害保险、住宿旅客人身意外伤害保险、旅游保险、索道游客人身意外伤害保险、游泳池人身意外伤害保险、大型电动玩具游客人身意外伤害保险等均属于极短期人身意外伤害保险。其中，公路旅客人身意外伤害保险一般由地方政府或有关管理机关发布地方性法规或地方性行政规章，规定搭乘长途汽车的旅客必须投保。住宿旅客人身意外伤害保险以在旅馆住宿的旅客为被保险人，由旅店代办承保手续，但旅客可以自由选择投保。旅游保险以组织团体旅游的旅行社（或机关、学校、企业、事业单位、群众团体等）为投保人，以参加旅游团体的旅游者为被保险人，由旅行社为被保险人办理投保手续。

2. 一年期人身意外伤害保险

人身意外伤害保险大多数险种的保险期限为一年。目前我国开办的团体人身意外伤害保险、团体人身保险、学生团体平安保险、附加人身意外伤害医疗保险等都属于一年期人身意外伤害保险。其中，团体人身意外伤害保险和团体人身保险都是以具有法人资格的机关、团体、企业、事业单位为投保人，以这些单位的职工为被保险人，由投保人为被保险人集体向保险人办理投保手续。由于是以团体方式投保，如果被保险人在保险期间离职，则自离职之日起，保险合同对其丧失保险效力，保险人退还未到期保费。

3. 多年期人身意外伤害保险

保险期限超过一年，但基本上不超过五年。如我国开办的人身意外伤害期满还本保险，保险期限可以是三年、五年。人身意外伤害期满还本保险的保险本金是根据团体人身意外伤害保险的保险费率和相应年期的利息率制定的。被保险人投保人身意外伤害期满还本保险交纳的保险本金远大于投保团体人身意外伤害保险时交纳的保险费，但由于保险人在保险期限结束时返还本金，被保险人只是损失利息。

（五）按险种结构划分

1. 单纯人身意外伤害保险

该种保险保险责任仅限于人身意外伤害。我国开办的团体人身意外伤害保险、公路旅客人身意外伤害保险、学生团体人身意外伤害保险、驾驶员人身意外伤害保险等都属于单纯人身意外伤害保险。

2. 附加人身意外伤害保险

这种保险包括两种情况：一是其他保险附加人身意外伤害保险；二是人身意外伤害保险附加其他保险。如我国开办的简易人身保险，以生存到保险期满或在保险期限内死亡为基本保险责任，附加人身意外伤害造成的残废，属于生死两全保险附加人身意外伤害保险。再如，住宿旅客人身意外伤害保险，保险责任包括旅客人身意外伤害造成的死亡、残废及旅客随身携带行李物品的损失，属于人身意外伤害保险附加财产保险。

（六）按是否出立保险单划分

1. 出单人身意外伤害保险

它是指承保时必须出立保险单的人身意外伤害保险。一年期和多年期人身意外伤害保险都必须出立保险单，如团体人身意外伤害保险、学生团体平安保险等。

2. 不出单人身意外伤害保险

它是指承保时不出立保险单，以其他有关凭证为保险凭证的人身意外伤害保险。不出单人身意外伤害保险多为极短期人身意外伤害保险，例如公路旅客人身意外伤害保险以汽车票为保险凭证，而不需要单独出立书面的保险单。

四、人身意外伤害保险的保障项目

（一）可保风险

在人身意外伤害保险中，保险人承担被保险人遭受意外伤害的风险但是并非一切意外伤害都是人身意外伤害保险所能承保的。根据意外伤害是否可被承保来划分，可将其分为不可保意外伤害、特约承保意外伤害和一般可保意外伤害三种。

1. 不可保意外伤害

不可保意外伤害，也可理解为意外伤害保险的除外责任，即从保险原理上讲，保险人不应该承保的意外伤害，如果承保，则违反法律的规定或违反社会公共利益。不可保意外伤害一般包括：

（1）被保险人在犯罪活动中所受的意外伤害；

（2）被保险人在寻衅殴斗中所受的意外伤害；

（3）被保险人在酒醉、吸食（或注射）毒品（如海洛因、鸦片、大麻、吗啡等麻醉剂、兴奋剂、致幻剂）后发生的意外伤害；

（4）被保险人的自杀行为造成的伤害。

对于不可保意外伤害，在意外伤害保险条款中应明确列为除外责任。

2. 特约承保意外伤害

特约承保意外伤害，即从保险原理上讲虽能承保，但保险人考虑到保险责任不易区分或限于承保能力，一般不予承保，只有经过投保人与保险人特别约定，有时还要另外加收保险费才予承保的意外伤害。

特约承保意外伤害包括：

（1）战争使被保险人遭受的意外伤害；

（2）被保险人在从事登山、跳伞、滑雪、赛车、拳击、江河漂流、摔跤等剧烈的体育活动中遭受的意外伤害；

（3）核辐射造成的意外伤害；

（4）医疗事故造成的意外伤害（如医生误诊、药剂师发错药品、检查时造成损伤、手术时切错部位等）。

3. 一般可保意外伤害

一般可保意外伤害，即在一般情况下可承保的意外伤害。除不可保意外伤害、特约承保意外伤害以外，均属一般可保意外伤害。

（二）保险责任

人身意外伤害保险的保险责任是意外伤害导致的被保险人死亡和残疾，不负责疾病所致的死亡。只要被保险人遭受意外伤害的事件发生在保险期内，而且自遭受意外伤害之日起的一定时期内（责任期限内，如90天、180天等）造成死亡、残疾的后果，保险人就要承担保险责任，给付保险金。

1. 被保险人遭受意外伤害

（1）被保险人遭受意外伤害必须是客观发生的事实，而不是臆想的或推测的。

（2）被保险人遭受意外伤害的客观事实必须发生在保险期限之内。

2. 被保险人死亡或残疾

（1）被保险人死亡或残疾

死亡即机体生命活动和新陈代谢的终止。在法律上发生效力的死亡包括两种情况：一是生理死亡，即已被证实的死亡；二是宣告死亡，即按照法律程序推定的死亡。

残疾包括两种情况：一是人体组织的永久性残缺（或称缺损）；二是人体器官正常机能的永久丧失。

（2）被保险人的死亡或残疾发生在责任期限之内

责任期限是意外伤害保险和健康保险特有的概念，指自被保险人遭受意外伤害之日起的一定期限（如90天、180天、一年等）。责任期限对意外伤害造成的残疾来说实际上是确定残疾程度的期限。

在宣告死亡的情况下，可以在意外伤害保险条款中订有失踪条款或在保险单上签注关于失踪的特别约定，规定被保险人确因意外伤害事故下落不明超过一定期限（如3个月、6个月等）时，视同被保险人死亡，保险人给付死亡保险金，但如果被保险人以后生还，受领保险金的人应把保险金返还给保险人。

3. 意外伤害是死亡或残疾的直接原因或近因

（1）意外伤害是死亡或残疾的直接原因。

（2）意外伤害是死亡或残疾的近因。

（3）意外伤害是死亡或残疾的诱因。

当意外伤害是被保险人死亡、残疾的诱因时，保险人不是按照保险金额和被保险人的最终后果给付保险金，而是比照身体健康时遭受这种意外伤害会造成何种后果给付保险金。

五、人身意外伤害保险的给付方式

意外伤害保险属于定额给付性保险，当保险责任构成时，保险人按保险合同中约定的保险金额给付死亡保险金或残疾保险金。

伤残等级与给付比例

（一）死亡保险金给付

死亡保险金的给付突出简单明确。死亡保险金的数额是保险合同中规定的，当被保险人死亡时如数支付。

（二）残疾保险金给付

残疾保险金的数额由保险金额和残疾程度两个因素确定。残疾程度一般以百分率表示，残疾保险金数额的计算公式是：

残疾保险金 = 保险金额 × 残疾程度百分率

在意外伤害保险中，保险金额同时也是保险人给付保险金的最高限额，即保险人给付每一被保险人死亡保险金、残疾保险金累计以不超过该被保险人的保险金额为限。

（三）意外医疗保险金给付

某些人身意外伤害保险还承担包括意外医疗给付等其他保障。

➤ 扩展阅读

伤残比例

2013年6月，中国保险行业协会联合中国法医学会共同发布了新的《人身保险伤残评定标准》（以下简称为《标准》），并决定在2014年1月起正式实施，新制定的《标准》对意外伤害保险的保障范围有了大幅扩展。而在此之前，保险行业实施的《人身保险残疾程度与保险金额给付比例表》是1998年由中国人民银行公布的。由于残疾项目划分较宽泛，给付范围不足，曾引起很大争议。《标准》更新有着极其强烈的市场背景，是市场需求发生转变造成的。对原有标准进行更新最主要有以下几个原因。

人身保险伤残评定标准

通过新旧标准的比较我们发现新《标准》不仅大幅度增加了严重残疾保障，还增加了8—10级常见多发轻微残疾保障。原有标准分为7级34项，主要涉及2大类，各级赔付比例不均等、不公平。新《标准》分为10级281项，涉及人体8大系统，各级赔付比例均等，且每级以10%递增。

新《标准》给付增加，客户受益更多。新《标准》将人身保险伤残程度分为1～10级，保险金给付比例分为10%～100%。新《标准》最明显的变化是对人身保险残疾覆盖门类、条目和等级进行了充分"扩容"。在残疾等级设置方面，原标准为7个伤残等级34项条目，而新《标准》则扩展增加至10个伤残等级共281项伤残条目，特别是新增加了原标准未包括的8～10级的轻度伤残保障100余项。新《标准》符合日常逻辑，客户易接受理解，不会因伤情差别小而赔付额差异显著，法医能更客观评定。在新《标准》下，轻度伤残获得赔付的项目更多。标准细化了，争议纠纷就减少了，消费者的权益就得到了保障。

残疾即时评定，无需等待。在旧标准下，大部分需要等待伤后180天评定残疾，因评残专业要求不高，条目简单，但描述模糊，评定结果不确定，易造成纠纷、诉讼等，增加公司运营成本。在新《标准》下，可根据原始伤情相关条目即时评定，无需等待；同时因条目繁多，条目相对清晰，要求理赔专业性强，评定结果可靠。

新的《标准》一经实施对保险公司经营产生不小的影响，主要影响是：

①意外险产品价格将提高——意外险保障范围的扩大自然增加了保险公司的风险，加价也成为不可以避免的一种手段。

②旧产品实行旧的赔付标准——在赔付上，如果购买的是新产品，则以新《标准》进行赔付；如果购买的是老产品，第二年依然会以老标准赔付。但是对市场的影响不会很大，因为已投保客户可换新产品，毕竟意外险基本都是短期险。

第二节　人身意外伤害保险产品

一、普通意外伤害保险

（一）概念

1.定义

普通意外伤害保险又称为一般意外伤害保险，或者日常意外伤害保险，是指被保险人在日常的生活中因可能遭受的意外伤害而与保险公司签订保险合同的产品。一般可保意外伤害是在一般情况下都可以承保的意外伤害。除不可保意外伤害、特约承保意外伤害以外，均属一般可保意外伤害。

普通意外伤害保险的保险期限一般为一年，也可以按月投保，它是一种以社会组织为投保人、以社会组织内的在职人员为被保险人的险种。

普通意外伤害保险的保险责任为被保险人因意外伤害事故造成的人身伤害、人身伤残、意外死亡，保险公司依据签订的保险合同进行赔偿。

2.意义

意外险一直被称为成人的第一张保单。一方面是因为意外风险不会随着年龄增长而有大的变化，另一方面是因为意外带来的身故、伤残风险，尤其是成人遭遇意外对于家庭的伤害非常大。对于各类意外给家庭带来的经济风险，意外险能以非常低的保费转移较大的经济风险。

（二）产品示例

现在市场上销售的普通意外险产品非常多，笔者通过不同的渠道（微信、网络、公司官网）各选择了一款产品进行分析，分别是众安保险的全面无忧百万综合意外保险、上海人寿的小蜜蜂意外险及太平洋财险的护身福意外险[①]。三款产品的具体信息见表6-1。

表6-1　保险产品对比表

保险公司	保险产品	保障时长	基本保额（元）	保费（元／年）
众安保险	全面无忧	1年	50万	150
上海人寿	小蜜蜂	1年	50万	125
太平洋人寿	护身福	1年	50万	96
亚太财险	亚太超人	1年	50万	169

---

① 本书产品信息来源于网络搜索，仅供教学时的产品分析，不作为销售推荐。

保险公司	保险产品	保障时长	基本保额（元）	保费（元／年）
平安人寿	百万任我行	30 年	5 万	1699
中国人保	百万身价 B	30 年	30 万	7357.32
太平洋	安行宝	30 年	50 万	10000
泰康人寿	全能保	30 年	50 万	13750
中国平安	鸿运易行	20 年	50 万	16321
中国人寿	百万如意行	20 年	10 万	2248
中国人寿	安行宝	30 年	50 万	10000
安心财险	安意保	1 年	50 万	198
太平洋保险	祥和幸福保	1 年	44 万	600
华夏人寿	守护神	1 年	30 万	235
国泰财险	小米意外险	1 年	50 万	169
华海财险	个人意外险	1 年	50 万	149

公司		上海人寿	众安保险	太平洋财险
产品名称		小蜜蜂	全面无忧	护身福
基本信息	职业范围	1～3 类	1～3 类	除高危职业
	投保年龄	18～65 岁	18～65 岁	16～65 岁
	意外身故／伤残	50 万元	50 万元	50 万（伤残 5 万）
特定意外	航空意外	20 万元	50 万元	／
	火车轻轨	20 万元	50 万元	／
额外赔付	轮船	20 万元	50 万元	／
	公共汽车	20 万元	50 万元	／
	私家车	20 万元	50 万元	／
意外医疗	意外医疗	5 万元	3 万元	／
	免赔额	100	0	／
	报销范围	社保内	不限社保	／
	报销比例	100%	社保内 100%，社保外 80%	／
	住院津贴	250 元／天	／	／
其他	猝死	／	／	50 万（伤残 5 万）
	救护车	／	800 元	／
保费测算		125 元／年	150 元／年	96 元／年

以上三款产品需特别提醒注意的是：

1. 全面无忧意外险

在产品的特别约定里，有一个购买限制条件：被保险人未向其他保险公司申请投保意外伤害保险，或意外身故责任（包含驾乘）的累计保额未超过 100 万元。

2. 小蜜蜂意外险

如果投保人是学生、家庭主妇、退休及无业人员，那么投保小蜜蜂最高只有 10 万元的额度。如果需要更高的额度，只能选择投保其他的产品。相比较而言，小蜜蜂意外险价格实惠、保障充足，性价比非常高。

3. 护身福意外险

这款产品是微信钱包上的一款意外险，由于正在逐步开放购买资格，可能只有部分用户可以看见。

这款产品最大的优点就是便宜，意外身故保额 50 万元，猝死保额 50 万元仅需 96 元即可投保，价格超级便宜。但是在便宜的背后有两点需要知悉：①意外伤残保额低，虽然意外身故有 50 万元保额，但是意外伤残只有 5 万元保额。②投保需要健康告知，由于这款产品含有猝死责任，投保意外险需要健康告知，不符合健康告知要求是无法投保的，这和其他的意外险有较大的不同。

二、特种意外伤害保险

特种意外伤害保险是一种保险责任范围仅限于某些特种原因造成意外伤害的保险。最主要的保险类型是旅行意外伤害保险、交通事故意外伤害保险和电梯乘客意外伤害保险。

（一）旅行意外伤害保险

这种保险以被保险人在旅行途中，因意外事故遭受伤害的保险事故。保险人一般对在约定的旅行路线和旅行期间发生的保险事故承担责任，如飞机失事或船舶碰撞而致旅客受到伤害的事故。这种保险，又可细分为国内旅行意外伤害保险和国外旅行意外伤害保险。

★*产品示例——全球旅行保险*

图 6-1　乐游全球—慧择旅游保险

随着国民经济水平的提高，越来越多的国人会选择外出游玩。为确保行程安全，建议提前购买一份旅行保险。旅行保险是旅游的必选项，因为它不仅仅能够提供事后的补偿，还能提供旅途中的援助。我们就以网络搜索到的一款产品乐游全球—慧择旅游保险为例进行说明，帮助大家深入了解旅行保险产品的构成和利益。（见图 6-1）

该产品投保价格分为全年计划和自选日期两种类型。例如 0 ～ 85 岁的投保人选择保障项目相对较少的白银计划，1 ～ 5 天的费用需要 50 元，一年的费用需要 2100 元；保障项目最多的钻石计划，1 ～ 5 天的费用需要 100 元，一年的费用是 4600 元。游客（被保险人）可以根据实际情况，比如旅行时间长短、旅游目的地治安情况及游客本人的经济实力等实际情况自由选择。

现以白银计划来简单归纳这款产品的保险范围。白银计划将旅行者在旅途过程中可能遇到的各类风险进行了覆盖：①意外身故／伤残、高风险意外伤害身故和残疾、飞机（火车、轮船、汽车）意外伤害身故和残疾保险金额 20 万元；②急性病身故和全残保险金额 2 万元；③海外自驾车意外伤害（与主险累计赔付）10 万元；④医疗费用（含意外事故及突发疾病医疗补偿、门诊及住院，其中境内突发疾病医疗费用限额为 1000 元）10 万元；⑤银行卡盗刷（不适用于未成年人）保险金额 1 万元；⑥医疗运送和送返保险金额 400 万元；⑦旅行证件损失保险金额 1 万元；⑧旅行期间家财保障（每件或每套物品限额 1000 元）3000 元。

（二）交通事故意外伤害保险

该种保险主要针对使用交通工具时遇到交通事故，给被保险人造成的伤害、残疾和死亡，而且赔偿范围扩大到交通工具之外的等候场所。

它所承保的危险有：

①作为乘客的被保险人在交通工具行驶或飞行过程中所遭受的意外伤害事故；

②作为乘客的被保险人在交通工具搭乘场所（候车、候机、候船室）所遭受的意外伤害事故；

③作为行人的被保险人因空中物体坠落而遭受的意外伤害事故；

④被保险人被交通工具所撞，或因交通工具发生火灾、爆炸所遭受的意外伤害事故。

（三）电梯乘客意外伤害保险

该种保险指被保险人乘电梯时发生意外事故造成伤残或死亡时，由保险人承担赔偿责任的保险。投保人是置办电梯或者安装电梯的社会组织或经济单位，被保险人是使用电梯的乘客，保险责任仅限于在专门载乘顾客的专用电梯内的意外事故。

三、团体意外伤害保险——学平险

学平险

在我国，主要的团体人身意外伤害保险险种有中国人民保险公司于1982年开办的团体人身意外伤害保险、1992年开办的团体人身意外伤害长期还本保险等。

团体人身意外伤害保险的特点有：一是投保人与被保险人不是一个人，投保人是一个投保前就已存在的单位，如机关、学校、社会团体、企业、事业单位等，被保险人是单位的人员，如学校的学生、企业的员工等；二是保险责任主要是死亡责任，以被保险人死亡作为给付保险金的条件，所以投保人在订立保险合同时，应经被保险人书面同意，并认可保险金额；三是保险金额一般没有上限规定，仅规定最低保额；四是保险费率低，团体人身意外伤害保险由于是单位投保，降低了保险人管理成本等方面的费用，保险费率因此降低；五是在通常情况下，保险费是在保险有效期开始之日一次交清，保险费交清后保单方能生效。

团体人身意外伤害保险与个人人身意外伤害保险相比较而言，二者在保险责任、给付方式等方面相同，区别比较明显的是保单效力有所不同。在团体人身意外伤害保险中，被保险人一旦脱离投保的团体，保险单即对该被保险人失效，投保单位可以专门为该被保险人办理退保手续，保险单对其他被保险人仍然有效。

> **扩展阅读**

学平险

学平险全称"学生平安保险"，是保险公司针对在校学生的特点，保障学生在校期间平安健康的保险产品。其目的是减轻家庭因为孩子遭遇意外、疾病带来的经济损失，校内和校外发生的意外和疾病都可以保障，价格一般从几十元到100多元不等，是学生投保最广泛、最普遍的一种保险。

（一）学平险基本信息

面对人群：幼儿园幼儿、中小学生、大学生

保障内容：意外伤害、意外医疗、住院医疗等

保障期限：一年

产品优势：保费便宜，保障范围全，在少儿医保的基础上，可作为医保的补充

产品不足：正因为价格便宜、保障范围全面，所以普遍保额不高

（二）学平险在我国的发展

大力开展学平险是因为我国目前有各级各类学校近百万所，在校生近 5 亿人。学平险利国、利家、利教，对保障大、中、小学生人身健康、减轻学生及其家庭经济负担发挥着积极作用。学平险正在发挥着经济补偿功能和社会管理功能，为政府减轻工作压力和经济负担，为社会稳定担当责任。教育教学设施不安全或存在隐患造成的事故、教育教学活动中发生的事故、在学校组织集会和活动中发生的事故、在校内发生与教学活动无关的事故、由第三者过错造成的事故，往往会影响教育教学工作的正常开展。这些事故的最终解决涉及经济补偿问题，有保险补偿的还容易解决，若没有保险，学校就会陷于被动的局面，影响和谐校园的建设。还有很重要的一点，学平险为广大学生的健康成长提供了必要的经济保障。以中国人寿的学平险为例，每年 60 元的保费，大学期间学生可以得到 20 万元的基本住院保险金、5 万元的身故保险金，这些保障有效地减轻了受到意外伤害或患病学生家庭的经济负担，避免"因病致贫，因病返贫"现象。

学平险在全国得到迅速推广应该追溯到 1985 年，因保费低，曾受到广大学生和院校的高度青睐，每年投保率都在 95% 以上，被称为学生的"护身符"。但是由于操作不规范等种种原因，政府在 2003 年开始政策干预，要求投保必须遵循自愿原则，致使投保率大幅下降，至此未成年人的保障处于真空状态。2015 年 6 月份，教育部、国家发改委等部门发布了《关于 2015 年规范教育收费治理教育乱收费工作的实施意见》，从 2015 年 9 月 1 日起至今，学校不能再代买学平险了。统一投保被叫停，学平险等于失去了院校这一强有力的推广平台。学平险投保率持续下滑，再加上销售渠道不畅，学生积极性不高，学平险之路越走越窄，而出险率的频频走高、成本加大使保险公司在学平险上处于亏损地位，面临较大挑战。

（三）选购原则

选购学平险最关键的两点原则有：

1. 保障内容要全面。意外伤害、意外医疗、重大疾病、住院医疗、住院津贴等都是最基本的保障；

2. 保障额度要充足。保额在 10 万元以下的产品，不建议购买，因其完全不能保障较大风险的经济损失。

➤ **课后思考**

1. 名词解释

意外伤害　人身意外伤害保险　责任期限　残疾

2. 简答题

（1）简述人身意外伤害保险与人寿保险的异同。

（2）简述人身意外伤害保险的可保风险。

（3）简述意外和伤害的构成要件及判断。

单元测试

第七章
人身保险业务管理

▶ **知识要点**

1. 核保的概念与意义。

2. 核保的要素和流程。

3. 承保的业务流程。

4. 人身保险的客户服务。

5. 人身保险的理赔服务。

▶ **案例导读**

科技颠覆保险，美国保险巨头出新招

美国保险巨头 John Hancock（恒康保险）宣布将停止承保传统人寿保险，只销售通过可穿戴设备和智能手机追踪健身和健康数据的"互动式保单"。

"互动式保单"要求保单持有人使用健身追踪器等智能工具，以确保保单持有人养成健康的生活方式，通过运动步数抵扣部分保费等奖励方式，来激励保单持有人加强运动。

这一新模式在一定程度上颠覆了大众对"保险功能"的传统认知。它将从一家"简单的风险承保服务商"向一家"风险预防和管理服务商"转变，保险的功能将从"事后补偿、事后理赔"，向"事前防范＋事中介入＋事后补偿"转型。

这一"敢为天下先"的举动，震惊了全球保险业。这意味着，有着150多年历史的 John Hancock 将放弃传统的保险定价及经营模式，颠覆性地拥抱互联网理念和科学技术，利用大数据开启保险的精准化定价时代。

第一节　承保与核保

一、核保相关概述

（一）概念和目的

1. 概念

核保与承保

在人寿保险经营过程中，为了实现安全收益，维护公平合理的原则，不仅需要拥有大量的被保险人群体，同时还需要对被保险人群体存在的危险种类、程度有相当的认识，对危险所在及危险大小做出正确的评估和分类，以符合危险被最佳分散的需要，并收取适当合理的费率。在人身保险中，保险人必然要对投保的保险标的（即人的生命或身体）风险加以审核、筛选、分类，以决定是否接受投保，承保的条件如何，采用何种费率，使同风险类别的个体危险达到一致，从而维持保费的公平合理。这一危险选择的过程就被称为核保。

2. 目的

核保的真正目的在于有效地控制承保质量，使公司承保合同中的保险事故实际发生率维持在精算预定的范围内，从而确保公司稳健、持续经营。

（1）保证合同的公平性——采用不同风险不同费率原则。这主要体现在保证保险人与被保险人之间权利义务的对等和保证被保险人之间的公平性。

（2）防止逆选择——防止道德风险。保险市场存在着信息不对称现象，迫使保险公司放弃按照社会平均健康状况来确定保费的办法，但是这种收费方式会使得部分投保人退出保险市场，从而动摇保险经营的稳定性。

（二）核保在人身保险经营中的地位

（1）通过核保工作，可以为投保客户提供适当的保险费率。费率，其实就是保险商品的价格，其高低应当与保险的成本保持合理的关系。在良好细致的核保工作中，通过不断克服技术上的限制，不仅可以做到风险分类分级，而且可以分辨同类危险的不同程度，这是保险公司盈利的重要保障。

（2）通过核保，提供合理费率，可以维护公平的原则，从而增强保险公司的竞争地位。只有这样，保险人在公开竞争的市场上才可以维护老客户，招揽新客户，形成业务经营的良性循环，所以核保在人身保险经营中起到了承前启后的作用。

（3）通过核保工作的开展，对危险进行必要选择，可以达成危险有利分配的目的，保证保险公司的正常经营与合理利润。核保是建立人身保险市场秩序的屏障。

二、人身保险的核保因素

（一）核保因素

不同险种的核保因素是不同的。一般要考虑的因素有：

1. 个人保险核保要素

个人保险核保要素有年龄（对人寿保险至关重要）、性别（主要是女子妊娠、分娩等特定危险，这种特定危险导致的死亡率的高低是与体质、环境、年龄及过去分娩次数密切联系的；此外，女性的寿命一般会长于男性，在寿险当中也具有核保意义）、健康状况（包括被保险人目前存在的身体器官上的残疾或病症、既往疾病或外伤、家族病史等；有时还要考察被保险人个人健康记录、嗜好、生活环境、信誉及个性、婚姻状况、宗教信仰、驾驶记录等相关因素）、职业（考察是否会由于特定职业而引发事故危险、健康危险、环境危险等，从而决定是否需要加收附加保险费）、经济状况（指投保人的经济收入与交费标准是否适应，受益人是否存在特殊经济需要，是否存在道德与心理危险）、可保利益（投保人以第三人生命为保险标的的要求具备投保利益，这是保险契约生效的前提）等等。

2. 团体保险的核保要素

团体保险的核保要素有投保团体（要求是依法成立的法人组织，不是为参加保险而组成的组织）、投保人数（团体投保人数及比例是否合理，是否存在逆选择）、保险金额（对每位团体成员的投保金额是否合理，是否影响团体危险的评估）、职业危险因素（这是团体核保的主要内容，包括职业类别、被保险人工作性质与工作环境等多个方面）。

（二）风险因素

人身保险考虑的风险因素，其实就是指有可能对死亡率造成影响的因素。由于人身保险是以死亡率为基础的，所以诸多能影响死亡率的因素在核保中就不能不予以考虑。只有在确定各种因素并综合权衡后，才能最终决定承保条件。这些因素包括政治、社会、经济、环境、医学、自然，以及个人因素等等。具体说来有以下几大类因素。

1. 生理因素

（1）年龄。年龄是影响死亡率的首要因素，一般情况下，5岁之前和50岁以后的死亡率相对要高，5～50岁的死亡率则相对要低些。但即便是处于这一年龄段，年龄的不同，其死亡率仍有很大的差异。在医学上，年龄对于判断疾病的发生率、病种及预后都有一定的价值。一般来说，年幼者以急性病的患病率为高，治疗效果好，而人到中年以后则是以慢性病的患病率为高，而且治疗效果不是太理想。

（2）性别。性别是仅次于年龄需要考虑的因素。一般情况下，女性的平均预期寿命除在妊娠期间外总是要高于男性。而且，男性社会交往频繁，从事的危险性行业较女性要多，也更具冒险性，不良嗜好也多，因此，男性的意外发生率较女性要高得多。所以，在相同条件下，很多国家都采取女性低于同龄男性一定费率来计算保费。

（3）健康状况。寿险的费率是根据人群死亡率而制定的，而一个人的健康状况对死亡率的影响是至关重要的。在这一因素当中，首先得注意既往病史。过去曾患过某种疾病或有外伤都成为既往病史，疾病的出现使得死亡率可能增加。其次是注意现有病症。现有病症指的是被保险人在参加保险时仍有的未被治愈的病症。最后是体格是否适度，血压值、心跳频率等是否正常。因为这些指标的正常与否预示着某种疾病的有无或将来疾病发生的可能性等等。如今，我们讨论的健康已不仅局限于身体无病的物理状态，同时还包括健康的行为、良好的心理状态、健全的性格等等，这些在寿险的发展过程中将会越发受到重视。

（4）家族史。这里的家族史除了包括家族病史所涉及的家族遗传和某些疾病具有的遗传倾向外，还包括家族平均寿命、家族背景、家族习俗等因素。人的生理病理的生命现象通常受到基因的影响，尤其是家族遗传基因的影响。尽管基因对寿命长短的控制并未完全被解释清楚，但基因在其中的作用还是显而易见的。另外家族的一些传统习俗，总是会导致一些特定的疾病患病率提高或降低。在核保时，就必须区别对待，对于其中提高或降低的疾病患病率必须综合考虑，才能做出适当的承保决策。

2. 非生理因素

（1）职业。职业不同，其所具有的危险程度不同，对死亡率的影响也不同。职业按其危险度可分为事故危险职业、健康危险职业、工作环境危险职业。在寿险核保时，这也是一个非常重要的因素。当职业变更时，应予以重新划分职业类别，并审定新的保险费率。

（2）嗜好。在这里，嗜好主要是指一些不良的生活习惯，如吸烟、酗酒，尤其是毒品的滥用等等。这些都严重危害人的身心健康，甚至增加突发死亡的可能性。现代生活中，嗜好的存在与否对死亡率的影响越来越大，这已成为核保时必须关注的因素。

（3）环境。环境包括自然环境和社会环境。自然环境主要是居住环境、工作环境等。社会环境则包括人际关系、周边社会状况等。环境对人的影响已是众所周知，好的环境对人的生存与发展无疑起着良好的促进作用，对降低死亡率的作用也是明显的。而恶劣的环境势必对人的身心健康造成不利影响，从而提高死亡率。

（4）经济状况。考虑经济状况时要基于避免道德风险的出现。从投保人来看，则判断投保人是否有足够的收入来承担保费；从受益人来看，则判断其现有收入是否与将来可能的收益相差过于悬殊。因此，核保人员拿到保单时，应根据投保人所投险种和保险金额是否与其年龄、职业、婚姻尤其是经济收入等相符。

（5）投保动机。投保动机顾名思义就是投保者参加保险的目的。投保动机可以从投保人、被保险人、受益人之间的保险利益关系中有所发现。它主要考虑是否存在道德风险问题，这主要可以结合被保险人的年龄、职业、健康状况、经济状况、嗜好、以往记录、有否隐瞒重要信息及投保险种交费方式等方面予以考察。

（6）保费交纳方式。一般而言，保费的交纳方式是采取自愿的方式，它一般不影响保险合同的实质内容。但在实务中，交纳方式仍是作为是否存在道德风险的判断依据之一。如果投保申请选择趸交，则道德风险相对要小些，以年交方式次之，若投保人坚持以月交方式投保高额保险，特别是有保险费豁免和意外事故加倍给付的险种，则核保人得多加调查，以弄清真实原因，再做决断，必要时甚至可以考虑拒绝该种投保。

三、人身保险核保资料

为了充分考虑各项风险因素，核保人员就必须要有足够的信息资料，并从中进行筛选、分析、判断，去粗取精，去伪存真，最终得出翔实、准确、可靠的评估结果，为核保的顺利完成奠定良好的基础。核保所需信息，基于上述必须考虑的风险因素，一般从以下几方面来获取。

（一）投保单

投保单是核保的第一手资料，也是最原始的危险选择记录。投保单是保险合同的重要组成部分之一，是投保人向保险公司提出需要风险保障的申请书，是投保人及被保险人投保意愿的书面报告。其内容涉及投保人和被保险人的基本情况。投保单是一个非常重要的资料来源。根据投保单的各项填写内容可以了解投保人和被保险人的一般情况，投保人、被保险人、受益人之间的关系，等等。核保就是要从这些信息当中来判定被保险人的危险等级，以及适用何种险种保险费率。并且，投保单还是保险契约的一部分，是整个核保过程中重要的法律依据。

（二）调查问卷

调查问卷主要是获得补充告知和具体的健康状况的工具。尽管投保单上的内容涉及很广，但涉及的具体情况还不是很详细，所以必须借助调查问卷来对情况进行更深入的了解，否则将无法进行正确的危险评估。这种形式尤其适用于那些保险金额不高，保险费也不多，而体检费用却又较大的情况。调查问卷一般含有疾病起病时间、病情发展情况、治疗情况、目前的情况等一些项目，甚至还有些调查问卷是专门为某类病例所设计的。调查问卷形式可以提高危险判断的准确率。

（三）体检报告

体检报告在信息收集当中也是非常重要的。体检报告较其他形式具有更高的科学性、客观性、准确度和直接性。其主要适用于那些保险金额巨大的保件。在这种情况下，被保险人一般被要求到指定的医院、医疗机构或人寿保险公司的专门体检机构进行相关项目的严格体检，以获得足够的健康资料。因为这种保额巨大的保件，如果不进行严格的体检，一旦发生风险，公司就将面临巨额赔付，甚至影响到公司的运营和其他保户的利益。

（四）以往病历

疾病由于某些特性，即便在一定时期内被治愈仍有可能复发，或给人留下后遗症等，因此增加了危险因素。查阅被保险人的以往病历一般必须征得本人的同意。通过查阅病历，有可能了解投保客户更多的客观情况，可以帮助核保人员提高对被保险人的健康状况和危险程度评估的准确度，尤其是那些投保人无法详尽告知的情况，更加适用这种方式。

（五）客户调查

客户调查是获取核保资料的重要途径之一，同时也是核保的一个重要步骤。客户调查是通过对被保险人的直接与间接的调查来获取相关资料的。由于存在逆选择的问题，在承保前后对被保险人进行深入细致的调查是十分重要的。客户调查有利于保险公司控制风险、稳健经营，同时有助于提高服务质量、维护广大保户利益、提高保险公司信誉，还有助于查漏补缺、及时补救，杜绝逆选择问题。客户调查一般分为直接调查和间接调查。

（六）财务报告

这主要是针对高额保件进行的。对于高额的划分各国视具体情况而有所不同。由于高额保件的存在势必增加潜在的公司经营风险，一般公司都对之采取审慎的态度。一旦有高额保件，公司必须对被保险人做出与其相关的财务报告，以切实了解其投保目的、有无续保能力、保费是否与其收入相称等等。财务报告主要包括被保险人的职业、投保人和被保险人的主要收入来源、资产状况，以及以往保险状况等等。

四、人身保险核保流程

核保工作一般是由保险代理人、保险公司的核保人或其他相关服务机构来完成的，是一个复杂的过程，一般可以分为几个阶段。

（一）接受投保单

这个阶段由业务人员通过访问、调查等形式对保户做初步选择，剔除一些因体质缺陷不适于承保的情况，视为危险的第一次选择。

此时业务人员必须以高度的责任心、良好的职业道德，通过直接或间接的方法尽可能地搜集投保人有关信息资料，必须认真仔细填写相关表格和报告书，并以自己的专业知识及营销的经验对投保者进行筛选。只有这样，才能为最终做出准确的核保结论奠定良好的基础，以避免出现道德风险。

➤ **知识链接**

个人寿险投保书

体检件□ 免体检件□

投保人	姓名：	男□ 女□	未婚□ 已婚□	行业（工种）		职业编码	□□□□□□
	出生日期： 年 月 日	身份证号码 □□□□□□□□□□□□□□□□□□ （其他证件号码请顶格填写并注明证件名称）				与被保险人关系	
	工作单位：					固定电话或手机	
	通信地址：					邮政编码	□□□□□□
被保险人	姓名：	男□ 女□	未婚□ 已婚□	行业（工种）		职业编码	□□□□□□
	出生日期： 年 月 日	身份证号码□□□□□□□□□□□□□□□□□□ （其他证件号码请顶格填写并注明证件名称）				固定电话或手机	
	工作单位：					固定电话或手机	
	通信地址：					邮政编码	□□□□□□
受益人	姓名：	男□ 女□	未婚□ 已婚□	行业（工种）		职业编码	□□□□□□
	出生日期： 年 月 日	身份证号码 □□□□□□□□□□□□□□□□□□ （其他证件号码请顶格填写并注明证件名称）				与被保险人关系	
	工作单位：					固定电话或手机	
	通信地址：					邮政编码	□□□□□□

投保事项

	险种名称	保障类别	保额或份数	费率或交费标准	被保险人职业加费	暂收保险费
基本险						¥：
附加险						¥：
						¥：
						¥：

暂收保险费合计：（大写） 万 仟 佰 拾 元 角 分 ¥：	
交费方式：年交□ 半年交□ 季交□ 月交□	
交费期限：趸交□ 10年交□ 15年交□ 20年交□ 30年交□ 其他□	

续表

领取方式：定期□ 一次性□ 月领□ 领取年龄：
领取形式：自领□ 银行转账□ 账户姓名：　账号：□□□□□□□□□□□□□□□□□□□

交费形式	首期	集体交费 □ 个人交费 □	现金□支票□（支票号：　　）委托银行转账□ 账户姓名：　账号：□□□□□□□□□□□□□□□□
	续期	集体交费 □ 个人交费 □	现金□支票□（支票号：　　）委托银行转账□ 账户姓名：　账号：□□□□□□□□□□□□□□□□

被保险人是否投保过或正在申请其他人寿保险：是□否□					
承保公司	险种名称	份数或保额	承保日期	保单现状态	备注

其他声明

请填写或回答下列问题，并在所选项后的"□"中打"√"。选"是"者，请在"备注"中详细说明。

被保险人健康告知书

1. 目前是否接受任何药物治疗或外科手术？　　1. 是□否□
2. 目前是否使用成瘾药物、麻醉剂或接受戒毒治疗？　　2. 是□否□
3. 目前是否吸烟？若"是"，已吸烟 ____ 年，每天 ____ 支？若"否"，你(你们)是否曾经吸烟？若"是"曾经吸烟，何时因何种原因停止吸烟？_____　　3. 是□否□
4. 目前是否饮酒？若"是"，已饮酒 ____ 年，每日饮 ____（种类），____（数量）。　　4. 是□否□
5. 是否接到过医生对你（你们）吸烟、饮酒的建议和警告？　　5. 是□否□
6. 被保险人或配偶是否曾经接受艾滋病毒（HIV）的检验？（如有请提供检查结果）　　6. 是□否□
7. 被保险人或配偶在过去六个月内是否持续超过一星期有下列病症：疲倦、体重下降、食欲不振、盗汗、腹泻、淋巴结肿大或不寻常之皮肤溃烂？　　7. 是□否□
8. 家属是否曾患小儿麻痹、肾病、心脏病、高血压、多种硬化症、肝硬化症、糖尿病、精神病、结核病、白血病、瘫痪、肌肉萎缩症，切除任何囊肿或增生物，患癌或曾被发现为乙型或非甲非乙型肝炎带菌者？　　8. 是□否□
9. 直系家庭成员中是否有早于60岁去世者？　　9. 是□否□

	被保险人是否曾治疗或被告知患有下列疾病：	
被保险人健康告知书	10. 眼、耳、鼻、喉或口腔之疾病，或鼻腔出血？	10. 是□否□
	11. 晕眩、抽搐、瘫痪、多次晕倒，任何精神病、脑病或神经系统之疾病？	11. 是□否□
	12. 吐血、久咳、肺结核、哮喘、胸膜炎或任何呼吸器官或肺部之疾病？	12. 是□否□
	13. 经常消化不良、溃疡、疝气、结肠炎、呕血、尿血、便血或任何有关肝、胆、胃、大小肠、直肠或肛门之疾病？	13. 是□否□
	14. 肾结石或任何生殖泌尿系统之疾病？	14. 是□否□
	15. 糖尿病、甲状腺肿大或其他内分泌疾病？	15. 是□否□
	16. 风湿病、关节炎、痛风或任何有关脊椎、椎间盘、骨节、肌肉、肌肉组织、结缔组织、皮肤之疾病？	16. 是□否□
	17. 癌、瘤、囊肿或任何增生物？	17. 是□否□
	18. 性传播疾病？	18. 是□否□
被投保人健康报告书	在过去五年内你（你们）是否曾：	
	19. 被建议不宜献血？	19. 是□否□
	20. 做过X光、CT、心电图、活体检查、血液检验或其他检查？（如有请提供诊断报告）	20. 是□否□
	21. 患有以上未述及之疾病或接受任何外科手术、诊疗或住院接受诊断或治疗？	21. 是□否□
	22. 有任何残疾、异常或健康不良？	22. 是□否□
	妇女适用：	
	23. 现在是否怀孕？若"是"，已怀孕 _____ 月？	23. 是□否□
	24. 曾否有任何乳房或妇科病症或分娩前后期综合征？	24. 是□否□
	25. 曾否被建议做重复的宫颈涂片、乳房检查、乳房X光检查或乳房活体检查？	25. 是□否□
	26. 曾否因为月经不调、性传播疾病或其他女性生殖器官疾病而就诊？	26. 是□否□
	27. 家庭成员中，曾否有人患过乳癌？	27. 是□否□
	28. 被保险人是否有危险嗜好或从事危险活动？	28. 是□否□
	29. 您配偶的寿险保额为 _____，投保公司为 _____。 如果被保险人是两人，则寿险保额总计为 _____。 30. 身高 _____ 厘米　体重 _____ 千克　最近一次体检时间 _____ 年 _____ 月 _____ 体检医院 _____，体检结论：_____。 如果被保险人是两人，则另一人情况请在后重复 _____。	
备注	上述问题如答"是"请注明编号并详细说明，如有诊治，请告知原因、日期、医院名称、详细诊断结果、诊治情况及目前状况。对本投保书及告知内容，本公司承担保密义务。 _____	
声明	本人对保险条款已了解，对受益人的指定均认可，且在投保书中的所有陈述和告知均完整、真实。如有隐瞒或日后发现与事实不符，即使保险单签发，贵公司也仍可依法解除本保险合同，不负给付责任。 投保人（签章）：　　　　年 月 日　　被保险人（签章）：　　　年 月　 日	

（二）体格检查

普通寿险和保险金额较高的健康保险，都要求投保人通过指定医疗机构或专门人员的健康状况检查，这视为危险的第二次选择。

在这一阶段，体检医师要做到以下几条。一是听取被保险人的告知，即投保者对自己的年龄、职业、生活状况、病史、现有疾病等的介绍。在听取告知的同时，还要适当地进行询问，以加深对信息的了解程度。二是进行身体检查，就是对被保险人身体状况进行物理检查。在检查当中，必须确定被检查者为被保险人本人；必须客观地填写体检结果，不能敷衍了事；此外还要注意保守被保险人的秘密等。三是完成体检报告，提出核保建议。

（三）核保调查

对保户所提供的情况，如既往病史、职业环境、经济状况等进行核实调查，这是第三次危险选择，可以由保险人自己进行，也可委托专门机构和人员进行。

在核保调查中，首先要检查保单填写情况，看是否翔实、准确、完整，以及是否签名。其次是了解投保者的基本情况，其中包括被保险人的年龄、性别、职业等。最后是收集投保者的有关保险资料。

（四）核保决定

保险人根据投保单、体检报告、被保险人声明报告等各种文件，对被保险人的体质、环境、职业、心理及道德上的各种危险因素做出综合评价，再决定承保与否，以及承保所适用的费率。这是第四次危险选择，也是最后的危险选择，通常由保险公司的业务负责人完成。

在这一阶段，一般有快速核保和电脑核保之分。快速核保指的是保险公司设有的专门从事快速核保的人员，在投保单符合一定标准的情况下，批准这一投保单。一般而言，快速核保的标准主要有以下几种：①保单填写内容基本可靠；②被保险人符合规定的年龄段；③保额在规定范围内；④被保险人体形属适度标准内；⑤被保险人无明显健康问题；⑥被保险人职业较好；⑦被保险人以往保险记录良好。

快速核保的优点在于能降低核保成本，并有助于促进客户服务。电脑核保则是指用计算机系统来进行核保。只要将相关信息传输入保险公司既有的网络系统，并最终到达总部，总部计算机系统依据设好的电脑程序做出判断。它的优点在于减少人工、速度快、错误少等。

核保是一个审核决定的过程，核保结论最终将申请参加保险的被保险人分成两类：一类为可保体，另一类为非保体。其中，可保体分为标准体和次标准体；非保体分为延期体和拒保体。

五、人身保险的承保

1.定义

人身保险的承保是指在投保人提出投保请求后，经审核认为符合承保条件并同意接受投保人申请，承担保单合同规定的保险责任的行为。核保是其中的一个重要环节，经过核保，保险公司出单，在约定时间开始后承担保险责任。

2.流程

（1）接受投保单。

（2）审核验险。审核是保险人收到投保单后，对其进行审定和核实，包括保险标的及其存放地址、运输工具行驶区域、保险期限等。验险时对保险标的风险进行查验，从而对风险进行分类。

（3）接受业务。如果投保金额或标的风险超出保险人承保权限，则保险人无权决定是否承保，只能向上一级主管部门做出建议。

（4）缮制单证。即接受业务后填制保险单或保险凭证的过程。

（5）复核签章，手续齐备。每种单证都应该要求复核签章。如投保单上必须有投保人的签章；验险报告上必须有具体承办业务员的签章；保险单上必须有承保人、保险公司及责任人的签章；保险费收据上必须有财务部门及责任人的签章；批单上必须有制单人与复核人的签章；等等。

第二节 客户服务

一、客户与保险客户服务

客户服务

（一）保险客户

客户服务主要体现了一种以客户满意为导向的价值观，广义而言，任何能提高客户满意度的内容都属于客户服务的范围。由于保险市场的特殊性，尤其是人身保险长期性、复杂性的性质，客户服务的作用就更显得重要。客户服务是一个公司及其雇员为了使客户满意所开展的各种活动，这些活动能使客户继续与公司进行业务往来，并向潜在的客户做出正面积极的评价。

因为企业拥有的资源总是有限的，只能满足有限的客户和有限的欲望，所以找出重点客户满足其需求是企业客户服务与管理的重点。

按照客户价值区分，可以把客户分为：MVC（最有价值客户）、MGC（最具增长性客户）、

LVC（低贡献客户）、BZ（负值客户）四类。企业一般按照留住最有价值客户、培育最具增长性客户、改造低贡献客户、淘汰负值客户进行相关的工作。

落实到保险领域也是一样，保险客户服务就是指保险人在与现有客户及潜在客户接触的阶段，通过畅通有效的服务渠道，为客户提供产品信息、品质保证、合同义务履行、客户保全、纠纷处理等项目的服务及基于客户的特殊需求和对客户的特别关注而提供附加服务内容。

注意，上述所有的核心就是要有一定量的保险客户。所以客户服务是指维持已建立的客户关系，为客户购买保险产品提供介绍等服务的过程。

（二）客户服务的意义

客户服务对企业竞争力的培养有重要的战略意义，弄清客户服务各个因素和各个因素的内在联系，对现有客户进行细分，将客户数据纳入信息化管理，动态跟踪，有的放矢，以增加客户价值为基础，努力提高客户的满意度，谋求客户信任，最终赢得客户忠诚，进而扩大与客户的交易量，实现公司与客户的双赢。

（三）有效维护保险客户的途径

（1）合规是维护的根本和前提。设立"12378保险消费者投诉维权热线"，治理销售误导、理赔难等问题。

（2）建立客户服务满意的专业化体系。售前客户服务——建立以信任感为基石的咨询建议：客户咨询、需求分析、个性化方案设计等；售中客户服务——提供专业化的顾问式咨询、方案设计与销售服务；售后客户服务——提供标准化的客户回访服务，定期回访、保全服务、维护关系。

（3）建立客户情感账户。在平时日常交往中，注重积累客户对企业的好感，在企业经营需要时，这些对企业有好感的人会给予企业帮助。情感账户如同真正的银行账户一样，投入的越多，能支取出来的就越多。常见的为情感账户充值的做法如下：（1）理解客户，真正设身处地地站在对方的立场来看待问题，欲想他人理解我们，首先我们得理解他人，多为他人着想，尤其是站在他人的立场和角度分析和处理问题；（2）信守承诺；（3）组建专业化服务团队，提供专业化服务。

（4）加强完善浸入渠道，实现价格优势、满足客户需求，维护人际关系，重视品牌效应。

（四）我国保险企业的客户服务实践

近年来我国各大险企十分重视客户服务。

1. 中国平安

1996 年 9 月，平安保险在国内同业中首创了"客户服务月"活动。从当年 9 月 27 日到 10 月 26 日，平安寿险所有二级机构同时开展了"百万客户大回访"活动。平安人以书信、电话或亲访形式，向在公司投保的一百多万名客户进行了回访，适时了解客户对公司服务及业务员的满意度，以总结经验，发现问题，从而改进服务，提高质量。公司还从反馈问卷中抽取 49 名"幸运客户"，组织了"幸运客户北京金秋三日游"活动。此次平安"客户服务月"活动，得到了社会各界的密切关注，好评如潮，海外报纸据此报道"中国保险业进入服务竞争时代"。

一年一度的平安寿险"客户服务月"活动，是平安人回馈客户、回馈社会的集中体现。自 1996 年以来，平安公司已通过这项全国统一的大型活动，开展了"百万客户大回访"、系列少儿比赛、客户座谈会、客户游园会、VIP 客户免费体检等系列活动。客户通过业务员回访或参加公司组织的活动，既享受了公司的超值服务，又加深了对公司的理解。

2. 中国人寿

中国人寿自 2002 年开始也每年组织一场客户节活动，2017 年的主题是"牵手国寿，智慧生活"，2018 年的主题是"牵手国寿，共创未来"。

3. 新华人寿

2018 年 8 月 8 日，在新华人寿的第 18 届客户服务节开幕式上，公司新研发的人工智能机器人"智小新"闪亮登场。"智小新"在开幕式现场为客户查询分红、推介产品，未来还会在新华保险官方微信、掌上新华、网站和客户服务中心多个服务渠道为客户服务，让人工智能走进保险，带给客户最佳的服务体验。

智小新是新华保险服务自动化、智能化的应用，有着先天的优势——可以为客户提供 7×24 小时不间断服务。目前新华保险已应用智小新为客户在网站、掌上新华和微信自助服务上提供在线咨询标准，替代人工服务。

通过各大国寿保险公司在客户维护方面做出的努力，我们可以预测未来随着技术与服务的深度融合，服务自动化、智能化应用会更广泛、更深入。保险公司的服务将形成多层次、立体化的智慧服务体系，从而形成自己的竞争优势，为客户创造极致的服务体验。

二、人身保险的保单保全

服务是保险产品的重要组成部分，在当今社会，"互联网＋"、信息技术的进步，赋予了人身保险客户服务的新内涵。

服务是产品的有机组成部分，保险服务体现在产品设计中，体现在保险营销中，体现在产品售后服务中，体现在公司经营的各个方面。

（一）保单保全

从字面上看，人身保险保单保全可以简单理解为保持合同完整或完全。

保户购买保险之后，身体情况、经济状况等许多因素的变化都会导致客户投保意愿的改变，或客观上需要更改保单内容。寿险公司为了满足客户不断变化的需求，以维持保单的持续有效，就必须提供各种服务，即通常所说的售后服务。寿险公司的售后服务称为契约保全，简称保全。

广义的保全指保全服务、续期收费服务、理赔服务、咨询投诉及附加价值服务等寿险公司为已经生效保单提供的所有服务内容。狭义的保全专指保全服务，即围绕契约变更、年金或满期金给付等服务项目而开展的工作，即通常意义上的保全。

（二）个人保单保全服务项目介绍

1. 客户资料变更

当投保人的联系地址、邮编、电话发生变化，或者投保人和被保险人、受益人的姓名文字、证件号码需要更正（不涉及年龄、性别），投保人可以向保险公司提出变更申请。

应备材料：保险单、保全作业申请书、投保人及被变更人的身份证件、足以证明所更正事项的材料。

2. 受益人变更

投保人在征得被保险人同意的情况下，可以向保险公司提出受益人变更申请，被保险人也可以单独向保险公司提出变更申请。疾病、伤残、医疗保险金以及各项津贴的受益人为被保险人本人，保险公司不受理变更。

应备材料：保全作业申请书、投保人的身份证件（被保险人提出申请的，只需被保险人身份证件）、被保险人及受益人的身份证件复印件。

3. 保额变更

投保人可以根据自己的交费能力和保障需求变化申请变更保额。目前开办的项目有主险减保、短期附加险减保、新增短期附加险、新增长期附加险。

应备材料：保险单、保全作业申请书、投保人的身份证件。新增附加险还须由被保险人同时填写《健康及财务告知》并提供身份证件。

➤ **保单可转换权益**

保单可转换权益是指在保险合同有效期限内，投保人可于保险合同生效满两年后任何一年的生效对应日，将保险合同转换为保险公司当时认可的终身、两全或养老保险合同而无需核保，且其保险金额最高不超过保险合同的保险金额，但被保险人在年满45周岁的生效对应日以后不再享有此项权益。

其好处是，当投保人认为其他险种比现在自己投保的险种更具有需求时，不需退保后重新再投保，减少了退保带来的损失，保护了投保人、被保险人的利益。

4. 被保险人职业变更

如果被保险人的职业发生变化，投保人可以向保险公司提出职业变更申请，由核保人员审核决定是否需要职业加费或取消加费等。

应备材料：保险单、保全作业申请书、投保人的身份证件。

5. 年龄、性别变更

当投保人或者被保险人的年龄、性别错误，投保人可以向保险公司提出变更申请。保险公司将根据年龄、性别变更情况确定保单效力，调整费率等。

应备材料：保险单、保全作业申请书、投保人的身份证件，足以证明其真实年龄的相关文件。

6. 补发保单

如果投保人的保单不慎丢失或损毁，可以向保险公司提出补发申请，保险公司将补发新保单并收取工本费。

应备材料：保全作业申请书、投保人的身份证件。

7. 保单迁移

如果投保人搬迁到其他城市或地区，可以向保险公司提出保单迁移申请。投保人需要提供准确的联系地址、邮编和电话，以便保险公司及时为投保人服务。保单应交日后办理迁移的，投保人先交当期保费；有借款、垫交保费的保单，投保人迁移前应先办理还款本息。

应备材料：保险单、保全作业申请书、投保人的身份证件。

8. 更换投保人

投保人在征得新投保人、被保险人同意后可以向保险公司提出变更投保人申请。新投保人对被保险人须具有《中华人民共和国保险法》所规定的保险利益。

应备材料：保险单、保全作业申请书（原投保人、新投保人和被保险人须在申请书上亲笔签名）、投保人的身份证件、新投保人和被保险人的身份证件。

9. 满期／生存保险金给付

在保险合同有效期内，被保险人生存至合同约定领取年龄周岁日后的保单周年日，生存受益人可以向保险公司提出满期／生存保险金给付，建议投保人采用方便、安全的银行转账方式。

应备材料：保险单、保全作业申请书、被保险人户籍证明、生存受益人身份证件。

10. 保单复效

在保险合同有效期内，投保人因欠交保险费而导致保单效力中止时，可自效力中止后两年内向保险公司提出保单复效申请。

应备材料：保险单、保全作业申请书、投保人的身份证，还须填写健康及财务告知；投保人发生保险事故享受保费豁免的险种，投保人也须填写健康及财务告知。

➤ **保险费的自动垫交**

投保人逾宽限期限仍未交付保险费，如果保险合同当时已具有现金价值，且现金价值扣除欠交保险费利息、借款及利息后的余额足以垫交到期应交保险费时，则保险公司将自动以现金价值来垫交欠交的保险费，使保险合同继续有效。如果保险合同当时的现金价值余额不足以垫交到期应交的保险费，则保险合同效力中止。

保险费自动垫交的好处是，万一出现保户忘记或外出不能交保险费的情况，通过自动垫交，不会使保险合同效力中止，保护了投保人和被保险人的利益。

11. 部分领取

在保险合同有效期内，投保人可以向保险公司提出万能险的个人账户价值的部分领取申请。每次申请提取的金额不低于人民币 1000 元，部分领取后剩余的个人账户价值应不低于人民币 5000 元。

应备材料：保险单、保全作业申请书、投保人的身份证件。

12. 续期交费方式变更

在保险合同有效期内，投保人可以变更续期交费方式。变更为银行转账方式的，须提供以投保人姓名为户名的银行个人结算账户。

应备材料：保险单、保全作业申请书、投保人的身份证件。

13. 保险单借款

在保险合同有效期内，条款有约定的，投保人可以凭借保险单向保险公司申请借款。借款金额不得超过保险合同现金价值扣除各项欠款后余额的 70%，每次借款期限最长不超过 6 个月。

应备材料：保险单、保单借款协议书、投保人及被保险人的身份证件。

➤ **保单借款**

在保险合同有效期内，如果保险合同当时已具有现金价值，投保人可以书面形式向保险公司申请借款，但最高借款金额不得超过保险合同当时的现金价值在扣除欠交保险费及利息、借款及利息后余额的 70%（有些保险公司规定为 80%），每次借款时间不得超过 6 个月。如果未能及时偿还，则所有利息将被并入原借款金额中，视同重新借款。当保险合同当时的现金价值不足以抵偿欠交保险费及利息、借款及利息时，保险合同效力将中止。借款的利息按借款的数额、经过的天数、利率依复利方式计算，利率由保险公司每年公布。

保单借款不等同于普通商业借贷，投保人借款不受必须还款的限制。投保人的借款请求权与保单当时的现金价值有关，实际上，保单借款仅是保险公司对保险金的提前支付。

第三节　理赔服务

所谓人身保险理赔是指应投保方给付保险金的请求，保险人以法律规定和人身保险合同为依据，审核认定保险责任并进行保险金给付的行为。按照实务惯例，满期给付和生存给付属于"寿险保全"的范畴，因此，通常意义上的人身保险理赔包括身故、残疾、意外伤害医疗、疾病住院医疗及重大疾病等保险金的给付。

一、人身保险理赔的意义

承担保险金给付责任是人身保险合同中规定的保险人最基本的义务，也是投保人实现实际的保险保障和自身保险权益的途径。理赔工作的好坏，不仅关系到保险公司的形象和声誉，甚至关系到保险公司的生存和发展。所以人身保险理赔的工作十分重要。

人身保险的理赔

1. 人身保险理赔工作能够保障社会再生产的顺利运行

在整个社会再生产过程中，社会的各个生产部门间要保持合理的稳定关系，这样才能确保社会再生产过程的连续进行。而人身保险理赔工作能够使遭受伤害的被保险人或受益人获得经济上的给付，并且通过保险理赔这一风险暴露的保障活动，有利于维护整个社会的稳定，从而带动社会的进步。

2. 人身保险理赔工作是保险保障功能的具体体现

投保人通过签订人身保险合同转移风险，而人身保险的理赔工作是保险人履行人身保险合同，进行经济给付的具体体现，其使得被保险人所享受的保险利益得到实现，是体现保险合同契约精神的重要环节。只有人身保险的理赔工作有成效，才能使保险的职能得以有效发挥。

3. 人身保险理赔工作是未来经营的重要保证

人身保险理赔工作是保险公司经营活动完成的最后环节，也是新的保险经营活动的开始。人身保险理赔质量的高低，直接关系到人身保险公司的声誉和未来的经营空间，并影响到人身保险公司的经营效益，因此理赔活动对于经营活动的持续运行具有重要意义。

4. 人身保险理赔工作能够促进承保质量的提高

通过人身保险的理赔，能够发现保险标的的风险状况。理赔也是对承保风险的检查和监督，能够发现承保条件和费率存在的缺陷，有利于根据风险状况进行风险管理，规范经营行为，改善承保品质，提高承保质量，进而提高保险公司整体风险控制水平，保证公司的有效运营。

5. 人身保险理赔功能能够防止保险欺诈行为的发生

人身保险的理赔是建立在对实际发生的风险事故进行检查的基础上，以所签订的保险合同为依据，对风险事故进行分析，有效地界定所发生的风险事故是否为承保范围内的风险责任，并确定责任的大小，从而能有效地避免保险欺诈行为的发生，减少骗赔的可能。

> **知识链接**

人身保险理赔的原则

保险的基本职能是补偿，补偿的表现形式是理赔。理赔是一系列售后服务中保户最关心的环节。

理赔的原则有以下几个方面。

（1）重合同、守信用的原则。保险合同所规定的权利和义务关系，受法律保护，因此，保险公司必须重合同、守信用，正确维护保户的权益。

（2）坚持实事求是的原则。在处理赔案过程中，要实事求是地进行处理，根据具体情况，正确确定保险责任、给付标准、给付金额。坚持实事求是的原则还体现在通融赔付方面。所谓通融赔付，是指按照保险合同条款的规定，本不应由保险人赔付的经济损失，由于一些其他原因的影响，保险人给予全部或部分赔偿或给付。保险人在通融赔付时应掌握的要求有：第一，有利于保险业务的稳定与发展；第二，有利于维护保险公司的信誉和在市场竞争中的地位；第三，有利于社会的安定团结。

（3）主动、迅速、准确、合理的原则。"主动、迅速"，即要求保险人在处理赔案时积极主动、不拖延，并及时深入事故现场进行查勘，及时理算损失金额，对属于保险责任范围内的灾害事故所造成的损失，应迅速赔付。"准确、合理"，即要求保险人在审理赔付时，分清责任，合理定损，准确履行赔偿义务。

二、人身保险的理赔服务

当保险事故发生后，受益人（或相关人）对保险事故进行报案与索赔申请，要求保险公司进行理赔处理，保险公司要积极进行理赔处理。

（一）索赔概述

1. 索赔的定义

保险索赔指当被保险人遭受承保责任范围内的风险损失时，被保险人向保险人提出赔偿的要求。

保险诈骗

➤ **扩展阅读**

索赔申请时效

根据新《保险法》第二十六条："人寿保险以外的其他保险的被保险人或者受益人，向保险人请求赔偿或者给付保险金的诉讼时效期间为二年，自其知道或者应当知道保险事故发生之日起计算。人寿保险的被保险人或者受益人向保险人请求给付保险金的诉讼时效期间为五年，自其知道或者应当知道保险事故发生之日起计算。"

投保人、被保险人或者受益人知道保险事故发生后，应当及时通知保险人。故意或者因重大过失未及时通知，致使保险事故的性质、发生原因、损失程度等难以确定的，保险人对无法确定的部分，不承担赔偿或者给付保险金责任，但保险人通过其他途径及时知道或者应当及时知道保险事故发生的除外。

2. 报案及案件受理

（1）报案

——及时报案。在条款规定的时限内及时报案。

——报案方式可以包括上门报案、电话（传真）报案、业务员转达报案等。

——报案内容有：出险时间、地点、原因，被保险人的现状，被保险人姓名、投保险种、保额、投保日期，联系电话、联系地址。

（2）案件受理

申请保险金应备下列文件：

①保险合同；

②保险金给付申请书；

③被保险人发生意外伤害事故的证明文件；

④被保险人的门、急诊病历和住院证明（包括出院小结和所有费用单据）；

⑤被保险人、受益人身份证明和户籍证明。

（二）理赔概述

人身保险是以人的生命或身体作为保险标的的，因人的生命和身体是不能用金钱衡量的，所以人身保险出险而使生命或身体所受到的损害，也是不能用金钱衡量的。因此，保险人只能在保单约定的额度内对被保险人或受益人给付保险金。

1. 理赔流程

（1）立案查勘

保险人在接到出险通知后，应当立即派人进行现场查勘，了解损失情况及原因，查对保险单，登记立案。

（2）审核证明和资料

保险人对投保人、被保险人或者受益人提供的有关证明和资料进行审核，以确定保险合同是否有效，保险期限是否届满，受损失的是否是保险财产，索赔人是否有权主张赔付，事故发生的地点是否在承保范围内等。

（3）核定保险责任

保险人收到被保险人或者受益人的赔偿或者给付保险金的请求，经过对事实的查验和对各项单证的审核后，应当及时做出自己应否承担保险责任及承担多大责任的核定，并将核定结果通知被保险人或者受益人。

（4）履行赔付义务

保险人在核定责任的基础上，对属于保险责任的，在与被保险人或者受益人达成有关赔偿或者给付保险金额的协议后十日内，履行赔偿或者给付保险金义务。保险合同对保险金额及赔偿或者给付期限有约定的，保险人应当依照保险合同的约定，履行赔偿或者给付保险金义务。

保险人按照法定程序履行赔偿或者给付保险金的义务后，保险理赔就告结束。如果保险人未及时履行赔偿或者给付保险金义务的，就构成一种违约行为，按照规定应当承担相应的责任，即"除支付保险金外，应当赔偿被保险人或者受益人因此受到的损失"，这里的赔偿损失，是指保险人应当支付的保险金的利息损失。为了保证保险人依法履行赔付义务，同时保护被保险人或者受益人的合法权益，法律明确规定，任何单位或者个人都不得非法干预保险人履行赔偿或者给付保险金的义务，也不得限制被保险人或者受益人取得保险金的权利。

2. 不同险种的理赔流程

※ 寿险理赔流程

（1）根据保险金种类不同，报案的途径不一样。

①所有住院医疗保险金的申请均需先通过营销部再传递至公司理赔部。

②申请除住院医疗保险金以外的其他各类保险金，可通过办事处或直接到理赔部报案。

（2）根据保险金种类不同，索赔时应提供的资料不一样（一般要求提供有关证件原件）。

①死亡给付申请一般要求提供给付申请书，被保险人、身故金受益人及申请人身份证，被保险人户口本，死亡证明书，法医鉴定书或交通意外责任认定书，保险单及最后一期收据。

②伤残给付申请一般要求提供给付申请书，被保险人、伤残金受益人及申请人身份证，法医鉴定书，住院门诊病历或交通意外责任认定书，保险单及最后一期收据。

③医疗给付申请一般要求提供给付申请书，被保险人、医疗金受益人及申请人身份证，住院门诊病历及医疗费收据，保险单及最后一期收据。

※ 健康医疗险理赔流程

被保险人因罹患疾病办理理赔时所需手续：

（1）医学诊断证明或出院小结；

（2）医疗费原始收据；

（3）费用清单及结算明细；

（4）本人身份证或户籍证明复印件。

※ 意外伤害险理赔流程

（1）发生意外伤害或住院后应及时拨打保险公司的客户服务电话，了解需要准备的单证，以便保险公司快速理赔，需在 3 日内向保险公司报案。

（2）被保险人因意外伤害办理理赔时所需手续（住院医疗保险需在保险公司规定的认可的二级或二级以上医院住院就诊）：

①医学诊断证明；

②有关部门出具的意外伤害事故证明；

③医疗费原始收据及处方；

④本人身份证或户籍证明复印件。

（3）保险公司在所有单证齐全的情况下，在 7 日内会做出结案通知，被保险人或受益人接到通知后，可凭本人身份证和户籍证明到保险公司领取赔款。

3. 理赔需要的资料

（1）理赔应备资料

理赔时应提供的单证主要包括：保险单或保险凭证的正本、已交纳保险费的凭证、有关能证明保险标的或当事人身份的原始文本、索赔清单、出险证明、其他根据保险合同规定应当提供的文件（见表 7-1）。

表 7-1 理赔申请应备材料一览表

申请项目	应备资料	资料代码说明
意外医疗（门诊）	1、2、3、6、8、11、17	
意外医疗（住院）	1、2、3、7、8、11、17	
住院医疗	1、2、3、7、8、17	1. 保单；
一般住院津贴	1、2、3、7、9、17	2. 理赔申请书及资料交接凭证；
重大疾病	1、2、3、7、10、17	3. 被保险人的身份证明；
因疾病身故的保费豁免	1、2、3、4、5、6、7、12、14、15、17	4. 被保险人的户籍证明； 5. 受益人身份证明和户籍证明；
疾病身故	1、2、3、4、5、6、7、12、14、15、17	6. 门诊手册； 7. 出院小结；
因意外身故的保费豁免	1、2、3、4、5、6、7、11、12、13、14、15、17	8. 医疗费用收据原件； 9. 医疗费用收据复印件； 10. 重大疾病诊断证明书；
意外身故	1、2、3、4、5、6、7、11、12、13、14、15、17	11. 意外事故证明； 12. 居民医学死亡证明书；
疾病残疾	1、2、3、6、7、13、17	13. 法医学鉴定书或医院鉴定诊断书； 14. 户口注销证明；
意外残疾	1、2、3、6、7、11、13、17	15. 尸体处理证明； 16. 法院出具的宣告死亡证明文件；
宣告死亡	1、2、3、4、5、16、17	17. 其他与理赔相关的证明和资料。

说明：

①如果权利人委托他人代为办理理赔事宜，需出具授权委托书（注明授权范围、授权时间），同时提供代办人身份证。

②赔付金额在 1000 元人民币之内的案件，允许代办人代领现金；1000～20000 元的给付案件，一律实行转账处理。

③转账处理的案件，在出具索赔材料的同时，应出具受益人结算账户的存折原件；

④所有理赔申请资料应提供原件。

⑤案件所需特殊资料由当地保险公司理赔部负责解释。

例如，申请死亡保险金需提供如下材料：

①死亡证明书（区县级以上公立医院或公安部门、人民法院出具）。

②户口注销证明（户籍所在地公安派出所出具）。

③受益人身份证明或户籍证明。

④保险单正本和最后一次交费凭证。

若申请住院医疗保险金，则需提供如下材料：

①县级或二级以上医院出院诊断证明。

②住院费结账单、结算明细表和出院小结。

③被保险人身份证明。

④保险单正本（主险和附加险）及最后一次交费发票。

（2）资料获取

①人身保险理赔申请书、授权委托书

在准备提出索赔申请前，可以向当地公司的客服柜面或理赔部门索要上述书面材料并如实填写，受益人亲笔签名。

②门诊手册或门诊病历

客户在医院接受治疗时，医院会提供"门诊手册或门诊病历"和就医记录，保险人应提醒客户保管好这些材料。

③出院小结或出院记录

对于住院治疗的客户，保险人应提醒客户在办理出院手续时要向其主治医生索要"出院小结或出院记录"，这是医院必须提供给病人的住院医疗证明。

④重大疾病诊断证明书或医疗诊断证明书

如需"重大疾病诊断证明书"或"医疗诊断证明书"，一经诊断明确后，保险人应提醒客户及时向主治医生索要，避免事后索要困难。

⑤意外事故证明

客户发生意外事故时，保险人应注意提醒客户准备"意外事故证明"材料。如是意外车祸索赔，客户应向交警部门索要"交通事故责任认定书"；意外被打伤或遭抢劫受伤，客户应提供110报警或公安部门的"事故证明"等。

⑥居民医学死亡证明书

若客户在医院内身故，保险人应提醒家属保管好医院出具的"居民医学死亡证明书"，申请身故保险金时必须提供这份文件。

⑦法医学鉴定书或医院鉴定诊断书

残废鉴定证明可从司法部门或保险合同规定的医院获得。残废鉴定原则上由客户自行到上述部门进行并得到证明材料，只有当保险公司对鉴定有异议时才会要求重新鉴定。

⑧户口注销证明

居民死亡后必须由其亲属到当地派出所进行户口注销，户口注销后派出所会出具一份三联式的"户口注销证明"，客户向保险公司提出身故保险金索赔时应提供其中的一联。

⑨尸体处理证明

城镇居民尸体火化后殡仪馆会出具一份"火化证"，这可作为"尸体处理证明"；农村居民实行土葬的，由所在地村委会或当地派出所出具"土葬证明书"。

三、人身保险理赔的单证管理

1. 所需单证

（1）被保险人因病死亡，保险公司接到其亲属的报案，填写《理赔报案登记表》。（见

表 7-2）

（2）受益人向保险公司提出理赔申请，填写《理赔申请书》（见表 7-3）。

（3）保险公司接受申请，填写《理赔资料签收表》（见表 7-4）。

（4）保险公司立案调查，填写《理赔调查记录》（见表 7-5）。

（5）保险公司确认赔付，填写《理赔计算书》（见表 7-6）。

（6）送达《理赔领款通知书》。

2. 相关单证

表 7-2　理赔报案登记表

报案时间：　　年　月　日　时		受理人：	受理人代码：
出险人资料			
姓名：			
证件类型：		证件号码：	
保险合同号：			
联系电话：			
联系地址：			
事故资料			
事故类别：□意外 □重大疾病 □手术 □疾病 □其他（　　　　　　　　　）			
出险人当前状况：□身故 □住院治疗中 □门诊治疗中 □已康复			
事故发生时间：　　年　月　日　时			
事故发生地点：		事故处理机关：	
事故经过描述： 			
报案人资料			
姓名：			
联系电话：			
联系地址：			
业务员资料			
业务员姓名：			
业务员编号：			
业务员联系电话：			

表7-3 理赔申请书

理赔编号：

保险合同编号：		
出险人姓名：	出险人身份：□被保险人□连身被保险人□投保人	
出险人证件名称：	证件号码：	
出险人联系电话：	联系地址：	

保险金申请人姓名：	与出险人关系：	
申请人联系电话：	联系地址：	
申请人证件名称：	证件号码：	

申请项目：□1.身故保险金 □2.残疾保险金 □3.重大疾病保险金 □4.住院津贴保险金 □5.医疗费用保险金 □6.其他 （　　　）	这次是	□首次理赔 □再次理赔

事故资料	发生时间：　　年　月　日　时	发生地点：
	发生详情：	

诊疗情况	诊断结果： 病症： 症状存在多久：
	首次就诊日期： 医院名称：　　　　　　　　　　　医师姓名：
	是否还向其他医院求诊　□是　□否 若是，请填写下列资料。 医院名称：　　　　　　　　　　　医生姓名：
	是否住院　　　　　　　□是　□否 若是，请填写下列资料。 住院日期： 医院名称：　　　　　　　　　　　主治医生：

出险人是否拥有其他保险公司的人身保险，或就本次事故向其他保险公司或单位索赔。
若有，请填写下列资料。
保险公司名称：
保险单号：
索赔金额：

授权及声明：
一、本人声明以上陈述均属事实及详尽；
二、本人现授权任何医疗机构、保险公司或其他机构，以及所有熟悉出险人健康情况之人士，均可将出险人的健康资料或个人资料向××保险股份有限公司如实提供。

申请人签章　　　　　　　　　　日期：　　年　月　日

业务员姓名：	业务员代码：	联系电话：

理赔申请指引：

（1）请用蓝黑墨笔清楚、正确、完整地填写本理赔申请书，如有遗漏，将会因退回补充填写而延误理赔时间；

（2）申请人一般为被保险人本人或其身故受益人；

（3）理赔申请一般由申请人填写本申请书，并提供理赔资料，交给业务员代为办理；

（4）如果事故时间不在保险有效期内，或申请人资格不符，本公司将不予立案；

（5）按保险合同提供的理赔申请资料为基本理赔申请资料，如有需要本公司将根据保险理赔的具体情况索取其他必要的资料；

（6）同一被保险人的多份保险合同同时申请理赔时，可填写一份理赔申请书。

表7-4　理赔申请资料签收表

名称	号码	页数	类型
保险合同			□原件□复印件
身份证件			□原件□复印件
门急诊病史			□原件□复印件
门急诊收据			□原件□复印件
住院病史			□原件□复印件
住院收据			□原件□复印件
检验报告			□原件□复印件
			□原件□复印件
			□原件□复印件
			□原件□复印件
			□原件□复印件
			□原件□复印件
			□原件□复印件
			□原件□复印件
			□原件□复印件
			□原件□复印件

理赔资料受理人签章：_____　　　　日期：____年__月__日

表7-5　理赔调查记录

报案登记号		案件号		调查序号	
事故人姓名		性别		出生日期	
事故日期		证件类型		证件号码	
调查类型		交查日期		查讫日期	
调查项目					

查证途径	
事实与证据	
调查结论	
证明材料及件数	
调查人员	报告日期

表7-6　理赔计算书

赔案编号			保险合同号		
出险人			客户号		
出险人身份	□被保险人□投保人 □连带被保险人		处理结果		□给付□拒赔 □豁免保费□协议给付
给付责任	主险名称	附加险1	附加险2	附加险3	合计
医疗费用					
日津贴给付					
残疾给付					
疾病给付					
死亡给付					
其他					
合计					

主险明细：

1. 疾病名称：

2. 残疾部位：　　　　　　　　　　　　残疾给付比例：

3. 意外事故类型：

附加险明细	1. 住院医疗、门诊医疗类：						
	治疗费	药品费	材料费	床位费	检查费	其他	合计
	2. 残疾给付类： 伤残部位：　　　　　　　　残疾给付比例： 3. 意外事故类型：						

拒赔退还保费/现值金额			预付赔款金额			
补款情况	补款项目	满期给付	预交保费	利差返还	保单红利	其他	合计
	金额						
扣款情况	扣款项目	欠交保费及利息	垫交保费及利息	借款及利息	预付赔款	其他	合计
	金额						
实际给付金额	人民币（大写）（¥　　　　　　　）						

续表

处理意见：		
审批：	复核：	理算：
日期：	日期：	日期：

理赔领款通知书

尊敬的先生 / 女士：

您提交的 X 号保险合同项下的理赔申请，经调查核实，我公司决定按照保险合同约定给付保险金额，明细如下：

1. 应给付金额；

2. 补扣项目及金额；

3. 实际给付金额。

接此通知后，请您尽快转告被保险人前往我公司办理领款手续。

/ 接此通知后，请您尽快转告下述受益人前往我公司办理领款手续。

受益人姓名：

/ 接此通知后，请您尽快转告被保险人的法定继承人前往我公司办理领款手续。

如您不同意我公司的给付决定，请尽快与我公司联系。

特此通知！

四、人身保险理赔案例

（一）人寿保险理赔案例

案例介绍

王某，女，36 岁，无业。2006 年 8 月 6 日投保定期保险 10 万元、人寿保险 10 万元，2010 年 5 月 13 日再次投保人寿保险 10 万元及重大疾病保险 20 万元。

被保险人王某于 2010 年 9 月 26 日在家中自杀身故。据了解：王某生前身体健康，精神正常。相关材料证实其自杀原因为：生前无固定工作、与配偶的感情发生危机及社会各方面的压力。经过全面审核，排除了被保险人为领取保险金而自杀的可能性，亦未发现本次保险事故有其他免责事由。

请问：保险公司该如何进行理赔？

案例分析

根据《保险法》及定期保险与人寿保险条款，保险公司决定赔付王某在 2006 年所投保的定期保险保险金 10 万元和人寿保险保险金 10 万元，2010 年 5 月 13 日再次投保的人寿保险 10 万元及重大疾病保险 20 万元不予赔偿，保险合同按照退保处理。

本案例涉及自杀条款。自杀条款是指以被保险人死亡为给付保险金条件的条款，自合同成立或者合同效力恢复之日起二年内，被保险人自杀的，保险人不承担给付保险金的责任，但被保险人自杀时为无民事行为能力的人除外。设置自杀条款的目的是保障受益人或被保险人遗属的正常生活，针对人群并非为图谋保险金而发生自杀的人。

（二）健康保险理赔案例

案例介绍

2015 年 11 月 23 日，家住重庆郊县的李先生为其妻子杨某投保了重大疾病终身保险 30 万元，附加住院医疗保险 5 万元、意外伤害保险 15 万元、意外伤害医疗保险 2 万元。

2016 年 7 月 20 日，李先生向保险公司报案并提交理赔申请，称其妻子（被保险人杨某）于 7 月初在重庆某大医院确诊为慢性肾功能不全（尿毒症），并初次接受血液透析治疗，要求保险公司赔付重大疾病保险金 30 万元。

保险公司理赔人员根据其提交的诊断证明书，在某大医院进行了调查，从医生那了解到的情况是：杨某于 7 月初来该医院就诊时，已在其他医院被诊断为尿毒症并已做过了动静脉瘘手术（动静脉瘘是用来进行血液透析的必要途径）。依据此线索，调查人员展开了进一步调查，最终在重庆某医院血液透析病房查到了被保险人杨某在 2016 年 4 月 10 日就已经被诊断为尿毒症并接受首次血液透析治疗的材料。据此，保险公司认为出险日期发生在观察期内，不符合条款的有关规定，从而做出了拒付重大疾病保险金的决定。

案例分析

重大疾病保险条款约定，保单生效或复效 180 日后被保险人被确诊初次罹患重大疾病，保险公司承担重大疾病保险金给付责任，即常说的"180 日观察期"。此案中，被保险人被确诊患有尿毒症并接受血液透析的时间是 2016 年 4 月 10 日，距其投保日期 2015 年 11 月 23 日不足 5 个月，正处在观察期，不符合合同的约定，因此保险公司不承担保险金的给付责任。

案例结论

保险公司以保险事故发生在重大疾病的观察期内为由做出了拒赔决定。

案例提示

"180 日观察期"是基于对重大疾病的科学认识和有效防范道德风险的正确理念而做出的合理约定。本案中，理赔人员充分考虑到尿毒症是慢性肾功能不全发展的终末阶段，临床上理当有一个相对漫长的发病和进展过程，事实也证明，被保险人确诊日期确在其自称的初次接受治疗日期前 3 个月，即观察期内。

（三）人身意外伤害保险理赔案例

案例介绍

张某，男，38 岁，公司经理。2007 年 2 月 27 日投保人寿保险 20 万元、重大疾病保险 10 万元，2007 年 10 月 12 日再次投保人寿保险 5 万元，附加意外伤害保险 60 万元、意外伤害医疗保险 2 万元、住院医疗保险 1 万元、住院津贴保险 3 档 1 份。

2011 年 1 月 27 日，被保险人张某不慎从高处摔下，当即昏迷，头颅 CT 显示为"脑挫裂伤，原发性脑干损伤，颅底骨折"。张某于 2011 年 1 月 27 日至 4 月 22 日在医院住院治疗，出院诊断为"重度颅脑损伤，弥漫性轴索损伤，脑干损伤恢复期"。2011 年 4 月 26 日，投保人委托业务员向保险公司提出理赔申请。2011 年 5 月 16 日，张某在某医院神经内科治疗，5 月 19 日转高压氧治疗。2011 年 8 月 8 日，医院出具了诊断证明：①重度颅脑损伤后遗症——原发性脑干损伤、弥漫性轴索损伤、严重智能障碍、右侧肢体偏瘫；②外伤性精神障碍；③多发性肋骨骨折。当日，投保人持该证明再次向保险公司提出全残赔付申请。依据被保险人的请求，保险公司委托北京市某法医鉴定研究所对被保险人的残疾程度做了鉴定，根据被保险人当时的症状、检查情况和条款的有关规定，法医鉴定结论为："被保险人的伤残程度符合《人身保险意外伤残评定标准》中的第 2 项和第 11 项。伤残程度为 90%。"

案例结论

经核实调查，被保险人张某确系从台阶上摔下，依条款审核，该事故无其他免责事由，构成保险责任。保险公司分两个阶段给付保险金：

（1）2011 年 5 月 15 日，赔付被保险人意外伤害医疗保险金 20000 元、住院医疗保险金 10000 元、住院津贴 7140 元；

（2）2011 年 8 月 23 日，根据法医的鉴定结果，赔付被保险人意外伤害保险伤残保险金 54 万元。

因未达到高残标准，终身寿险和重大疾病保险不予赔付，保险责任继续有效。

案例提示

意外伤害医疗保险、住院医疗保险及日额给付型险种的赔付，被保险人凭医院的诊断证明、费用收据及相关的证明材料即可以申请理赔。而意外伤残保险的赔付则有别于以上险种，必须在保险事故发生之日起 180 天以后，通过鉴定后符合残疾给付标准的方可以得到理赔。所以本案中，第一次仅给付住院医疗保险、意外伤害医疗保险和住院安心保险保险金计 37140 元；第二次给付即在 180 日以后，按鉴定结果给付意外伤害保险保险金 54 万元。

人身保险之意外伤残标准有别于劳动部门的职工伤残标准，因此，在确定被保险人伤残程度时，保险人可以委托合法的、专业的鉴定机构依照保险条款中《人身保险伤残评定标准》对发生事故者进行鉴定，保险人按照鉴定结果向被保险人履行给付保险金责任。

➤ **课后思考**

1. 名词解释

核保　承保　财务核保　标准体保险　保全　理赔

2. 简答题

（1）简述核保的意义。

（2）简述核保的流程。

（3）简述人身保险客户服务的内容。

（4）简述人身保险的理赔原则和流程。

单元测试

第八章
个人财务规划及人身保险的购买

➤ **知识要点**

1. 保险理财规划的概念。

2. 保险理财规划的流程。

3. 保险在个人理财中的作用。

4. 人身保险业务的三种营销渠道。

5. 人身保险产品的销售。

6. 投保计划书的制定和撰写。

➤ **案例导读**

买了保险就能一劳永逸吗?

王先生在十年前买了一份重疾险,保额 20 万元。最近在饭桌上,有朋友说起刚买了 50 万元的重疾险。王先生回家后赶紧翻出保单仔细查看,又在了解了目前重疾治疗的平均费用需要 30 万元之后,决定要加保。

大部分保险消费者都和王先生一样,买完了保险,以为只要每年按时交保费就行了。等到想起检视自己的保障方案时,才发现保障已经不够充足了,想加保,却因为年龄和健康状况等原因不能实现。

不过王先生倒是很幸运,现在才 35 岁,身体也很健康,再投保一份重疾险问题不大。在保险规划师的帮助下,王先生又买了第二份重疾险,保额 30 万元,如果以后不幸罹患重疾,符合条件就可以得到两笔保险金,共计 50 万元,保障更充足。

什么时候需要调整保险规划呢?下面这四种情况的出现就是给你的信号。

※ 保险产品升级换代

随着医疗技术的发展和进步,疾病的治疗手段和药物更高端、更有效,价格也越来越贵。在十年前,20 万元的保额应付一场重疾或许绰绰有余,但现在,30 万元可能只是刚刚够用。

消费者需要更高的保障,保险产品也会顺应需求,支持消费者购买更高的保额。纵观市场上的重疾险产品，从最开始单一保障重大疾病，到附加了轻症、中症，保障更全面了；从重疾单次赔付，到现在出现越来越多重疾多次赔付的产品，保障更充足了；还有针对癌症五年生存率的问题，而出现的第二次恶性肿瘤保障责任，保障更人性化了……

※ 经济状况发生变化

很多消费者在买保险的时候最头疼的就是保费预算的问题，每年花多少钱买保险合适呢？业内公认的是"双十原则"，也就是保费支出占家庭年收入的10%，保额为家庭年收入的十倍。无论是按照双十原则，还是通过更精准的计算，收入都是确定保额的基准。收入变化了，我们面对的风险也会变化，从而保险规划就要做适当的调整了。收入更高了，贷款也还得差不多了，可支配的收入明显提高，这时候就可以考虑调整规划，加大保障杠杆了。

※ 职业发生变化

不仅收入发生变化要调整保险规划，职业发生变化也需要及时调整保险规划。四大险种中，意外险受职业影响最大。如果在保障期间内职业发生变化，则要及时联系保险经纪人或者保险公司。因为如果更换的新工作风险更高，不在产品的承保职业类别范围内了，万一发生意外，可能会影响理赔。

※ 家庭责任发生变化

一个人的一生，不仅会经历职场上的收入变化、职业变化，还会因为进入新的人生阶段，发生家庭责任的变化，这同样需要调整保险规划。保险和家庭责任分不开，家庭责任越大，保险的重要性就越凸显。而婚姻状况的改变、家庭成员的增加或减少，都会涉及被保险人责任的变化。

买保险不是一劳永逸的事，人生的保险规划是一个动态调整的过程。在不同的人生阶段，我们的保障需求会不同。从实际出发，及时做调整，才是保险规划的正确做法。

第一节　人身保险理财规划

一、保险和个人理财

（一）个人理财

个人理财，是在对个人收入、资产、负债等数据进行分析整理的基础上，根据个人对风险的偏好和承受能力，结合预定目标运用诸如储蓄、保险、证券、外汇、收藏、住房投资等多种手段管理资产和负债，合理安排资金，从而在个人风险可以接受范围内实现资产增值的最大化的过程。由此可以得出，现代意义上的个人理财，不同于单纯的储蓄或投资，它不仅包括财富的积累，而且还囊括了财富的保障和安排。财富保障的核心是对风险的管理和控制，也就是当自己的生命和健康出现了意外，或个人所处的经济环境发生了重大不利变化，如恶性通货膨胀、汇率大幅降低时，自己和家人的生活水平不至于受到严重的影响。

个人理财是针对客户的综合需求进行有针对性的金融服务组合创新，是一种全方位、分层次、个性化的服务。

1. 个人理财观念的更新

近几年我国个人理财市场迅速发展，银行、保险、证券、基金、信托都打起了个人理财的招牌，极力扩展各自的业务。但是，由于诸多因素的制约，与国外成熟的个人理财市场相比，我国个人理财市场还有很长的路要走。

（1）互助理念和传统的家庭观念成为制约我国个人理财业务发展的直接原因。个人理财强调的是通过规划并采取综合财务手段来平衡个人的财务收支，而在中国人的传统观念里，守望相助是一种积极的入世观。亲戚、朋友、同事之间谁一旦有事，无论是婚丧嫁娶，还是遭遇天灾人祸，老百姓都习惯以实物或"份子"的形式表示关爱和帮助，这在一定程度上淡化了人们的理财意识，弱化了老百姓对个人理财的需求。中国人传统的家庭观念也抑制了其对个人理财的需求。比如中国父母对后代的关爱甚至超过了对自己的关心，孩子刚走向社会，父母就可能已经用毕生心血给孩子买好了房子，备好了车子，这对年轻人个人理财观念和行为也有一定程度的影响。

（2）社会诚信缺失弱化了我国个人理财业务发展的基础。诚信是市场经济的基石，是一切交易活动得以顺利进行的基础。个人理财业务是由专业理财人员通过与个人客户充分沟通，根据客户的阶段性生活目标和客户的生活、财务状况，确立理财目标，并且帮助客户制定出可行的理财方案的一种综合金融服务。它需要客户将自己和家庭的几乎所有有关财务、生活等的信息告诉个人理财规划师，以便帮助其制定科学合理的综合理财规划。这样就要求客户对理财规划师给予充分的信任，也要求理财规划师绝对忠诚于客户，替客户保密。因此，个人理财业务对社会诚信的要求更甚于其他市场经济行为。

（3）保险意识淡薄和忌讳是制约我国个人理财业务发展的思想诱因。具体表现在以下方面：一是对风险认识存有偏差，宁肯亡羊补牢，也不愿未雨绸缪；二是对保险的经济补偿本质理解不深，在中国人的传统观念里，人是最重要的，一旦发生意外事故，尤其是当事人不幸身故，大部分人都持有一种"人都没了，还要钱干吗"的观念，却忽略了逝者的离去，给生者带来的可能不仅仅是心灵上的沉重打击，而且还会有经济上的巨大冲击的事实。

（4）分业经营是制约我国个人理财业务发展的重要瓶颈。目前我国银行、证券、保险、信托等行业各自拥有相对独立的运营及监管体系，商业银行、证券公司、保险公司和信托公司只能经营各自的业务。虽然近年来在外资银行、金融超市的冲击下，银行、证券、保险、信托公司正在加强合作，但是，综合经营业务的开展仍受到许多限制。这种分业经营态势从以下两个方面制约了我国个人理财业务的发展：一是分业经营不利于向客户提供涵盖储蓄、投资、保障等功能的综合金融服务；二是分业经营不利于合格理财规划师的培养。

（5）现行税收制度是影响我国个人理财业务发展的制度障碍。比如在个人所得税方面，我国实行分类征收和代扣代缴制度，税收制度相对简单，一般情况下不需要自己计算也不需要自己上缴税款。而在西方国家，一般实行综合征收制，所得税制度非常复杂，并实行先征后返制度，公民税收规划意识强。再比如我国尚未开征遗产税，这也降低了老百姓对个人理财规划的需求。西方国家执行严格的遗产税收制度，在有些国家，继承人在继承遗产之前，必须缴清应缴的遗产税，否则不能继承。这种制度进一步促使人们合理有效地规划个人财产，以保证个人对现金流的需求。

2. 个人理财与理财金字塔

个人理财由四个部分组成：人生保障、日常开销、财富增值和风险投资。这四个部分使个人理财的结构呈"金字塔"状。（见图8-1）

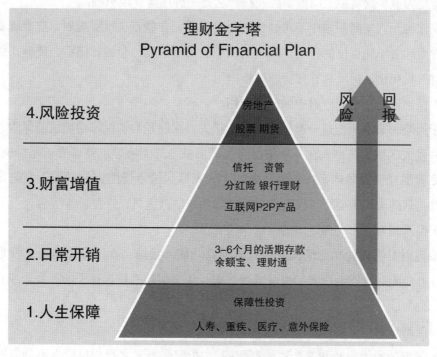

图8-1　理财金字塔

理财金字塔需要一个稳固的基座，虽然很多家庭的可支配收入日渐宽裕，但手中的"闲钱"却不足以应付突发事件，比如重大疾病、意外死亡、严重伤残等等，所以首先要考虑为家庭成员配备意外险和重疾险。否则，基座上一旦出现了一个大窟窿、无底洞，财富就会面临大幅缩水甚至被消耗殆尽。

此外，要善于利用保险"强制储蓄＋专款专用"的特点，通过储蓄型保险帮助家庭进行子女教育、储蓄、退休等各项财务规划。通过购买养老金和教育金产品来满足家庭长期理财的需求，还可以充分利用手头的闲置资金，避免冲动消费，实现财富积累，换取长期、稳定的现金流，用来支付未来生活所需，或作为旅游、医疗、养老、教育等专项资金，平衡未来收入不稳定的风险。

3. 保险理财的作用

保险规划是理财规划不可或缺的一部分，在我们通向财富自由的道路上，有两点很重要：一是财富的增加；二是财富损失的减少。

很多人往往关注第一点而忽略了第二点，而在诸多造成财富损失的事件中，意外和疾病是最具杀伤力的，这两者可以让人们几十年的积蓄付之东流，也可以让人失去继续创造财富的能力。因此，做好保险规划可以说是为整个财富人生织起一张安全网，起到风险补偿的作用。

在家庭的财富管理当中，增加收入和减少损失是两条平行线，缺一不可。而保险规划的目的就是为减少财富损失而做制度安排，它是一种风险补偿机制。

保险作为个人理财规划中不可缺少的重要工具，在储蓄、投资规划、遗产规划、教育规划等方面起着不同程度的作用。从理财功能的角度出发，与银行储蓄、债券、股票、基金等理财工具相比，保险具有独特的优势作用。

（1）保险理财在个人理财中的保障作用

由于保险的基本职能是分摊损失和补偿损失，保险理财的保障功能就是保险理财与其他理财的最大区别。每个人在一生中都有可能面临自然灾害、意外事故、死亡风险等等，而不够完善的社会保障体系、不够强大的个人家庭风险承受能力常常使人们陷入被动局面，此时此刻的人们需要凭借保险理财的保障功能度过危机，恢复正常生活。

（2）保险理财在个人理财中的投资作用

保险理财具有保险功能的同时也有着储蓄功能。目前，我国保险市场上常见的投资性保险有万能险、投连险，人们也可以通过购买年金保险来积累孩子的教育金或自己的养老金。

（3）保险理财在个人理财中的免税作用

很多国家的所得税法和遗产税法都明确，"指定受益人之死亡保险金不列入被保险人生前之遗产或资产"，以此来鼓励老百姓投保保险，减少保险事故发生后产生贫困的社会问题，因此保险也成为合法的节税或避税的工具。

► **扩展阅读**

理财工具大全

理财工具，即投资者在进行投资理财过程中所运用的股票、储蓄、基金等工具的总称。理财是通过一系列有目的、有意识的规划来进行财务管理，累积财富，保障财富，使个人和家庭的资产取得最大效益，使个人达成人生不同阶段的生活目标。常用的理财工具有储蓄、保险、债券、房产、基金、股票等。

1. 银行存款

银行存款是指将资金的使用权暂时让给银行等金融机构，并能获得一定利息，是最保守的理财方式。

2. 股票

股票是股份公司发给股东作为已投资入股的证书与索取股息的凭票，像一般的商品一样，有价格，能买卖，可以作抵押品。股份公司借助发行股票来筹集资金，而投资者可以通过购买股票获取一定的股息收入。

3. 基金

基金是指为了某种目的而设立的具有一定数量的资金，例如信托投资基金、单位信托基金、公积金、保险基金、退休基金、各种基金会的基金。在现有的证券市场上的基金，包括封闭式基金和开放式基金，具有收益功能和增值潜能的特点。

4. 债券

债券是一种表明债权债务关系的凭证，证明持有人有按照约定条件向发行人取得本金和利息的权利。债券的主要分类有：

（1）按发行主体分类：国债、金融债、企业债、公司债。

（2）按券面形式分类：记账式国债，指将投资者持有的国债登记于证券账户中，投资者仅取得收据或对账单以证实其所有权；凭证式国债，指采用填写"国库券收款凭证"的方式发行，是以储蓄为目的的个人投资者理想的投资方式，特点是安全、方便、收益适中。

5. 期货

期货与现货相对。期货是现在进行买卖，但是在将来进行交收或交割的标的物，这个标的物可以是某种商品，例如黄金、原油、农产品，也可以是金融工具，还可以是金融指标。

期货目前分为两类：

（1）商品期货。商品期货是指标的物为实物商品的期货。商品期货历史悠久、种类繁多，主要包括农副产品、金属产品、能源产品等几大类。

（2）金融期货。金融期货一般分为三类，即外汇期货、利率期货和股票指数期货。金融期货作为期货交易中的一种，具有期货交易的一般特点，但与商品期货相比较，其合约标的物不是实物商品，而是传统的金融商品，如证券、货币、利率等。金融期货账户与商品期货账户相比在开户资格上有一定要求。在我国，股票指数期货要求最低保证金为 50 万元人民币。

二、人身保险理财规划的基本原则和流程

人身保险需求的测定

（一）人身保险理财规划的基本原则

个人购买保险主要是为了个人和家庭的经济安全与稳定，将重大风险转移给保险人，使得个人和家庭在发生保险事故时获得充分的经济保障。因此，在进行保险规划时，要掌握以下两个原则：

1. 转移风险原则

客户购买保险的目的是转移风险，在发生保险事故时可以从保险公司处获得经济补偿。因此，理财规划师在进行保险规划时必须全面、系统分析客户及其家庭面临的各种风险，明确哪些风险可以采用自留、损失控制等非保险方法进行管理，哪些风险必须采用保险方法转嫁给保险公司。

2. 量力而行原则

保险是一种经济行为，投保人只有先付出一定的保费，才能获得相应的保险保障。投保的险种越多，保障金额越高；保险期限越长，所需要的保费就越多。因此，保险规划应该在个人或家庭财务的基础上进行，充分考虑个人或家庭的经济实力，量力而行。

（二）人身保险理财规划的流程

1. 确定客户信息

确定客户信息是保险规划流程的第一步，也是规划的基础。在这个环节我们需要收集客户个人及家庭的信息、客户及其家庭的财务信息、客户已经拥有的各方面保障（社会保障和商业保险）及客户对于未来的预期。信息收集得越具体、越详细、越准确，制定的规划就会越符合客户的真实需求。

在收集信息的过程中，为了方便和提高效率，可以采用列表方式（见表 8-1）。

表 8-1　客户个人及家庭基本信息

项目	本人	配偶	子女	父母
姓名				
出生日期				
受教育程度				

项目	本人	配偶	子女	父母
工作单位				
职业				
职称				
婚姻状况				
健康状况				

客户的财务信息是指客户家庭目前的财务收支情况、资产负债状况和其他财务安排及这些信息的未来变动趋势。一份详细的收入支出表能够帮助客户了解自身的财务状况，也能为保险理财规划师的理财规划奠定基础（见表8-2，表8-3）。

表8-2　客户财务收支表

收入（税后）		支出	
月工资收入		各类贷款	
其他收入		生活开支	
		其他开支	
合计		合计	
每月结余：			
每年结余：			

表8-3　客户家庭资产负债表

资产			负债		
类别	项目	金额	类别	项目	金额
金融资产	现金		短期负债	信用卡	
	存款			分期付款	
	其他			其他	
实物资产	住宅		长期负债	房屋贷款	
	汽车			汽车贷款	
其他资产			其他负债		
合计	总资产		合计	总负债	
资产净值＝总资产－总负债					

另外，值得一提的是，不同的客户对未来的计划或预期千差万别，一般来讲，客户年龄越小，对未来可预期的内容越丰富。当然也有部分年轻的客户受制于生活经验或能力，需要理财规划师的专业引导。

2. 确定保险标的——进行保险需求分析

保险标的可以是人的寿命和身体，也可以是财产及相关利益，建议按照家庭生命周期，根据不同家庭不同的阶段需求优先选择风险高的保险标的进行投保，例如优先为家庭收入的主要劳动力购买充足保障。

保险需求分析是指针对人生中的风险，根据客户的个人状况，定量分析财务保障的需求额度，回答"要不要买保险？""买什么保险？"和"买多少保险？"的问题。

（1）确定保险需求

个人理财规划的理论基础是生命周期理论，划分客户生命周期，目的在于划分客户所处的生命阶段，分析不同阶段的财务状况和理财目标，从而有效对其进行个人理财规划。生命周期理论是由 F·莫迪利安尼等人创建的，该理论指出个人是在相当长的时间内计划他的消费和储蓄行为的，在整个生命周期内实现消费的最佳配置。该理论将家庭的生命周期分为四个阶段：家庭形成期、家庭成长期、家庭成熟期和家庭衰老期（见表8-4）。

表8-4　不同家庭阶段特点

项目 ＼ 阶段	家庭形成期	家庭成长期	家庭成熟期	家庭衰老期
特征	建立家庭并生养子女	子女长大就学	子女独立和事业发展到巅峰	退休到终老，只有两个老人（空巢期）
	从结婚到子女出生	从子女上学到完成学业	从子女完成学业独立到夫妻退休	从夫妻退休到过世
	家庭成员数量增加	家庭成员固定	家庭成员减少	夫妻两人
收入和支出	收入以双薪为主	收入以双薪为主	收入以双薪为主，事业发展和收入达到巅峰	以理财收入和转移收入为主
	支出逐渐增加	支出随子女上学增加	支出逐渐减少	医疗费提高，其他费用减少
储蓄	随家庭成员增加而减少	收入增加而支出稳定，储蓄增加	收入达到巅峰，支出降低	支出大于收入
居住	和父母同住或自行购房、租房	和父母同住或自行购房、租房	与老年父母同住或夫妻两人居住	夫妻居住或和子女同住
资产	可积累的资产有限，但可承受较高风险	可积累资产逐年增加，需开始控制风险投资	可积累的资产达到巅峰，要逐步降低投资风险	开始变现资产来应付退休后的生活，投资以固定收益为主
负债	高额房贷	降低负债余额	还清债务	无新增负债

处于不同阶段的家庭理财重点不同，理财师应根据客户家庭生命周期的流动性、收益性和获利性需求给予资产配置建议，总体原则：①子女小时和客户年老时，注重流动性好的存款和货币基金；②家庭形成期至家庭衰老期，随客户年龄增加，投资风险比重应逐步降低；③家庭衰老期的收益性需求最大，在投资组合中债券比重应该最高。

保险规划师可以根据客户家庭生命周期设计适合客户的保险、信托、信贷理财套餐（见表8-5）。

表 8-5　不同家庭阶段的保险规划模式

项目 ＼ 阶段	家庭形成期	家庭成长期	家庭成熟期	家庭衰老期
夫妻年龄	25～35 岁	30～55 岁	50～60 岁	60 岁以后
保险安排	提高寿险保额	以子女教育年金储备高等教育学费	以养老保险和递延年金储备退休金	投保长期看护险
核心资产配置	股票70% 债券10% 货币20%	股票60% 债券30% 货币10%	股票50% 债券40% 货币10%	股票20% 债券60% 货币20%
信贷运用	信用卡、小额信贷	房屋贷款、汽车贷款	还清贷款	无贷款或反按揭

（2）确定家庭保险优先顺序

个人或家庭财务资源的有限性，决定了需要根据个人或家庭人身保险需求的优先顺序来分配资源，保证最重要的家庭成员人身保险需求得到优先满足。人身保险需求优先顺序的影响因素有很多，其中最重要的是收入水平、生命周期、教育水平（见表8-6）。

表 8-6　家庭人身保险需求组合的内部优先顺序

收入／教育 ＼ 生命周期	单身期	两人世界	三口之家	成熟家庭	退休生活
高收入 高教育程度	意外 健康 重大疾病 父母医疗 养老	健康 重大疾病 意外 投资／储蓄 父母养老	自身保障 子女 健康意外 教育资金 投资／储蓄 养老	健康 一般疾病 重大疾病 住院医疗 意外 养老	健康 保本储蓄 孙辈教育 意外
高收入 低教育程度	意外 投资／储蓄 健康 重大疾病	投资／储蓄 健康 重大疾病 意外	子女 教育资金 健康意外 投资／储蓄 自身保障 养老	稳健投资 健康 一般疾病 重大疾病 住院医疗 意外	保本储蓄 健康 孙辈教育 健康意外

续表

生命周期 收入／教育	单身期	两人世界	三口之家	成熟家庭	退休生活
平均收入 高教育程度	意外 健康 重大疾病 父母医疗	健康 重大疾病 意外 储蓄	自身保障 子女 健康意外 教育资金	健康 一般疾病 重大疾病 住院医疗 储蓄 意外	保本储蓄 孙辈教育 健康 意外
平均收入 普通教育程度	意外 健康 重大疾病	健康 重大疾病 意外 储蓄	子女 教育资金 健康意外 自身保障	储蓄 健康 一般疾病 重大疾病 住院医疗	保本储蓄

3. 选择保险产品

为个人和家庭选择相应的保险产品，应注意合理搭配险种，避免重复投保。

4. 确定保险金额

选择好保险产品后，应确定每个投保产品的保险金额，保险金额是保险公司可能赔付的最高金额，以保险标的的经济价值或可能损失为依据。

（1）人寿保险的保险金额测算

寿险的需求与人的生命价值相关。家庭成员的死亡对家庭产生的经济影响取决于该成员所提供的家庭收入或服务的多少，寿险保额需求的计算方法通常包括生命价值法和家庭需求法。

①生命价值法（现金补偿法）

人的生命价值是指个人未来收入或个人服务价值扣除个人衣食住行等生活费用后的资本化价值，此价值就是死亡损失的估算值。在使用这个方法计算时，需要考虑以下因素：被保险人以后的年均收入；确定退休年龄；从年收入中扣除各种税收、保费、生活费等支出后，剩余的钱假设贡献给家人。

举例：陈先生今年30岁，假设其60岁退休，退休前年平均收入是10万元，平均年收入一半自己花掉，一半用于家人，即给家人花掉5万元，那么，按生命价值法则，陈先生的生命价值是：（60岁–30岁）×（10万元–5万元）=150万元。按生命价值法计算出的生命价值，可以作为考虑现阶段该购买多少寿险的标准之一。

②家庭需求法

与生命价值法相比，家庭需求法中的需求方的保险费用较低。运用家庭需求法时，首先要确定家庭保障需求的类型和程度。一般保障需求有四大类：个人丧葬费用、遗属生活费用、子女教育金和各类债务。其次估计家庭可确保的财务来源：存款与其他可变现资产、各类保险给付、其他收入等。

根据家庭需求法的运用原则，当前的寿险保额需求是家庭保障需求总额与可确保的财务来源总额的缺口，即：

寿险保额需求 = 家庭保障需求总额 – 可确保的财务来源总额

（2）健康保险的保险金额测算

国家癌症中心 2018 年发布数据显示：平均每天超过 1 万人，每分钟 7 人被确诊为癌症。而一旦发生重疾，治疗费、康复费、误工费等累计花费高达 30 万～ 50 万元不等。那么购买健康保险多少才够呢？

重疾险额度 = 大病一般花费 + 本人年收入 × 恢复年数 – 社保报销额度 – 已有寿险赔付额度

一般基本医疗险额度 = 当地一般疾病的平均花费 – 社保报销比例 ×（自身额度 – 社保住院起付线）

住院津贴 = 本人年收入 ÷365

（3）意外险的保险金额测算

意外险额度 = 本人年收入 × 期望保障年限 × 生活品质指数 – 已有意外险赔付额度

意外伤害医疗险额度 = 当地一般疾病的平均花费 × 风险程度系数 – 已有意外医疗险额度

在上述公式中，期望保障年限是指因意外造成残疾或行动障碍失去劳动能力后，需要资金来维持基本生活的保障年限；生活品质指数是指在伤残或失去劳动能力后期望的生活品质，如果指数 =1，则表示生活品质和出事前保持一致；风险程度系数是指风险对标的的破坏程度，一般情况下意外事故造成的损失会高于一般疾病造成的损失。

（4）养老保险的保险金额测算

在确定养老保险保额时要检视个人的养老规划，明确个人及家庭的具体需求。第一步，确定实际需求的养老金额（生活开支、医疗保健费用、休闲娱乐费用等等）。第二步，确定养老资金需求缺口，主要考虑有没有社保养老金、固定资产投资收益（如房租）、股息分红、子女赡养费等。一般情况下，商业养老保险所获得的补充养老金占所有养老费用的 20% ～ 40% 为宜。最后，确定实际的养老险保额。一般而言，高收入家庭可主要靠商业养老保险；中低收入家庭主要依靠社会养老险，商业养老保险则作为补充。

（5）子女教育金的保险金额测算

购房可以推迟，退休养老可能延后，但子女的教育金没有时间弹性，更需要提早准备。在2016年，中国青少年研究中心对5000名中小学生的调研数据就显示，家庭每年的子女教育费用占家庭年收入的30%。教育费用不仅仅是学杂费，还包括现在越来越盛行的课外辅导费、兴趣班费、出国夏令营费等等。

中国社科院的研究报告显示，中国城市的孩子高中前抚养成本就高达25万元，如果上高校，则上升为48万元。如果将出国留学考虑在内，比如去美国留学，不把生活费考虑在内，光学费每年就需要20万～35万元人民币（见表8-7）。

表8-7　子女教育金支出测算表

项目 ＼ 阶段	幼儿园	小学	初中	高中	大学
教育学费	10000元×4年	2000元×6年	5000元～10000元×3年	10000元×3年	10000元～50000元×4年
辅导费用	1000元～1600元/年				
辅导材料	1000元～20000元/年				
杂费	1000元/年				

要依据家庭的经济状况制定子女的教育方案，依据所能承受的风险程度选择适当的教育金产品和交费方式，保证孩子在未来得到良好的教育。

5. 明确保险期限

确定保险金额后，就需要确定保险期限。保险期限的长短与投保人所需交纳的保险费多少、个人未来预期收入的变化紧密联系。财产保险、意外伤害保险、健康保险等保险品种的保险期限较短，通常是中短期保险合同，保险期满后可以选择续保或者停止保险。

6. 选择保险公司

保险公司的选择

选择不同的保险公司直接关系到消费者的根本利益，保险公司是消费者在购买人寿保险产品时必须了解和关注的问题。随着投资类寿险产品的推出，选择好的保险公司的重要性日益明显。那么，在选择保险公司时应该关注什么呢？因为保险公司同样存在破产的风险，所以选择保险公司时应该考虑它的理赔记录、财务实力、服务质量、风险控制能力等因素。

（1）寿险公司的偿付能力

当消费者购买人寿保险时，就是从寿险公司那里购买一份能在未来兑现的承诺，通过转移风险来获得未来生活的确定性。显然，寿险公司的财务实力和经营稳定性对消费者来说非常重要。因此，在选择寿险公司购买人寿保险时，首先要考虑寿险公司的财务实力，只有财务实力强的寿险公司才值得信赖。那么，如何衡量一家寿险公司的财务实力呢？

一般来说，我们用寿险公司的实际偿付能力与最低偿付能力之比来衡量。

①寿险公司的最低偿付能力

寿险公司的最低偿付能力又称作法定偿付能力或偿付能力边际（So1vency　Margin，因为寿险公司已对所承担的保险责任计提了责任准备金，但考虑到未来经营的波动性，故又须在责任准备金的基础上再增加一定额度）或要求资本（Required Capital），一般由保险监管部门对其额度进行规定。

②寿险公司的实际偿付能力

寿险公司的实际偿付能力表现为一定时点上寿险公司资产负债表中认可资产与认可负债之间的差额，一般由资本金、总准备金和未分配盈余之和来代表。资本金、总准备金和未分配盈余之和构成了寿险公司的实际偿付能力额度，实际偿付能力额度的增减体现了寿险公司偿付能力的强弱。根据我国《保险公司管理规定》，寿险公司应具有与其业务规模相适应的最低偿付能力。对于寿险公司来说，它的实际偿付能力应高于法律规定的最低标准，一旦寿险公司的实际偿付能力达不到最低标准规定，即视为偿付能力不足，保险监管部门将会对寿险公司采取措施进行整顿或接管，以确保寿险公司有充足的资源，及时履行到期的保险责任。

实际偿付能力的计算公式为：实际偿付能力 = 认可资产 – 认可负债

③寿险公司面临的风险

圣特马洛和巴伯尔（S&B）将寿险公司面临的风险分为以下六类：精算风险、系统风险、信用风险、流动性风险、营运风险和法律风险。而美国精算协会则认为寿险公司面临四类风险：C–1 风险（资产风险）、C–2 风险（定价风险）、C–3 风险（利率风险）和 C–4 风险（一般管理风险）。

（2）寿险公司的服务品质

在同一投保群体、同一利率政策条件下，各家寿险公司保单理论成本基本相同。传统寿险产品的价格，基本上是按统一的标准制定的。各家寿险公司传统寿险产品价格在一定程度上并没有太大的差异，传统寿险产品之间的竞争在于服务质量上的竞争。这也是作为准客户在准备购买传统寿险产品时最需要关注的问题。服务质量好的寿险公司，能够处处为消费者着想，从消费者开始投保的时候，就能够从各个角度体现服务的理念，一旦发生保险责任，消费者就能够及时地得到理赔。

寿险公司对消费者的服务主要包括：发掘寿险需求的服务、选择寿险产品的服务、预防损失的服务、理赔服务及其他服务（已购寿险保单的分析和保单替代的建议）。选择寿险公司时，要从两个方面注意其服务质量和数量：一是注意从寿险公司个人代理人那里所能获得的服务，二是注意从寿险公司那里所能获得的服务。通常在购买寿险产品之前，可以从以下几个渠道获取有关寿险公司理赔实践的信息：

①向寿险公司的监管机构咨询该公司受消费者投诉的情况；

②从相关的报纸杂志上收集各寿险公司有关客户服务的文章和报道；

③从个人代理人和经纪人那里获取寿险公司过去的服务情况；

④从朋友那里打听寿险公司是如何提供服务的；

⑤从寿险公司评级机构那里了解寿险公司的服务理念。

近年来，随着寿险公司数量的增加，各家公司之间的竞争愈趋激烈，各公司的服务意识和服务质量都有了普遍的提高。

（3）寿险公司个人代理人的素质

高素质的个人代理人在为消费者设计人寿保险计划的时候，能够从消费者的实际需要出发，而不是一味追求高额的佣金收入；在保单的保全服务中，能够树立长期服务的思想，而不是一味追求短期利益。个人代理人的优劣对消费者购买保单质量的好坏影响很大。在下一节中本书将给读者一些关于选择个人代理人的知识和建议。

（4）寿险公司的地理位置

客户迁往异地或在异地出险，而寿险公司在该地未设立分支机构，这无疑会给客户的交费、理赔等造成许多不便。因此，具有多家分支机构、服务网点齐全的公司也是我们选择寿险公司的一个条件。

7. 形成方案

最后根据了解到的客户财务信息，对照客户的理财目标和科学合理的保险规划指标，分析整理客户财务问题，制定保费预算、交费方式与保单规划，撰写和呈交数码保险规划。

➤ **知识链接**

保费预算

合理的保障性费用占年总收入的10%～15%为宜，尽量不超过20%。子女教育金和养老规划利用保险作为投资方式的年支付费用，以不超过年收入的20%为宜。

※ 双十原则

在我们日常接触保险业务员时，经常听到一个名词"双十原则"。

那么什么叫"双十原则"呢？

第一个"十"：家庭年交保费占家庭年收入的10%左右。

第二个"十"：风险保额要达到家庭年收入的10倍。

"双十原则"，适用于普通消费者（不适用于穷人和富人）和保障性保险。普通消费者已经解决了生存问题，但是家庭的财务安全非常脆弱，很可能因病返贫或者因一件事故严重影响一个家庭的生活。这样的家庭有一定的支付能力，也需要通过保险来保障在未来的时间家庭可能遇到的财务风险。"双十原则"适用于保障性保险，比如说意外险、医疗险、重大疾病保险、定期或者终身寿险等。

三、家庭保险理财规划

为家庭制定保险规划方案不同于个人，其需要关注家庭成员的全面保障，需要根据生命周期不同阶段的特点和理财方案的要求，制作不同的保险理财规划。

（一）家庭不同阶段的需求

在考虑寿险保障的需求大小时，保险人首先应明确保险客户在家庭中的地位、责任、作用及经济贡献如何，然后估算出保险人面临的各种风险可能产生的最大的费用需求。

1. 单身期

时间：一般为 2 ～ 5 年，从参加工作至结婚的时期。

特点：经济收入比较低且花销大。这个时期是未来家庭资金积累期。家庭成员年纪轻，主要集中在 20 ～ 28 岁之间，健康状况良好，无家庭负担，收入低，但稳定增长，保险意识较弱。

保险需求分析：保险需求不高，主要可以考虑意外风险保障和必要的医疗保障，以减少意外或疾病导致的直接或间接的经济损失。这类保险保费低、保障高。若父母需要赡养，则需要考虑购买定期寿险，以最低的保费获得最高的保障，确保一旦有不测时，能用保险金支持父母的生活。

2. 家庭形成期

时间：从结婚到新生儿诞生时期，一般为 1 ～ 5 年。

特点：这一时期是家庭的主要消费期。经济收入增加而且生活稳定，家庭已经有一定的财力和基本生活用品。为提高生活质量往往需要较大的家庭建设支出，如购买一些较高档的用品，贷款买房的家庭还有一笔大开支——月供款。夫妇双方年纪较轻，健康状况良好，家庭负担较轻，收入增长迅速，保险意识和需求有所增强。

保险需求分析：为保障一家之主在万一遭受意外后房屋供款不会中断，可以选择交费少的定期险、意外保险、健康保险等，但保险金额最好大于购房金额及足够家庭成员 5 ～ 8 年的生活开支。

家庭成员处于家庭和事业新起点，有强烈的事业心和赚钱的愿望，渴望迅速积累资产，投资倾向易偏于激进，可购买投资型保险产品，在规避风险的同时，又使资金增值。

3. 家庭成长期

时间：从小孩出生到小孩参加工作以前的这段时间，大约 18 ～ 22 年。

特点：家庭成员不再增加，整个家庭的成员年龄都在增长。这一时期，家庭的最大开支是保健医疗费，学前教育、智力开发费用。理财的重点适合安排上述费用。同时，随着子女自理能力的增强，年轻的父母精力充沛，时间相对充裕，又积累了一定的社会经验，工作能力大大增强，在投资方面可考虑以创业为目的，如进行风险投资等。

夫妇双方年纪较轻，健康状况良好，家庭成员有增加，家庭和子女教育的负担加重，收入稳定增长，保险意识增强。

保险需求分析：在未来几年里面临小孩接受高等教育的经济压力。通过保险可以为子女提供经济保证，使子女能在任何情况下接受良好的教育。保险偏重于教育基金、父母自身保障。购车买房时对财产险、车险有需求。

4. 家庭成熟期

时间：子女参加工作到家长退休为止这段时期，一般为 15 年左右。

特点：这一阶段里夫妇自身的工作能力、工作经验、经济状况都达到高峰状态，子女已完全自立，债务已逐渐减轻，理财的重点是扩大投资。

夫妇双方年纪较大，健康状况有所下降，家庭成员不再增加，家庭负担较轻，收入稳定在较高水平，保险意识和需求增强。

保险需求分析：人到中年，身体的机能明显下降，在保险需求上，对养老、健康、重大疾病的保险需求较大，同时应为将来的老年生活做好安排。

进入人生后期，万一风险投资失败，会葬送一生积累的财富，所以不宜过多选择风险投资的方式。此外还要存储一笔养老资金，且这笔养老资金应是雷打不动的。保险作为强制性储蓄，对于累积养老金和资产保全，也是最好的选择。通过保险让辛苦创立的资产完整地留给后人，才是最明智的。

5. 退休期

时间：退休以后。

特点：这段时间应以安度晚年为目的，理财原则是身体、精神第一，财富第二。那些不富裕的家庭应合理安排晚年医疗、保健、娱乐、锻炼、旅游等开支，投资和花费有必要更为保守，可以带来固定收入的资产应优先考虑，保本在这时期比什么都重要，最好不要进行新的投资，尤其不能再进行风险投资。

保险需求分析：夫妇双方年纪较大，健康状况较差，家庭负担较轻，收入较低，家庭财产逐渐减少，保险意识强。

在 65 岁之前，通过合理的规划，检视自己已经拥有的人寿保险，进行适当的调整。

表8-8　个人家庭保险需求一览

人生阶段	时间	收入水平	财务开支	保险保障需求	理财目标
单身期	从参加工作至结婚的时期，2～5年	收入较低但增长速度较快	以日常性支出为主，一般无大额开支	无家庭负担，保险保障需求低	以积累家庭资金和创业基金为主
家庭形成期	从结婚到新生儿出生时期，1～5年	收入水平有所提高，已有一定的家庭财产	购房、家庭建设等大额支出	家庭形成，保险保障需求中等	以合理安排家庭建设各项开支为主
家庭成长期	从小孩出生到工作，18～22年	个人收入稳定增长，家庭财产迅速增加	子女教育、保健医疗、购房还贷等	家庭负担升高，保险保障需求高	以实现家庭资产的快速增长，积累养老金、教育准备金为主要目标
家庭成熟期	从子女参加工作到退休期间，10～15年	个人收入稳定在较高水平	子女创业基金和医疗保健等费用较大	医疗保险、健康保险、养老保险等需求较高	以家庭财产、养老金的保值增值为主要目标
退休期	退休以后	收入较低，家庭财产逐渐减少	医疗费用、保健费用、生活费用补充	以医疗保险、健康保险、养老保险等为主	以确保家庭财产安全为目的，合理安排各项开支

（二）保险理财规划实例

以一个三口之家为例，规划设计的思考顺序如下安排比较妥当。

（1）问自己——为什么要买保险？给谁买？

了解自己所追求的美好生活和自己可能有的担忧，清楚保险能帮自己解决什么问题，买给最需要的人。

（2）找缺口——需要转移什么风险？哪些保险能起到作用？

从目前自己/家庭所面对的风险缺口开始梳理，对自身实际保障需求有清晰的了解，确定自己所需保险类型，找到保险中当下最适合自己的保障型险种。

（3）算责任——承担哪些责任？需要多少保额？

对自身/家庭的财务情况进行系统梳理，清楚自己身上的家庭责任，明确各险种自己所需的保障额度，确保风险发生时能够获得足够的保障。

（4）定预算——家庭经济实力如何？适合花多少钱买保险？

预算决定产品，而不是让产品去决定预算。制定合理的保险预算，不让保费成为负担。

（5）统筹观——根据个人及家庭所处人生阶段的特征，合理安排保险产品的投保顺序，给个人及家庭建立起系统和全面的保障。

根据家庭生命周期理论，三口之家的风险需求特征有以下六个方面：

① 收入稳定，希望生活安定；

② 家庭财产较多，要求保全；

③ 储蓄增加，有投资需求；

④ 赡养老人、抚养子女的责任较重；

⑤ 身体开始渐渐出现疾病；

⑥ 注重感情和家庭和睦。

从保险配置的角度来说，这个阶段是最好的保险配置时段，过早需求不全面，过晚因保费上涨太多而失去性价比。处于这一时期的家庭寿险、重疾险和意外险是最佳的保障配置。

对于三口之家来说，保险保障的配置顺序如下：

① 家庭支柱的定期寿险（如夫妻收入相近就都需要）；

② 一家三口的重大疾病险；

③ 一家两口的意外险（孩子非必需）；

④ 非经济支柱（另一半）的寿险；

⑤ 全家的医疗险（如产品合适且有预算）。

三口之家的小朋友可以或需要配置哪些保险呢？请注意，父母是家庭的经济支柱，也是孩子最好的"保障"。如果父母的保障已经比较完善，则可以花钱给孩子配置保险。从转移风险和保障的角度，给孩子买保险可以首选重疾险（保障足、保费少、性价比高的消费型少儿重疾险）。

▶ 演示案例

张某，42岁，月工资8000元，享有社保，个人养老账户余额8万元；妻子39岁，家庭妇女，无固定收入；儿子13岁。三人目前月生活费3500元。张某父亲65岁，母亲60岁，均依靠张某每月寄钱600元。张某家有15万元存款和10万元股票。2000年花60万元购入一商品房用于出租，房租月收入2000元。该房目前还有38万元贷款本利没有还清。假定生活费每年上涨3%，并且退休准备金投资收益率为5%，请计算张某应该购买多少寿险来保障家人。

张某一家的现金流充裕，财务情况良好，但由于张某是全家唯一的经济支柱，潜伏着很大的风险，张某应该以自己为被保险人购买寿险，来保障家人未来生活幸福平安，具体计算如下：

第一步 计算家庭生活保障需求

① 偿还债务备用金需求 =380000元（房贷本利）。

②丧葬善后等其他费用 =5000 元。

③儿子教育备用金需求 =100000 元。

④遗属必要生活备用金需求 = 张太太的生活费用（预备 30 年）+ 小张大学毕业前的生活费用（预备 9 年）+ 张先生父母的生活费用（根据评价寿命预备 15 年），经过测算，遗属必要生活备用金需求在 94 万元左右。

这一部分总保障需求金额为 142.5 万元。

第二步 计算家庭生活保障已有资源

①个人养老账户余额 =80000 元

②股票 =100000 元

③房产投资 =220000 元

④丧葬补助和一次性抚恤金 =10000 元

⑤家庭存款 =150000 元

综合上述 5 个部分，张先生的家庭生活保障已有资源总计 =560000 元

第三步 计算家庭生活保障净需求

家庭生活保障净需求 = 家庭生活保障需求 − 家庭生活保障已有资源 =142.5 万元 −56 万元 =86.5 万元

第二节　人身保险的营销

一、人身保险的营销概述

人身保险属于服务业，作为服务产品当然也需要进行产品的营销。人身保险营销是寿险公司为实现其经营目标，满足人们对人身风险保障的需求，依据市场环境，利用各种营销技术和策略，与保险营销对象进行沟通并达到说服保险营销对象投保保险的目的的运作过程，其中包括对保险市场的开发、费率的合理厘定、保险营销渠道的选择、相关信息的收集整理、保险产品的推广及相应的售后服务等一系列活动。

（一）特征

人身保险营销是与人身保险市场有关的人的活动，其主要作用是识别和鉴定目前尚未被满足的市场需要和欲望，估量并确定其需要量的大小，来选择本公司能够最好地为其服务的目标市场，以决定适当的产品服务计划。它是一个动态的管理过程，是一个险种从设计前的市场调研到最终转移到保险消费者手中的整体过程。这和常说的人身保险推销有着本质的区

别，人身保险的推销只是营销过程的一个阶段。与其相比，人身保险营销有以下特点。

（1）人身保险营销具有比人身保险推销更广泛的内涵。营销包括推销，还包括人身保险市场研究、预测、售后服务等其他的内容。

（2）人身保险营销更注重人身保险公司在整个保险市场上的长远利益，它不仅仅是单纯的销售活动，还非常注重保险公司的形象，能为公司今后的发展做出预测和决策；而人身保险推销则偏重于眼前的短期利益，是一种短期行为。

（3）人身保险营销始终以客户的最终利益为目标导向，为不断满足客户的需要而开展活动；而人身保险推销则把重点放在人身保险产品上，是为了进行现期销售产品而进行的活动。二者的活动重点有很大的区别。

（4）人身保险营销是一种整体营销行为，从开始调查，探测人身保险市场上的需求到进行相应的险种设计、险种安排，直至最后对投保人销售产品并进行售后服务，这是一整套的营销活动，是一系列的方法；而人身保险推销则主要是采用各种短期的促销手段来推销人身保险产品，其进行活动的时空范围相对狭窄一些。

（5）人身保险营销在不断满足客户需要中通过对投保人提供全方位的服务而获取收益，其利润最大化的方式是通过博得投保人的满意而达成的；人身保险推销只是通过直接销售获得收入源，继而获得利润。

（二）营销环境分析

人身保险公司主要通过销售保单来获取利润，其面临的客户对象来自一个大的社会环境，因此人身保险营销中对环境的分析就显得格外重要。影响人身保险公司营销的环境可以分为宏观环境和微观环境两大类。

1. 宏观环境

（1）政治、法律环境

政治、法律属于社会上层建筑，它是由那些具有强制性和影响社会上各种组织及个人行为的法律机构、政府机关和公众团体所组成的。

（2）经济环境

经济环境对人身保险营销尤为重要，它主要包括社会经济体制、经济发展水平、人均收入水平等因素。

人身保险营销是随经济发展水平的提高而不断向前发展的，不同的经济发展水平有不同的市场营销环境。在经济发展水平相对较低的国家，其险种、责任、范围和购买力都有一定的限制，所以保险产品的多样性也受到限制，人身保险营销则以价格为主要的竞争力量。而在经济发展水平较高的发达国家，人身保险营销更侧重于对新险种的开发，所以竞争更集中在技术方面，在营销策略方面应通过集中体现本产品的优质服务来吸引客户。

（3）社会文化环境

社会文化是一个国家或地区经过长期历史发展而形成的，对于人身保险营销有重要的影响，人身保险营销的最终目的是使投保人购买其产品并为之提供相应服务，而投保人的保费支出行为在很大程度上要受到其所处的社会文化环境的影响。社会文化环境包括社会平均文化教育水平、宗教信仰、传统习俗、价值观念等等。

（4）人口环境

人口因素是影响人身保险营销的又一重要因素，主要包括以下几个方面。①人口总量。如果一个国家或地区有较大的人口总量，则预示着该国有着潜在的、巨大的人身保险需求量，这对于人身保险营销是一个极好的机会，应对此进行系统的调研，制订相关的计划。②人口结构。人口结构主要指人口的年龄结构，它和人口的出生率、死亡率和老龄化程度密切相关。中国及全球的人口老龄化问题将是本世纪迫切需要解决的重要问题，它增加了人们对人身保险的需求。③人口的地域分布。人口的地域分布决定了人们面临不同的风险保险的需求分布，如处在山洪和地震爆发较多区域的人就会增加对人身保险的需求。

2.微观环境

（1）投保人。投保人是人身保险公司服务的最终对象，是人身保险营销活动的出发点和最终点，是人身保险营销中最重要的微观环境因素，人身保险营销活动开始前要仔细调查、研究投保人的行为、心理等情况，了解其需求情况，如对险种的要求价格、收益方式等，依据其不同需要制订营销计划。

（2）竞争对手。任何企业的发展都密切注视其竞争对手的情况，人身保险营销也要关注这方面。尤其在中国，由于中国已经加入WTO，在5年内大量外国保险公司进驻到中国，外商保险公司在中国的营业机构数量也迅速增长，而外国保险公司拥有较强的技术开发能力和资金优势，这对中国人身保险公司的发展构成了极大的竞争压力，所以我国保险公司要不断改进技术、增加新品种、合格厘定费率、加强售后服务，这样才能巩固自己的市场地位，并不断地在竞争中前进。

（3）中介机构。人身保险营销活动必须借助营销中介机构的帮助才能完成，这些中介组织主要指保险经纪人、保险代理人和保险公估人。人身保险经纪人多在经济发展水平较高的国家，因为其人均收入水平较高，对理财需求也较高，而在中国人身保险营销中，主要是通过保险代理人来完成保单的最终销售活动。

（4）公众。影响人身保险营销的公众是指实际上或潜在地影响人身保险公司经营的任何团体或个人。公众的行为既能促进又能阻碍人身保险营销活动，所以人身保险公司在制订战略营销计划时要充分考虑到公众的利益和要求，采取对其有利的措施，发挥出公众对其营销活动的促进作用，将其限制作用尽可能地减小。

（5）人身保险公司的经营目标。经营目标是营销环境中的内部环境因素。公司要根据影响其发展的内、外部环境来制定经营目标、确定营销策略等。

（6）人身保险公司经营水平。公司的经营水平直接关系到其营销活动的进展情况，公司只有拥有高水平的经营管理能力才能有较好的人身保险营销计划，获得更多收入。公司的经营水平包括以下几点：承保水平、营销费用的承受能力、风险选择水平、营销渠道情况、人员素质水平、服务水平等。

（三）意义

人身保险营销具有重要的意义，主要有以下几点：

（1）人身保险营销不仅能满足客户对未来保障的需要，还能为客户提供高质量的保险产品，提高了保险保障质量。

（2）人身保险营销能帮助公司找到产品销售渠道，拓展销售范围，增加公司收入，这对于人身保险公司增加利润、适应激烈的市场竞争是很重要的。

（3）人身保险营销是人身保险公司经营的重要活动，对于公司进行风险经营的控制、保险商品成本、效益的衡量及不足之处加以改进具有重要意义。

（4）人身保险营销还能提高全社会各阶层人们的保险和保障意识。随着社会经济结构的变化，人口老龄化状态将是一个重要的社会问题，而人身保险能将人们面临的未来的不确定因素引起的后果加以保障。所以人身保险营销对于唤起全社会的风险意识、给社会公众带来保险保障、增强公司的竞争力也具有重要意义。

二、人身保险的营销渠道

保险营销渠道是指保险商品从保险公司向保户转移过程中所经过的途径。按照有无中介人参与的标准，可将保险营销渠道划分为直接营销渠道和间接营销渠道。

（一）直接营销渠道

直接营销渠道，也称直销制，是指保险公司利用支付薪金的业务人员对保险消费者直接提供各种保险险种的销售和服务。

在我国保险市场发展初期，保险公司大都采用直销制进行保险营销。但随着保险市场的发展，保险公司仅依靠自己的业务人员和分支机构进行保险营销是远远不够的，同时也会花费高额的成本。在现代保险市场上，保险公司在依靠自身的业务人员进行直接营销的同时，还要广泛地利用保险中介人进行间接营销。

（二）间接营销渠道

间接营销渠道，也称中介制，是指保险公司通过保险代理人和保险经纪人等中介机构推销保险商品。保险中介人不能真正代替保险人承担保险责任，只是参与、代办、推销或提供专门技术服务等各种保险活动，从而促成保险商品销售的实现。

1. 保险代理人及保险代理制度

保险代理人是根据保险人的委托，向保险人收取代理手续费，并在保险人授权的范围内代为办理保险业务的单位或者个人。保险代理制度是代理人代理保险公司招揽和经营保险业务的一种制度。

在我国，按照保险代理主体的性质将保险代理人分为专业代理人、兼业代理人和个人代理人。专业代理人是专门从事保险代理业务的保险代理公司，其组织形式为有限责任公司；兼业代理人是受保险人的委托，在从事自身业务的同时，指定专人为保险人代办保险业务的单位；个人代理人是根据保险人的委托，向保险人收取代理手续费，并在保险人授权的范围内代为办理保险业务的个人，俗称业务员。

➤ **扩展阅读**

首份保险业务员大样本调查出炉

2018年10月，北大汇丰风险管理与保险研究中心和保险行销集团保险资讯研究发展中心联合发布了《2018中国保险代理人基本生态调查》，这是行业首次针对国内保险从业人员进行的大样本线下调查。受访者来自北京、上海、天津、重庆、黑龙江、吉林、辽宁、河北、江苏、浙江、福建、江西、安徽、山东、湖北、湖南、广东、广西、海南、四川、云南、贵州、新疆、青海、西藏等18个省、4个直辖市、3个自治区的85个城市35家保险机构的营销团队，共回收问卷10399份。

问卷反馈数据显示，我国保险营销员总体特征可以概括为"以女性为主，学历偏低，男性成长性强"。从地域上看，相对于地级市和县乡，直辖市和省会城市吸引了更年轻、学历更高的保险营销人员。伴随着城市化进程的加快，小城市的经济发展水平正向大城市快速靠拢，对于保险营销人员的要求也将日益提高。80%的女性业务员从事保险行业，最重要的原因是时间自由，其次则是行业具有较大的发展前景；但近80%的男性选择保险行业，是因为其发展前景广阔。

同时，伴随行业的高速发展，行业格局快速变化，加上更多的同业竞争者不断进入保险中介行业，从业者普遍感受到销售工作的较大压力，感觉压力较大或很大的营销员占到了62.1%。但总的来看，这种压力是良性的，并没有影响到从业者对自身工作的基本态度。在职业前景方面，保险营销员对当前工作最主要的困惑是专业能力不够。随着保险产品的种类越来越丰富、设计越来越复杂，行业对于营销员个人知识水平的要求也越来越高。另外两个比较困扰保险营销人员的职业问题是保险营销工作的行业社会地位较低和缺乏成就感。事实上，解决了行业专业度的问题，这些困扰也就迎刃而解。

关于收入，约40%的保险营销员年完成保单数为12～24件，占比最大。从收入上看，约一半的保险营销员月收入在6000元以下，月收入2万元及以上的仅占9.2%。

800万营销员的平均年资为3年左右，相对较短，行业流动性大。业务员通过5年时间在行业站稳脚跟后，通常都能获得较高的收入。调查显示，从业5年以上的业务员，大部分都能做到收入过万，更有超过20%的业务员已经做到了月入2万元以上；在工作10年以上的业务员中，年完成保单数超过24件的比例达到63%，月收入1万元以上的则占到65%，月入2万元的达到了40%。

➤ **知识链接**

银行保险

目前，银保的合作模式主要有以下几种。

（1）分销协议模式，指银行借助其营业网点的优势销售保险产品，以期达到商业银行与保险公司交叉销售银保产品的目标，这种模式一般作为双方合作的早期模式，也是合作初期最常见的模式。

（2）战略联盟模式，银保双方通过利益共享、风险同担的形式建立起相互信任的伙伴关系，双方均在IT、人员培训等方面进行必要的投资以统一产品标准、承保服务标准、服务提供方式等。相比分销协议模式，战略联盟模式下的双方关系更加稳固，但共享的资源质量依旧较低，关键资源尚未实现共享。

（3）合资企业模式，该模式下，银行与保险公司在签订资本合作协议的基础上共同出资建立一家相对独立的合资公司，该公司由银行与保险公司共同控制，同享利益，同担风险。四大银行系保险公司——工银安盛人寿保险、建信人寿、农银人寿、中银人寿就是该模式下的典型（根据国内银保系寿险公司的经营实务，往往优先满足子公司）。合资公司的投入相对较高，经营压力也更大，同时面临着双方文化融合等问题。

（4）金融集团模式，这种模式一般由双方交叉持股、兼并收购等方式来实现银行和保险公司一体化的经营方式，平安集团就是这个模式下的典型例子。在这种合作模式中，新成立的控股公司可以完全自主推行发展战略，充分利用优势资源，降低交易成本，但不同企业文化和经营策略之间产生冲突的可能性仍然存在。典型案例如中国人寿和广发银行共同设立了国寿广发卡，在资金结算、资源共享、业务拓展等方面开展了广泛的合作，为一批机构客户提供了一揽子的融资和保险的解决方案。

在该四种模式下，银行和保险的公司合作均存在一定的优势和劣势，主要体现在合作成本、合作关系稳定度及交叉销售上。（见表8-9）

表8-9　银行保险合作模式及优缺点

合作模式	从银行角度看		从保险公司角度看	
	优点	缺点	优点	缺点
分销协议	费用较低，只需较少的投资就能增强销售能力；增加银行的中间业务收入	承保利润较低，控制权有限；与保险公司没有建立长久的合作关系，不利于长期共赢	边际成本较低，提升了销售能力；激发了销售其他金融产品的潜能	与银行的合作关系不是很稳固；银行在销售过程中处于主导地位；保险公司的控制权较低
合资公司	关系更加稳固；银行可以参与到保险产品的研发中；更好地参与银保业务并从其发展中获取经营经验	在退出机制上缺乏灵活性，不能轻易退出；前期投入成本较高且回报时间较长	能够获得稳定的渠道网点支持；与银行的合作关系更加稳固	要与银行共享承保利润；银行与保险公司不同的企业文化可能导致双方之间的冲突
销售联盟	银行与保险公司之间的销售代理关系较为稳固；通过排他准入原则在一定程度上降低了风险；可以集中精力进行产品的销售	合作的成功与否在很大程度上取决于选取的保险公司、提供的保险产品等的好坏，一旦出现差错难以在短时间内有回报	与银行的合作关系更为稳固；可以获得排他性的渠道网点支持；能够获得银行的数据库资源	经营压力较大；如果其产品在市场上没有优势或者公司的风险控制能力较差，可能会被银行减少网点资源合作
金融集团	拥有绝对的控制权；后期能够以易股方式建立新的附属公司；在集团内部实现协同效应与融合	收购成本较高；存在潜在的文化冲突与磨合时效；和银行的主营业务关系处理较为复杂	能够完全依赖银行进行产品销售；可以更加专注进行保险产品的研发；具有较多的话语权	投入成本和收购风险较高；存在潜在的文化冲突；需要花时间处理银行与保险公司之间的关系

2. 保险经纪人与保险经纪人制度

保险经纪人是基于投保人的利益，为投保人与保险人订立保险合同提供中介服务，并依法收取佣金的单位。保险经纪人制度是指保险人依靠保险经纪人争取保险业务、推销保险单的一种营销方式。我国在1995年才确立了保险经纪人的法律地位。

保险经纪人按险种可分为人寿保险经纪人、非人寿保险经纪人和再保险经纪人三种。人寿保险经纪人是指在人寿保险市场上代理保险客户选择保险人，代为办理投保手续，并从保险人处收取佣金的中介人。非人寿保险经纪人主要为保险人介绍财产保险、责任保险和信用保证保险等非寿险业务。他们比人寿保险市场上的经纪人更活跃，如在海上保险中，保险经纪人的作用十分突出，他们既深谙航海风险，又通晓保险知识，能为保险人寻求最佳保险保障。再保险经纪人是指专门从事再保险业务的特殊保险经纪人。再保险经纪人不仅介绍再保险业务，提供保险信息，而且在再保险合同有效期间内继续为再保险公司服务。再保险业务具有较强的国际性，事实上，每个国家的许多再保险业务都是通过再保险经纪人促成的，因此，充分利用再保险经纪人就显得十分重要。

➤ **新闻链接**

江泰保险经纪公司

江泰保险经纪股份有限公司（以下简称"江泰"）成立于 2000 年，是中国第一家保险经纪公司，江泰在人民大会堂人大常委会会议厅成功揭牌，标志着中国保险经纪市场启动。

江泰自成立以来，始终把"解决社会问题"作为企业发展的指导思想，以责任保险为突破口，运用市场机制合理化解医疗卫生、旅游、教育、安全生产等关系国计民生的社会矛盾，充分发挥责任保险在事前风险预防、事中风险控制、事后理赔服务等方面的功能作用，利用丰富的经验、领先的技术和多样化的风险与保险解决方案化解民事责任纠纷。

江泰立足国际化服务，致力于为客户提供全球的服务解决方案，通过自身组建的全球服务网络——江泰国际合作联盟，为客户提供包括海外投资、股权收购、海外工程、对外贸易在内的全流程风险与咨询服务。目前联盟可以为客户在全球 160 个国家和地区提供风险、保险、法律、税务、投融资等方面的咨询服务。

表 8-10　江泰保险经纪公司服务介绍

服务种类	服务内容	服务模式	服务介绍	服务优势
承包工程项目	保险经纪服务	江泰国际合作联盟	风险管理建议； 海外保险方案设计及安排（工程险、延迟完工险、责任险、人员险、设备财产险、货运险等工程相关险种）； 海外属地索赔管理服务； 中英文保单管理服务。	基于客户行业、工程所在地特点的风险建议及保险方案设计；符合海外法规监管的保险安排；类似携程的大规模集采优势，保证保费成本最低；专业的谈判能力，在索赔时争取最大利益。
	海外工程法律咨询服务	全球合作律所	业主方法律、付款能力尽职调查； 工程合同法律框架设计； 海外工程法律风险建议； 法律顾问服务。	中英文服务； 收费合理，无附加费用； 当地律师服务，对目的地情况了解； 国内—国外联动，效率高。

续表

服务种类	服务内容	服务模式	服务介绍	服务优势
海外投资项目	保险经纪服务	江泰国际合作联盟	投资方／贷款方风险管理建议； 保险方案设计及安排（工程险、财产险、跨国园区一揽子保险计划等）； 海外索赔管理服务； 中英文保单管理服务。	基于投资方风险的管理建议及保险方案设计； 符合海外法规监管的保险安排； 投资相关方（承包商、合资方、投资地相关方）风险统筹管理； 基于国内的全球保单设计； 高效的属地化服务。
	海外投资法律咨询	全球合作律所	投资地信息法律尽职调查； 投资项目法律尽职调查； 海外投资法律风险尽职调查； 海外融资法律顾问服务。	中英文服务； 收费合理，无附加费用； 当地律师服务，对目的地情况了解； 国内—国外联动，效率高。
	海外投资税务咨询	全球合作会计师事务所	投资地税务法律尽职调查； 投资项目税务、财务尽职调查； 海外投资税务风险尽职调查； 海外投资税务框架安排咨询服务。	中英文服务； 收费合理，无附加费用； 属地化税务服务，对目的地情况了解； 国内—国外联动，效率高。

➤　**课后思考**

1. **简答题**

（1）简述保险理财规划的概念和流程。

（2）简述保险在个人理财规划中的作用。

（3）简述人身保险营销渠道的分类。

2. **实训题**

请根据自己家庭的实际情况为自己及家人设计一份保险规划书。

单元测试

附录一：中国人身保险业经验生命表 2010—2013

非养老类业务—表男 CL1

年龄 (x)	死亡率 q_x	生存人数 l_x	死亡人数 d_x	生存人年数 L_x	T_x	平均余命 e_x^0
0	0.000867	1000000.00	867.00	999566.50	76420141.87	76.42
1	0.000615	999133.00	614.47	998825.77	75420575.37	75.49
2	0.000445	998518.53	444.34	998296.36	74421749.60	74.53
3	0.000339	998074.19	338.35	997905.02	73423453.24	73.57
4	0.00028	997735.85	279.37	997596.16	72425548.22	72.59
5	0.000251	997456.48	250.36	997331.30	71427952.06	71.61
6	0.000237	997206.12	236.34	997087.95	70430620.76	70.63
7	0.000233	996969.78	232.29	996853.63	69433532.81	69.64
8	0.000238	996737.49	237.22	996618.87	68436679.18	68.66
9	0.000250	996500.26	249.13	996375.70	67440060.30	67.68
10	0.000269	996251.14	267.99	996117.14	66443684.60	66.69
11	0.000293	995983.15	291.82	995837.23	65447567.46	65.71
12	0.000319	995691.32	317.63	995532.51	64451730.23	64.73
13	0.000347	995373.70	345.39	995201.00	63456197.72	63.75
14	0.000375	995028.30	373.14	994841.73	62460996.72	62.77
15	0.000402	994655.17	399.85	994455.24	61466154.98	61.80
16	0.000427	994255.32	424.55	994043.04	60471699.74	60.82
17	0.000449	993830.77	446.23	993607.65	59477656.70	59.85
18	0.000469	993384.54	465.90	993151.59	58484049.05	58.87
19	0.000489	992918.64	485.54	992675.87	57490897.46	57.90
20	0.000508	992433.10	504.16	992181.03	56498221.59	56.93
21	0.000527	991928.95	522.75	991667.57	55506040.56	55.96
22	0.000547	991406.20	542.30	991135.05	54514372.98	54.99
23	0.000568	990863.90	562.81	990582.50	53523237.93	54.02
24	0.000591	990301.09	585.27	990008.46	52532655.44	53.05
25	0.000615	989715.82	608.68	989411.49	51542646.98	52.08
26	0.000644	989107.15	636.99	988788.66	50553235.49	51.11
27	0.000675	988470.16	667.22	988136.55	49564446.84	50.14
28	0.000711	987802.95	702.33	987451.78	48576310.28	49.18
29	0.000751	987100.62	741.31	986729.96	47588858.50	48.21
30	0.000797	986359.31	786.13	985966.24	46602128.54	47.25
31	0.000847	985573.18	834.78	985155.79	45616162.30	46.28

年龄	死亡率	生存人数	死亡人数	生存人年数		平均余命
(x)	q_x	l_x	d_x	L_x	T_x	e_x^0
32	0.000903	984738.40	889.22	983373.98	43646712.72	44.36
33	0.000966	983849.18	950.40	982390.13	42663338.74	43.41
34	0.001035	982898.78	1017.30	981336.04	41680948.62	42.45
35	0.001111	981881.48	1090.87	980204.10	40699612.57	41.50
36	0.001196	980790.61	1173.03	978985.73	39719408.48	40.55
37	0.001290	979617.58	1263.71	977671.47	38740422.75	39.60
38	0.001395	978353.88	1364.80	976249.00	37762751.27	38.65
39	0.001515	976989.07	1480.14	974703.65	36786502.27	37.71
40	0.001651	975508.93	1610.57	973019.91	35811798.61	36.77
41	0.001804	973898.37	1756.91	971180.01	34838778.70	35.84
42	0.001978	972141.46	1922.90	969164.42	33867598.69	34.91
43	0.002173	970218.56	2108.28	966951.93	32898434.27	33.98
44	0.002393	968110.28	2316.69	964519.22	31931482.34	33.06
45	0.002639	965793.59	2548.73	961841.89	30966963.12	32.15
46	0.002913	963244.86	2805.93	958895.98	30005121.23	31.24
47	0.003213	960438.93	3085.89	955659.48	29046225.24	30.34
48	0.003538	957353.04	3387.12	952113.32	28090565.77	29.45
49	0.003884	953965.92	3705.20	948241.89	27138452.45	28.56
50	0.004249	950260.72	4037.66	944031.13	26190210.56	27.68
51	0.004633	946223.06	4383.85	939469.54	25246179.42	26.81
52	0.005032	941839.21	4739.33	934548.62	24306709.88	25.94
53	0.005445	937099.87	5102.51	929262.42	23372161.26	25.08
54	0.005869	931997.36	5469.89	923607.98	22442898.85	24.22
55	0.006302	926527.47	5838.98	917582.55	21519290.86	23.37
56	0.006747	920688.50	6211.89	911172.15	20601708.31	22.53
57	0.007227	914476.61	6608.92	904340.62	19690536.16	21.69
58	0.007770	907867.69	7054.13	897028.79	18786195.54	20.85
59	0.008403	900813.56	7569.54	889152.52	17889166.75	20.03
60	0.009161	893244.02	8183.01	880606.94	17000014.23	19.21
61	0.010065	885061.01	8908.14	871277.52	16119407.29	18.40
62	0.011129	876152.87	9750.71	861047.80	15248129.77	17.60
63	0.012360	866402.17	10708.73	849801.56	14387081.97	16.81
64	0.013771	855693.44	11783.75	837420.44	13537280.41	16.04
65	0.015379	843909.68	12978.49	823780.20	12699859.97	15.28
66	0.017212	830931.19	14301.99	808747.10	11876079.77	14.54
67	0.019304	816629.21	15764.21	792179.22	11067332.67	13.82
68	0.021691	800865.00	17371.56	773930.51	10275153.45	13.11
69	0.024411	783493.43	19125.86	753859.43	9501222.95	12.43

续表

年龄	死亡率	生存人数	死亡人数	生存人年数		平均余命
(x)	q_x	l_x	d_x	L_x	T_x	e_x^0
70	0.027495	764367.58	21016.29	731842.35	8747363.51	11.77
71	0.030965	743351.29	23017.87	707788.09	8015521.16	11.13
72	0.034832	720333.42	25090.65	681649.03	7307733.07	10.51
73	0.039105	695242.76	27187.47	653426.22	6626084.04	9.92
74	0.043796	668055.30	29258.15	623171.85	5972657.82	9.35
75	0.048921	638797.15	31250.60	590989.08	5349485.97	8.81
76	0.054506	607546.55	33114.93	557030.36	4758496.89	8.28
77	0.060586	574431.62	34802.51	521497.03	4201466.53	7.79
78	0.067202	539629.10	36264.16	484639.77	3679969.50	7.31
79	0.074400	503364.95	37450.35	446760.85	3195329.73	6.86
80	0.082220	465914.60	38307.50	408215.12	2748568.88	6.43
81	0.090700	427607.10	38783.96	369407.64	2340353.77	6.02
82	0.099868	388823.13	38830.99	330785.63	1970946.12	5.63
83	0.109754	349992.15	38413.04	292823.92	1640160.50	5.26
84	0.120388	311579.11	37510.39	256005.26	1347336.58	4.92
85	0.131817	274068.72	36126.92	220797.50	1091331.32	4.59
86	0.144105	237941.81	34288.60	187632.42	870533.82	4.27
87	0.157334	203653.20	32041.57	156886.58	682901.40	3.98
88	0.171609	171611.63	29450.10	128866.16	526014.82	3.70
89	0.187046	142161.53	26590.75	103796.14	397148.66	3.44
90	0.203765	115570.78	23549.28	81812.96	293352.52	3.19
91	0.221873	92021.50	20417.09	62959.94	211539.56	2.95
92	0.241451	71604.42	17288.96	47185.50	148579.63	2.74
93	0.262539	54315.46	14259.93	34345.04	101394.13	2.53
94	0.285129	40055.53	11420.99	24208.21	67049.10	2.34
95	0.309160	28634.54	8852.65	16473.08	42840.88	2.17
96	0.334529	19781.88	6617.61	10787.45	26367.81	2.00
97	0.361101	13164.27	4753.63	6775.92	15580.35	1.85
98	0.388727	8410.64	3269.44	4068.60	8804.43	1.71
99	0.417257	5141.20	2145.20	2327.07	4735.84	1.58
100	0.446544	2996.00	1337.84	1263.14	2408.76	1.45
101	0.476447	1658.15	790.02	648.13	1145.62	1.32
102	0.506830	868.13	439.99	313.06	497.49	1.16
103	0.537558	428.14	230.15	141.71	184.43	0.93
104	0.568497	197.99	112.56	42.72	42.72	0.50
105	1	85.43	85.43	42.72	42.72	0.50

非养老类业务—表女 CL2

年龄	死亡率	生存人数	死亡人数	生存人年数		平均余命
(x)	q_x	l_x	d_x	L_x	T_x	e_x^0
0	0.00062	1000000.00	620.00	999690.00	81707122.91	81.71
1	0.000456	999380.00	455.72	999152.14	80707432.91	80.76
2	0.000337	998924.28	336.64	998755.96	79708280.77	79.79
3	0.000256	998587.65	255.64	998459.83	78709524.81	78.82
4	0.000203	998332.01	202.66	998230.68	77711064.98	77.84
5	0.000170	998129.35	169.68	998044.50	76712834.31	76.86
6	0.000149	997959.66	148.70	997885.32	75714789.80	75.87
7	0.000137	997810.97	136.70	997742.62	74716904.49	74.88
8	0.000133	997674.27	132.69	997607.92	73719161.87	73.89
9	0.000136	997541.58	135.67	997473.74	72721553.95	72.90
10	0.000145	997405.91	144.62	997333.60	71724080.20	71.91
11	0.000157	997261.29	156.57	997183.00	70726746.60	70.92
12	0.000172	997104.72	171.50	997018.97	69729563.60	69.93
13	0.000189	996933.22	188.42	996839.00	68732544.64	68.94
14	0.000206	996744.79	205.33	996642.13	67735705.63	67.96
15	0.000221	996539.47	220.24	996429.35	66739063.50	66.97
16	0.000234	996319.23	233.14	996202.66	65742634.15	65.99
17	0.000245	996086.09	244.04	995964.07	64746431.49	65.00
18	0.000255	995842.05	253.94	995715.08	63750467.42	64.02
19	0.000262	995588.11	260.84	995457.69	62754752.34	63.03
20	0.000269	995327.27	267.74	995193.39	61759294.65	62.05
21	0.000274	995059.52	272.65	994923.20	60764101.26	61.07
22	0.000279	994786.88	277.55	994648.10	59769178.06	60.08
23	0.000284	994509.33	282.44	994368.11	58774529.95	59.10
24	0.000289	994226.89	287.33	994083.23	57780161.84	58.12
25	0.000294	993939.56	292.22	993793.45	56786078.62	57.13
26	0.000300	993647.34	298.09	993498.29	55792285.17	56.15
27	0.000307	993349.25	304.96	993196.77	54798786.87	55.17
28	0.000316	993044.29	313.80	992887.39	53805590.11	54.18
29	0.000327	992730.49	324.62	992568.18	52812702.72	53.20
30	0.000340	992405.86	337.42	992237.15	51820134.54	52.22
31	0.000356	992068.45	353.18	991891.86	50827897.39	51.23
32	0.000374	991715.27	370.90	991529.82	49836005.53	50.25
33	0.000397	991344.37	393.56	991147.59	48844475.71	49.27
34	0.000423	990950.80	419.17	990741.22	47853328.12	48.29
35	0.000454	990531.63	449.70	990306.78	46862586.91	47.31
36	0.000489	990081.93	484.15	989839.86	45872280.13	46.33
37	0.000530	989597.78	524.49	989335.54	44882440.27	45.35

续表

年龄	死亡率	生存人数	死亡人数	生存人年数		平均余命
(x)	q_x	l_x	d_x	L_x	T_x	e_x^0
38	0.000577	989073.29	570.70	988787.95	43893104.73	44.38
39	0.000631	988502.60	623.75	988190.73	42904316.79	43.40
40	0.000692	987878.85	683.61	987537.05	41916126.06	42.43
41	0.000762	987195.24	752.24	986819.12	40928589.01	41.46
42	0.000841	986443.00	829.60	986028.20	39941769.89	40.49
43	0.000929	985613.40	915.63	985155.58	38955741.69	39.52
44	0.001028	984697.77	1012.27	984191.63	37970586.11	38.56
45	0.001137	983685.50	1118.45	983126.27	36986394.48	37.60
46	0.001259	982567.05	1237.05	981948.52	36003268.21	36.64
47	0.001392	981329.99	1366.01	980646.99	35021319.69	35.69
48	0.001537	979963.98	1506.20	979210.88	34040672.70	34.74
49	0.001692	978457.78	1655.55	977630.00	33061461.82	33.79
50	0.001859	976802.23	1815.88	975894.29	32083831.82	32.85
51	0.002037	974986.35	1986.05	973993.33	31107937.53	31.91
52	0.002226	973000.30	2165.90	971917.35	30133944.20	30.97
53	0.002424	970834.41	2353.30	969657.75	29162026.85	30.04
54	0.002634	968481.10	2550.98	967205.61	28192369.10	29.11
55	0.002853	965930.12	2755.80	964552.22	27225163.48	28.19
56	0.003085	963174.33	2971.39	961688.63	26260611.26	27.26
57	0.003342	960202.93	3209.00	958598.43	25298922.63	26.35
58	0.003638	956993.93	3481.54	955253.16	24340324.19	25.43
59	0.003990	953512.39	3804.51	951610.13	23385071.03	24.53
60	0.004414	949707.88	4192.01	947611.87	22433460.90	23.62
61	0.004923	945515.87	4654.77	943188.48	21485849.03	22.72
62	0.005529	940861.09	5202.02	938260.08	20542660.55	21.83
63	0.006244	935659.07	5842.26	932737.94	19604400.47	20.95
64	0.007078	929816.81	6581.24	926526.19	18671662.53	20.08
65	0.008045	923235.57	7427.43	919521.86	17745136.34	19.22
66	0.009165	915808.14	8393.38	911611.45	16825614.48	18.37
67	0.010460	907414.76	9491.56	902668.98	15914003.03	17.54
68	0.011955	897923.20	10734.67	892555.86	15011334.05	16.72
69	0.013674	887188.53	12131.42	881122.82	14118778.19	15.91
70	0.015643	875057.11	13688.52	868212.85	13237655.36	15.13
71	0.017887	861368.59	15407.30	853664.94	12369442.51	14.36
72	0.020432	845961.29	17284.68	837318.95	11515777.57	13.61
73	0.023303	828676.61	19310.65	819021.29	10678458.61	12.89
74	0.026528	809365.96	21470.86	798630.53	9859437.32	12.18
75	0.030137	787895.10	23744.79	776022.70	9060806.79	11.50

年龄	死亡率	生存人数	死亡人数	生存人年数		平均余命
(x)	q_x	l_x	d_x	L_x	T_x	e_x^0
76	0.034165	764150.31	26107.20	751096.71	8284784.09	10.84
77	0.038653	738043.11	28527.58	723779.32	7533687.38	10.21
78	0.043648	709515.53	30968.93	694031.06	6809908.06	9.60
79	0.049205	678546.60	33387.89	661852.66	6115876.99	9.01
80	0.055385	645158.71	35732.12	627292.65	5454024.34	8.45
81	0.062254	609426.60	37939.24	590456.98	4826731.68	7.92
82	0.069880	571487.35	39935.54	551519.59	4236274.71	7.41
83	0.078320	531551.82	41631.14	510736.25	3684755.12	6.93
84	0.087611	489920.68	42922.44	468459.46	3174018.87	6.48
85	0.097754	446998.24	43695.87	425150.31	2705559.41	6.05
86	0.108704	403302.37	43840.58	381382.08	2280409.11	5.65
87	0.120371	359461.79	43268.78	337827.40	1899027.02	5.28
88	0.132638	316193.02	41939.21	295223.41	1561199.62	4.94
89	0.145395	274253.81	39875.13	254316.24	1265976.21	4.62
90	0.158572	234378.67	37165.90	215795.73	1011659.97	4.32
91	0.172172	197212.78	33954.52	180235.52	795864.24	4.04
92	0.186294	163258.26	30414.03	148051.24	615628.72	3.77
93	0.201129	132844.23	26718.83	119484.81	467577.48	3.52
94	0.216940	106125.40	23022.84	94613.98	348092.66	3.28
95	0.234026	83102.56	19448.16	73378.48	253478.69	3.05
96	0.252673	63654.40	16083.75	55612.52	180100.21	2.83
97	0.273112	47570.65	12992.12	41074.59	124487.69	2.62
98	0.295478	34578.53	10217.20	29469.94	83413.09	2.41
99	0.319794	24361.34	7790.61	20466.03	53943.16	2.21
100	0.345975	16570.73	5733.06	13704.20	33477.13	2.02
101	0.373856	10837.67	4051.73	8811.81	19772.93	1.82
102	0.403221	6785.94	2736.23	5417.83	10961.12	1.62
103	0.433833	4049.71	1756.90	3171.26	5543.29	1.37
104	0.465447	2292.81	1067.18	1759.22	2372.03	1.03
105	1	1225.63	1225.63	612.81	612.81	0.50

非养老类业务二表男 CL3

年龄	死亡率	生存人数	死亡人数	生存人年数		平均余命
(x)	q_x	l_x	d_x	L_x	T_x	e_x^0
0	0.00062	1000000.00	620.00	999690.00	80351120.93	80.35
1	0.000465	999380.00	464.71	999147.64	79351430.93	79.40
2	0.000353	998915.29	352.62	998738.98	78352283.29	78.44
3	0.000278	998562.67	277.60	998423.87	77353544.31	77.46
4	0.000229	998285.07	228.61	998170.77	76355120.44	76.49
5	0.000200	998056.46	199.61	997956.66	75356949.67	75.50
6	0.000182	997856.85	181.61	997766.05	74358993.01	74.52
7	0.000172	997675.24	171.60	997589.44	73361226.97	73.53
8	0.000171	997503.64	170.57	997418.36	72363637.53	72.54
9	0.000177	997333.07	176.53	997244.81	71366219.17	71.56
10	0.000187	997156.54	186.47	997063.31	70368974.36	70.57
11	0.000202	996970.07	201.39	996869.38	69371911.06	69.58
12	0.000220	996768.68	219.29	996659.04	68375041.68	68.60
13	0.000240	996549.40	239.17	996429.81	67378382.64	67.61
14	0.000261	996310.22	260.04	996180.21	66381952.83	66.63
15	0.000280	996050.19	278.89	995910.74	65385772.62	65.65
16	0.000298	995771.29	296.74	995622.92	64389861.88	64.66
17	0.000315	995474.55	313.57	995317.77	63394238.96	63.68
18	0.000331	995160.98	329.40	994996.28	62398921.20	62.70
19	0.000346	994831.58	344.21	994659.47	61403924.92	61.72
20	0.000361	994487.37	359.01	994307.86	60409265.44	60.74
21	0.000376	994128.36	373.79	993941.46	59414957.58	59.77
22	0.000392	993754.57	389.55	993559.79	58421016.12	58.79
23	0.000409	993365.01	406.29	993161.87	57427456.33	57.81
24	0.000428	992958.73	424.99	992746.24	56434294.45	56.83
25	0.000448	992533.74	444.66	992311.41	55441548.22	55.86
26	0.000471	992089.09	467.27	991855.45	54449236.80	54.88
27	0.000497	991621.81	492.84	991375.39	53457381.35	53.91
28	0.000526	991128.98	521.33	990868.31	52466005.96	52.94
29	0.000558	990607.64	552.76	990331.26	51475137.65	51.96
30	0.000595	990054.88	589.08	989760.34	50484806.39	50.99
31	0.000635	989465.80	628.31	989151.65	49495046.04	50.02
32	0.000681	988837.49	673.40	988500.79	48505894.40	49.05
33	0.000732	988164.09	723.34	987802.42	47517393.61	48.09
34	0.000788	987440.76	778.10	987051.70	46529591.18	47.12
35	0.000850	986662.65	838.66	986243.32	45542539.48	46.16
36	0.000919	985823.99	905.97	985371.00	44556296.16	45.20
37	0.000995	984918.02	979.99	984428.02	43570925.15	44.24

年龄	死亡率	生存人数	死亡人数	生存人年数		平均余命
(x)	q_x	l_x	d_x	L_x	T_x	e_x^0
38	0.001078	983938.02	1060.69	983407.68	42586497.13	43.28
39	0.001170	982877.34	1149.97	982302.36	41603089.45	42.33
40	0.001270	981727.37	1246.79	981103.98	40620787.10	41.38
41	0.001380	980480.58	1353.06	979804.05	39639683.12	40.43
42	0.001500	979127.52	1468.69	978393.17	38659879.08	39.48
43	0.001631	977658.82	1594.56	976861.54	37681485.91	38.54
44	0.001774	976064.26	1731.54	975198.49	36704624.36	37.60
45	0.001929	974332.72	1879.49	973392.98	35729425.87	36.67
46	0.002096	972453.24	2038.26	971434.11	34756032.89	35.74
47	0.002277	970414.97	2209.63	969310.16	33784598.78	34.81
48	0.002472	968205.34	2393.40	967008.64	32815288.63	33.89
49	0.002682	965811.94	2590.31	964516.78	31848279.99	32.98
50	0.002908	963221.63	2801.05	961821.10	30883763.21	32.06
51	0.003150	960420.58	3025.32	958907.92	29921942.10	31.16
52	0.003409	957395.26	3263.76	955763.37	28963034.19	30.25
53	0.003686	954131.49	3516.93	952373.03	28007270.81	29.35
54	0.003982	950614.57	3785.35	948721.89	27054897.78	28.46
55	0.004297	946829.22	4068.53	944794.96	26106175.89	27.57
56	0.004636	942760.69	4370.64	940575.37	25161380.93	26.69
57	0.004999	938390.05	4691.01	936044.55	24220805.56	25.81
58	0.005389	933699.04	5031.70	931183.19	23284761.01	24.94
59	0.005807	928667.34	5392.77	925970.95	22353577.82	24.07
60	0.006258	923274.57	5777.85	920385.64	21427606.86	23.21
61	0.006742	917496.72	6185.76	914403.83	20507221.22	22.35
62	0.007261	911310.95	6617.03	908002.44	19592817.39	21.50
63	0.007815	904693.92	7070.18	901158.83	18684814.95	20.65
64	0.008405	897623.74	7544.53	893851.48	17783656.12	19.81
65	0.009039	890079.21	8045.43	886056.50	16889804.64	18.98
66	0.009738	882033.79	8589.25	877739.16	16003748.14	18.14
67	0.010538	873444.54	9204.36	868842.36	15126008.98	17.32
68	0.011496	864240.18	9935.31	859272.53	14257166.61	16.50
69	0.012686	854304.88	10837.71	848886.02	13397894.08	15.68
70	0.014192	843467.17	11970.49	837481.92	12549008.06	14.88
71	0.016106	831496.68	13392.09	824800.64	11711526.14	14.08
72	0.018517	818104.60	15148.84	810530.17	10886725.50	13.31
73	0.021510	802955.75	17271.58	794319.96	10076195.32	12.55
74	0.025151	785684.17	19760.74	775803.80	9281875.36	11.81
75	0.029490	765923.43	22587.08	754629.89	8506071.56	11.11

续表

年龄	死亡率	生存人数	死亡人数	生存人年数		平均余命
(x)	q_x	l_x	d_x	L_x	T_x	e_x^0
76	0.034545	743336.35	25678.55	730497.07	7751441.67	10.43
77	0.040310	717657.80	28928.79	703193.40	7020944.60	9.78
78	0.046747	688729.01	32196.02	672631.00	6317751.19	9.17
79	0.053801	656532.99	35322.13	638871.93	5645120.19	8.60
80	0.061403	621210.86	38144.21	602138.76	5006248.26	8.06
81	0.069485	583066.65	40514.39	562809.46	4404109.50	7.55
82	0.077987	542552.27	42312.02	521396.25	3841300.05	7.08
83	0.086872	500240.24	43456.87	478511.81	3319903.79	6.64
84	0.096130	456783.37	43910.59	434828.08	2841391.98	6.22
85	0.105786	412872.79	43676.16	391034.71	2406563.90	5.83
86	0.115900	369196.63	42789.89	347801.68	2015529.20	5.46
87	0.126569	326406.74	41312.97	305750.25	1667727.52	5.11
88	0.137917	285093.76	39319.28	265434.12	1361977.27	4.78
89	0.150089	245774.49	36888.05	227330.46	1096543.14	4.46
90	0.163239	208886.44	34098.41	191837.23	869212.68	4.16
91	0.177519	174788.03	31028.20	159273.93	677375.45	3.88
92	0.193067	143759.83	27755.28	129882.19	518101.52	3.60
93	0.209999	116004.55	24360.84	103824.13	388219.33	3.35
94	0.228394	91643.71	20930.87	81178.27	284395.20	3.10
95	0.248299	70712.84	17557.93	61933.87	203216.92	2.87
96	0.269718	53154.91	14336.84	45986.49	141283.05	2.66
97	0.292621	38818.07	11358.98	33138.58	95296.56	2.45
98	0.316951	27459.09	8703.19	23107.50	62157.97	2.26
99	0.342628	18755.90	6426.30	15542.76	39050.48	2.08
100	0.369561	12329.61	4556.54	10051.34	23507.72	1.91
101	0.397652	7773.06	3090.97	6227.58	13456.38	1.73
102	0.426801	4682.09	1998.32	3682.93	7228.81	1.54
103	0.456906	2683.77	1226.23	2070.65	3545.88	1.32
104	0.487867	1457.54	711.09	1102.00	1475.22	1.01
105	1	746.45	746.45	373.23	373.23	0.50

非养老类业务二表女 CL4

年龄	死亡率	生存人数	死亡人数	生存人年数		平均余命
(x)	q_x	l_x	d_x	L_x	T_x	e_x^0
0	0.000455	1000000.00	455.00	999772.50	85437397.44	85.44
1	0.000324	999545.00	323.85	999383.07	84437624.94	84.48
2	0.000236	999221.15	235.82	999103.24	83438241.86	83.50
3	0.000180	998985.33	179.82	998895.42	82439138.62	82.52
4	0.000149	998805.51	148.82	998731.10	81440243.20	81.54
5	0.000131	998656.69	130.82	998591.28	80441512.10	80.55
6	0.000119	998525.87	118.82	998466.46	79442920.82	79.56
7	0.000110	998407.04	109.82	998352.13	78444454.36	78.57
8	0.000105	998297.22	104.82	998244.81	77446102.23	77.58
9	0.000103	998192.40	102.81	998140.99	76447857.42	76.59
10	0.000103	998089.58	102.80	998038.18	75449716.43	75.59
11	0.000105	997986.78	104.79	997934.39	74451678.25	74.60
12	0.000109	997881.99	108.77	997827.61	73453743.87	73.61
13	0.000115	997773.22	114.74	997715.85	72455916.26	72.62
14	0.000121	997658.48	120.72	997598.12	71458200.41	71.63
15	0.000128	997537.76	127.68	997473.92	70460602.29	70.63
16	0.000135	997410.08	134.65	997342.75	69463128.37	69.64
17	0.000141	997275.43	140.62	997205.12	68465785.62	68.65
18	0.000149	997134.81	148.57	997060.52	67468580.50	67.66
19	0.000156	996986.24	155.53	996908.47	66471519.97	66.67
20	0.000163	996830.71	162.48	996749.47	65474611.50	65.68
21	0.000170	996668.22	169.43	996583.51	64477862.03	64.69
22	0.000178	996498.79	177.38	996410.10	63481278.53	63.70
23	0.000185	996321.41	184.32	996229.25	62484868.42	62.72
24	0.000192	996137.09	191.26	996041.47	61488639.17	61.73
25	0.000200	995945.84	199.19	995846.24	60492597.70	60.74
26	0.000208	995746.65	207.12	995643.09	59496751.46	59.75
27	0.000216	995539.53	215.04	995432.01	58501108.37	58.76
28	0.000225	995324.50	223.95	995212.52	57505676.36	57.78
29	0.000235	995100.55	233.85	994983.62	56510463.84	56.79
30	0.000247	994866.70	245.73	994743.83	55515480.21	55.80
31	0.000261	994620.97	259.60	994491.17	54520736.38	54.82
32	0.000277	994361.37	275.44	994223.65	53526245.21	53.83
33	0.000297	994085.93	295.24	993938.31	52532021.56	52.84
34	0.000319	993790.69	317.02	993632.18	51538083.25	51.86
35	0.000346	993473.67	343.74	993301.80	50544451.07	50.88
36	0.000376	993129.93	373.42	992943.22	49551149.27	49.89
37	0.000411	992756.51	408.02	992552.50	48558206.05	48.91

续表

年龄	死亡率	生存人数	死亡人数	生存人年数		平均余命
(x)	q_x	l_x	d_x	L_x	T_x	e_x^0
38	0.00045	992348.49	446.56	992125.21	47565653.55	47.93
39	0.000494	991901.93	490.00	991656.93	46573528.34	46.95
40	0.000542	991411.93	537.35	991143.26	45581871.41	45.98
41	0.000595	990874.59	589.57	990579.80	44590728.15	45.00
42	0.000653	990285.02	646.66	989961.69	43600148.35	44.03
43	0.000715	989638.36	707.59	989284.56	42610186.67	43.06
44	0.000783	988930.77	774.33	988543.60	41620902.10	42.09
45	0.000857	988156.44	846.85	987733.01	40632358.50	41.12
46	0.000935	987309.59	923.13	986848.02	39644625.49	40.15
47	0.001020	986386.45	1006.11	985883.39	38657777.47	39.19
48	0.001112	985380.34	1095.74	984832.47	37671894.08	38.23
49	0.001212	984284.59	1192.95	983688.12	36687061.61	37.27
50	0.001321	983091.64	1298.66	982442.31	35703373.49	36.32
51	0.001439	981792.98	1412.80	981086.58	34720931.18	35.36
52	0.001568	980380.18	1537.24	979611.56	33739844.61	34.42
53	0.001709	978842.94	1672.84	978006.52	32760233.05	33.47
54	0.001861	977170.10	1818.51	976260.84	31782226.53	32.52
55	0.002027	975351.58	1977.04	974363.07	30805965.69	31.58
56	0.002208	973374.55	2149.21	972299.94	29831602.62	30.65
57	0.002403	971225.34	2333.85	970058.41	28859302.68	29.71
58	0.002613	968891.48	2531.71	967625.62	27889244.27	28.78
59	0.002840	966359.77	2744.46	964987.54	26921618.65	27.86
60	0.003088	963615.31	2975.64	962127.48	25956631.11	26.94
61	0.003366	960639.66	3233.51	959022.91	24994503.62	26.02
62	0.003684	957406.15	3527.08	955642.61	24035480.72	25.10
63	0.004055	953879.06	3867.98	951945.08	23079838.11	24.20
64	0.004495	950011.09	4270.30	947875.94	22127893.04	23.29
65	0.005016	945740.79	4743.84	943368.87	21180017.10	22.40
66	0.005626	940996.95	5294.05	938349.93	20236648.23	21.51
67	0.006326	935702.90	5919.26	932743.27	19298298.31	20.62
68	0.007115	929783.64	6615.41	926475.94	18365555.04	19.75
69	0.008000	923168.23	7385.35	919475.56	17439079.10	18.89
70	0.009007	915782.89	8248.46	911658.66	16519603.54	18.04
71	0.010185	907534.43	9243.24	902912.81	15607944.88	17.20
72	0.011606	898291.19	10425.57	893078.41	14705032.06	16.37
73	0.013353	887865.63	11855.67	881937.79	13811953.65	15.56
74	0.015508	876009.96	13585.16	869217.37	12930015.86	14.76
75	0.018134	862424.79	15639.21	854605.19	12060798.49	13.98

年龄	死亡率	生存人数	死亡人数	生存人年数		平均余命
(x)	q_x	l_x	d_x	L_x	T_x	e_x^0
76	0.021268	846785.58	18009.44	837780.86	11206193.30	13.23
77	0.024916	828776.15	20649.79	818451.25	10368412.44	12.51
78	0.029062	808126.36	23485.77	796383.48	9549961.18	11.82
79	0.033674	784640.59	26421.99	771429.60	8753577.71	11.16
80	0.038718	758218.60	29356.71	743540.25	7982148.11	10.53
81	0.044160	728861.90	32186.54	712768.63	7238607.86	9.93
82	0.049977	696675.36	34817.74	679266.48	6525839.23	9.37
83	0.056157	661857.61	37167.94	643273.64	5846572.75	8.83
84	0.062695	624689.67	39164.92	605107.21	5203299.11	8.33
85	0.069596	585524.75	40750.18	565149.66	4598191.89	7.85
86	0.076863	544774.57	41873.01	523838.07	4033042.23	7.40
87	0.084501	502901.57	42495.69	481653.72	3509204.16	6.98
88	0.092504	460405.88	42589.39	439111.19	3027550.44	6.58
89	0.100864	417816.49	42142.64	396745.17	2588439.25	6.20
90	0.109567	375673.85	41161.46	355093.12	2191694.08	5.83
91	0.118605	334512.39	39674.84	314674.97	1836600.96	5.49
92	0.127985	294837.55	37734.78	275970.16	1521925.98	5.16
93	0.137743	257102.77	35414.11	239395.71	1245955.82	4.85
94	0.147962	221688.66	32801.50	205287.91	1006560.11	4.54
95	0.158777	188887.16	29990.94	173891.70	801272.19	4.24
96	0.170380	158896.23	27072.74	145359.86	627380.50	3.95
97	0.183020	131823.49	24126.33	119760.32	482020.64	3.66
98	0.196986	107697.15	21214.83	97089.74	362260.32	3.36
99	0.212604	86482.32	18386.49	77289.08	265170.58	3.07
100	0.230215	68095.83	15676.68	60257.49	187881.51	2.76
101	0.250172	52419.15	13113.80	45862.25	127624.01	2.43
102	0.272831	39305.35	10723.72	33943.49	81761.76	2.08
103	0.298551	28581.63	8533.07	24315.09	47818.28	1.67
104	0.327687	20048.56	6569.65	16763.73	23503.18	1.17
105	1	13478.90	13478.90	6739.45	6739.45	0.50

养老类业务表男 CL5

年龄	死亡率	生存人数	死亡人数	生存人年数		平均余命
(x)	q_x	l_x	d_x	L_x	T_x	e_x^0
0	0.000566	1000000.00	566.00	999717.00	83128896.54	83.13
1	0.000386	999434.00	385.78	999241.11	82129179.54	82.18
2	0.000268	999048.22	267.74	998914.35	81129938.43	81.21
3	0.000196	998780.47	195.76	998682.59	80131024.09	80.23
4	0.000158	998584.71	157.78	998505.82	79132341.50	79.24
5	0.000141	998426.94	140.78	998356.55	78133835.67	78.26
6	0.000132	998286.16	131.77	998220.27	77135479.12	77.27
7	0.000129	998154.38	128.76	998090.00	76137258.85	76.28
8	0.000131	998025.62	130.74	997960.25	75139168.85	75.29
9	0.000137	997894.88	136.71	997826.53	74141208.60	74.30
10	0.000146	997758.17	145.67	997685.33	73143382.07	73.31
11	0.000157	997612.50	156.63	997534.18	72145696.74	72.32
12	0.000170	997455.87	169.57	997371.09	71148162.56	71.33
13	0.000184	997286.30	183.50	997194.55	70150791.47	70.34
14	0.000197	997102.80	196.43	997004.59	69153596.91	69.35
15	0.000208	996906.37	207.36	996802.70	68156592.33	68.37
16	0.000219	996699.02	218.28	996589.88	67159789.63	67.38
17	0.000227	996480.74	226.20	996367.64	66163199.75	66.40
18	0.000235	996254.54	234.12	996137.48	65166832.11	65.41
19	0.000241	996020.42	240.04	995900.40	64170694.63	64.43
20	0.000248	995780.38	246.95	995656.90	63174794.23	63.44
21	0.000256	995533.43	254.86	995406.00	62179137.33	62.46
22	0.000264	995278.57	262.75	995147.19	61183731.33	61.47
23	0.000273	995015.81	271.64	994880.00	60188584.14	60.49
24	0.000284	994744.18	282.51	994602.92	59193704.15	59.51
25	0.000297	994461.67	295.36	994313.99	58199101.22	58.52
26	0.000314	994166.31	312.17	994010.23	57204787.23	57.54
27	0.000333	993854.14	330.95	993688.67	56210777.00	56.56
28	0.000354	993523.19	351.71	993347.34	55217088.34	55.58
29	0.000379	993171.48	376.41	992983.28	54223741.00	54.60
30	0.000407	992795.07	404.07	992593.04	53230757.72	53.62
31	0.000438	992391.00	434.67	992173.67	52238164.68	52.64
32	0.000472	991956.34	468.20	991722.24	51245991.01	51.66
33	0.000509	991488.13	504.67	991235.80	50254268.77	50.69
34	0.000549	990983.47	544.05	990711.44	49263032.97	49.71
35	0.000592	990439.42	586.34	990146.25	48272321.53	48.74
36	0.000639	989853.08	632.52	989536.82	47282175.29	47.77
37	0.000690	989220.56	682.56	988879.28	46292638.47	46.80

年龄	死亡率	生存人数	死亡人数	生存人年数		平均余命
(x)	q_x	l_x	d_x	L_x	T_x	e_x^0
38	0.000746	988538.00	737.45	988169.27	45303759.19	45.83
39	0.000808	987800.55	798.14	987401.48	44315589.91	44.86
40	0.000878	987002.41	866.59	986569.11	43328188.44	43.90
41	0.000955	986135.82	941.76	985664.94	42341619.33	42.94
42	0.001041	985194.06	1025.59	984681.26	41355954.39	41.98
43	0.001138	984168.47	1119.98	983608.48	40371273.12	41.02
44	0.001245	983048.49	1223.90	982436.54	39387664.64	40.07
45	0.001364	981824.59	1339.21	981154.99	38405228.10	39.12
46	0.001496	980485.38	1466.81	979751.98	37424073.12	38.17
47	0.001641	979018.58	1606.57	978215.29	36444321.14	37.23
48	0.001798	977412.01	1757.39	976533.31	35466105.84	36.29
49	0.001967	975654.62	1919.11	974695.06	34489572.53	35.35
50	0.002148	973735.51	2091.58	972689.72	33514877.46	34.42
51	0.002340	971643.92	2273.65	970507.10	32542187.75	33.49
52	0.002544	969370.28	2466.08	968137.24	31571680.65	32.57
53	0.002759	966904.20	2667.69	965570.36	30603543.41	31.65
54	0.002985	964236.51	2878.25	962797.39	29637973.05	30.74
55	0.003221	961358.27	3096.53	959810.00	28675175.66	29.83
56	0.003469	958261.73	3324.21	956599.63	27715365.67	28.92
57	0.003731	954937.52	3562.87	953156.08	26758766.04	28.02
58	0.004014	951374.65	3818.82	949465.24	25805609.96	27.12
59	0.004323	947555.83	4096.28	945507.69	24856144.72	26.23
60	0.004660	943459.55	4396.52	941261.29	23910637.03	25.34
61	0.005034	939063.03	4727.24	936699.40	22969375.74	24.46
62	0.005448	934335.78	5090.26	931790.65	22032676.34	23.58
63	0.005909	929245.52	5490.91	926500.06	21100885.69	22.71
64	0.006422	923754.61	5932.35	920788.43	20174385.62	21.84
65	0.006988	917822.26	6413.74	914615.39	19253597.19	20.98
66	0.007610	911408.51	6935.82	907940.61	18338981.81	20.12
67	0.008292	904472.70	7499.89	900722.75	17431041.20	19.27
68	0.009046	896972.81	8114.02	892915.80	16530318.45	18.43
69	0.009897	888858.79	8797.04	884460.27	15637402.65	17.59
70	0.010888	880061.76	9582.11	875270.70	14752942.37	16.76
71	0.012080	870479.64	10515.39	865221.95	13877671.67	15.94
72	0.013550	859964.25	11652.52	854137.99	13012449.73	15.13
73	0.015387	848311.73	13052.97	841785.25	12158311.73	14.33
74	0.017686	835258.76	14772.39	827872.57	11316526.49	13.55
75	0.020539	820486.38	16851.97	812060.39	10488653.92	12.78

续表

年龄	死亡率	生存人数	死亡人数	生存人年数		平均余命
(x)	q_x	l_x	d_x	L_x	T_x	e_x^0
76	0.024017	803634.41	19300.89	793983.96	9676593.53	12.04
77	0.028162	784333.52	22088.40	773289.32	8882609.56	11.33
78	0.032978	762245.12	25137.32	749676.46	8109320.25	10.64
79	0.038437	737107.80	28332.21	722941.69	7359643.79	9.98
80	0.044492	708775.59	31534.84	693008.16	6636702.10	9.36
81	0.051086	677240.74	34597.52	659941.98	5943693.93	8.78
82	0.058173	642643.22	37384.48	623950.98	5283751.95	8.22
83	0.065722	605258.74	39778.81	585369.33	4659800.97	7.70
84	0.073729	565479.92	41692.27	544633.79	4074431.64	7.21
85	0.082223	523787.65	43067.39	502253.96	3529797.85	6.74
86	0.091239	480720.26	43860.44	458790.04	3027543.89	6.30
87	0.100900	436859.83	44079.16	414820.25	2568753.85	5.88
88	0.111321	392780.67	43724.74	370918.30	2153933.60	5.48
89	0.122608	349055.93	42797.05	327657.41	1783015.30	5.11
90	0.134870	306258.88	41305.14	285606.31	1455357.89	4.75
91	0.148212	264953.75	39269.32	245319.08	1169751.58	4.41
92	0.162742	225684.42	36728.33	207320.26	924432.49	4.10
93	0.178566	188956.09	33741.13	172085.52	717112.24	3.80
94	0.195793	155214.96	30390.00	140019.95	545026.72	3.51
95	0.214499	124824.95	26774.83	111437.54	405006.76	3.24
96	0.234650	98050.13	23007.46	86546.39	293569.22	2.99
97	0.256180	75042.66	19224.43	65430.45	207022.83	2.76
98	0.279025	55818.23	15574.68	48030.89	141592.38	2.54
99	0.303120	40243.55	12198.63	34144.24	93561.49	2.32
100	0.328401	28044.93	9209.98	23439.94	59417.25	2.12
101	0.354803	18834.94	6682.69	15493.60	35977.31	1.91
102	0.382261	12152.25	4645.33	9829.58	20483.72	1.69
103	0.410710	7506.92	3083.17	5965.34	10654.13	1.42
104	0.440086	4423.75	1946.83	3450.34	4688.80	1.06
105	1	2476.92	2476.92	1238.46	1238.46	0.50

养老类业务表女 CL6

年龄	死亡率	生存人数	死亡人数	生存人年数		平均余命
(x)	q_x	l_x	d_x	L_x	T_x	e_x^0
0	0.000453	1000000.00	453.00	999773.50	88131288.79	88.13
1	0.000289	999547.00	288.87	999402.57	87131515.29	87.17
2	0.000184	999258.13	183.86	999166.20	86132112.73	86.20
3	0.000124	999074.27	123.89	999012.32	85132946.53	85.21
4	0.000095	998950.38	94.90	998902.93	84133934.20	84.22
5	0.000084	998855.48	83.90	998813.53	83135031.27	83.23
6	0.000078	998771.58	77.90	998732.63	82136217.74	82.24
7	0.000074	998693.67	73.90	998656.72	81137485.12	81.24
8	0.000072	998619.77	71.90	998583.82	80138828.39	80.25
9	0.000072	998547.87	71.90	998511.92	79140244.57	79.26
10	0.000074	998475.97	73.89	998439.03	78141732.65	78.26
11	0.000077	998402.09	76.88	998363.65	77143293.62	77.27
12	0.000080	998325.21	79.87	998285.28	76144929.97	76.27
13	0.000085	998245.34	84.85	998202.92	75146644.69	75.28
14	0.000090	998160.49	89.83	998115.58	74148441.78	74.29
15	0.000095	998070.66	94.82	998023.25	73150326.20	73.29
16	0.000100	997975.84	99.80	997925.94	72152302.95	72.30
17	0.000105	997876.04	104.78	997823.66	71154377.01	71.31
18	0.000110	997771.27	109.75	997716.39	70156553.35	70.31
19	0.000115	997661.51	114.73	997604.15	69158836.96	69.32
20	0.000120	997546.78	119.71	997486.93	68161232.81	68.33
21	0.000125	997427.08	124.68	997364.74	67163745.88	67.34
22	0.000129	997302.40	128.65	997238.07	66166381.15	66.35
23	0.000134	997173.75	133.62	997106.94	65169143.07	65.35
24	0.000139	997040.12	138.59	996970.83	64172036.14	64.36
25	0.000144	996901.54	143.55	996829.76	63175065.31	63.37
26	0.000149	996757.98	148.52	996683.72	62178235.55	62.38
27	0.000154	996609.47	153.48	996532.73	61181551.83	61.39
28	0.000160	996455.99	159.43	996376.27	60185019.10	60.40
29	0.000167	996296.55	166.38	996213.36	59188642.83	59.41
30	0.000175	996130.17	174.32	996043.01	58192429.46	58.42
31	0.000186	995955.85	185.25	995863.23	57196386.45	57.43
32	0.000198	995770.60	197.16	995672.02	56200523.23	56.44
33	0.000213	995573.44	212.06	995467.41	55204851.21	55.45
34	0.000231	995361.38	229.93	995246.42	54209383.80	54.46
35	0.000253	995131.45	251.77	995005.57	53214137.38	53.47
36	0.000277	994879.69	275.58	994741.89	52219131.81	52.49
37	0.000305	994604.10	303.35	994452.43	51224389.91	51.50

续表

年龄	死亡率	生存人数	死亡人数	生存人年数		平均余命
(x)	q_x	l_x	d_x	L_x	T_x	e_x^0
38	0.000337	994300.75	335.08	994133.21	50229937.49	50.52
39	0.000372	993965.67	369.76	993780.79	49235804.27	49.53
40	0.000410	993595.92	407.37	993392.23	48242023.48	48.55
41	0.000450	993188.54	446.93	992965.07	47248631.25	47.57
42	0.000494	992741.61	490.41	992496.40	46255666.18	46.59
43	0.000540	992251.19	535.82	991983.28	45263169.78	45.62
44	0.000589	991715.38	584.12	991423.32	44271186.50	44.64
45	0.000640	991131.26	634.32	990814.09	43279763.18	43.67
46	0.000693	990496.93	686.41	990153.72	42288949.09	42.69
47	0.000750	989810.52	742.36	989439.34	41298795.36	41.72
48	0.000811	989068.16	802.13	988667.09	40309356.02	40.75
49	0.000877	988266.03	866.71	987832.67	39320688.93	39.79
50	0.000950	987399.32	938.03	986930.30	38332856.26	38.82
51	0.001031	986461.29	1017.04	985952.77	37345925.96	37.86
52	0.001120	985444.24	1103.70	984892.40	36359973.19	36.90
53	0.001219	984340.55	1199.91	983740.59	35375080.80	35.94
54	0.001329	983140.64	1306.59	982487.34	34391340.21	34.98
55	0.001450	981834.04	1423.66	981122.21	33408852.87	34.03
56	0.001585	980410.38	1553.95	979633.41	32427730.65	33.08
57	0.001736	978856.43	1699.29	978006.79	31448097.25	32.13
58	0.001905	977157.14	1861.48	976226.40	30470090.46	31.18
59	0.002097	975295.65	2045.19	974273.06	29493864.07	30.24
60	0.002315	973250.46	2253.07	972123.92	28519591.01	29.30
61	0.002561	970997.38	2486.72	969754.02	27547467.09	28.37
62	0.002836	968510.66	2746.70	967137.31	26577713.07	27.44
63	0.003137	965763.96	3029.60	964249.16	25610575.76	26.52
64	0.003468	962734.36	3338.76	961064.98	24646326.59	25.60
65	0.003835	959395.60	3679.28	957555.96	23685261.61	24.69
66	0.004254	955716.32	4065.62	953683.51	22727705.66	23.78
67	0.004740	951650.70	4510.82	949395.29	21774022.15	22.88
68	0.005302	947139.88	5021.74	944629.01	20824626.86	21.99
69	0.005943	942118.14	5599.01	939318.64	19879997.85	21.10
70	0.006660	936519.13	6237.22	933400.52	18940679.22	20.22
71	0.007460	930281.91	6939.90	926811.96	18007278.69	19.36
72	0.008369	923342.01	7727.45	919478.29	17080466.73	18.50
73	0.009436	915614.56	8639.74	911294.69	16160988.45	17.65
74	0.010730	906974.82	9731.84	902108.90	15249693.75	16.81
75	0.012332	897242.98	11064.80	891710.58	14347584.85	15.99

年龄	死亡率	生存人数	死亡人数	生存人年数		平均余命
(x)	q_x	l_x	d_x	L_x	T_x	e_x^0
76	0.014315	886178.18	12685.64	879835.36	13455874.27	15.18
77	0.016734	873492.54	14617.02	866184.03	12576038.91	14.40
78	0.019619	858875.52	16850.28	850450.38	11709854.88	13.63
79	0.022971	842025.24	19342.16	832354.16	10859404.50	12.90
80	0.026770	822683.08	22023.23	811671.46	10027050.34	12.19
81	0.030989	800659.85	24811.65	788254.03	9215378.88	11.51
82	0.035598	775848.20	27618.64	762038.88	8427124.85	10.86
83	0.040576	748229.56	30360.16	733049.48	7665085.97	10.24
84	0.045915	717869.40	32960.97	701388.91	6932036.49	9.66
85	0.051616	684908.42	35352.23	667232.31	6230647.58	9.10
86	0.057646	649556.19	37444.32	630834.03	5563415.28	8.56
87	0.064084	612111.87	39226.58	592498.58	4932581.25	8.06
88	0.070942	572885.30	40641.63	552564.48	4340082.66	7.58
89	0.078241	532243.67	41643.28	511422.03	3787518.18	7.12
90	0.086003	490600.39	42193.11	469503.84	3276096.15	6.68
91	0.094249	448407.29	42261.94	427276.32	2806592.31	6.26
92	0.103002	406145.35	41833.78	385228.46	2379316.00	5.86
93	0.112281	364311.56	40905.27	343858.93	1994087.54	5.47
94	0.122109	323406.30	39490.82	303660.89	1650228.61	5.10
95	0.132540	283915.48	37630.16	265100.40	1346567.72	4.74
96	0.143757	246285.32	35405.24	228582.70	1081467.32	4.39
97	0.155979	210880.08	32892.86	194433.65	852884.62	4.04
98	0.169421	177987.22	30154.77	162909.83	658450.97	3.70
99	0.184301	147832.44	27245.67	134209.61	495541.14	3.35
100	0.200836	120586.78	24218.17	108477.69	361331.53	3.00
101	0.219242	96368.61	21128.05	85804.59	252853.84	2.62
102	0.239737	75240.56	18037.95	66221.59	167049.25	2.22
103	0.262537	57202.62	15017.80	49693.72	100827.66	1.76
104	0.287859	42184.81	12143.28	36113.17	51133.94	1.21
105	1	30041.54	30041.54	15020.77	15020.77	0.50

附录二：保险公司意外伤害保险职业分类表

大分类	中分类	小分类	职业类别
00 一般职业	0001 机关、团体、公司	000101 公务员、职员	1
		000102 维修工、司机	2
		000103 其他工作员	1
01 农牧业	0101 农业	010101 种植业者	1
		010102 养殖业者	2
		010103 果农	2
		010104 苗圃工	1
		010105 农业管理人员（不亲自作业）	1
		010106 农业技师	2
		010107 农业工人	2
		010108 农业机械操作或维修人员	3
		010109 农业实验人员	1
		010110 农副特产品加工人员	2
		010111 热带作物生产人员	2
	0102 畜牧业	010201 畜牧管理人员（不亲自作业）	1
		010202 圈牧人员	2
		010203 放牧人员	3
		010204 兽医	1
		010205 动物疫病防治人员	1
		010206 实验动物饲养人员	2
		010207 草业生产人员	2
		010208 家禽、家畜等饲养人员	2
		010209 其他畜牧业生产人员	2
02 渔业	0201 内陆渔业	020101 渔场管理人员（不亲自作业）	1
		020102 渔场管理人员（亲自作业）	2
		020103 养殖工人（内陆）	2
		020104 养殖工人（沿海）	4
		020105 捕鱼人（内陆）	3
		020107 水产实验人员（室内）	1
		020108 捕鱼人（沿海）	4
		020109 水产品外加工人员	1
	0202 海上渔业	020201 海洋渔船船员 020202 近海渔业 　　　船长等管理人员 　　　工程师 　　　大副、二副、三副	特别费率

大分类	中分类	小分类	职业类别
02 渔业	0202 海上渔业	甲板手 捕鱼人 厨师 雷达操作员 020203 远洋渔业 船长等管理人员 工程师 大副、二副、三副 甲板手 捕鱼人 厨师 雷达操作员	特别费率
03 木材森林业	0301 造林业	030101 山林管理员	2
		030102 山地造林工人	3
		030103 森林防火员	6
		030104 平地育苗人员	1
		030105 实验室育苗栽培人员	1
	0302 砍伐业	030201 生产行政管理员	2
		030202 伐木工人	5
		030203 运材车辆司机及押运人员	5
		030204 起重机操作工人	4
		030205 装运工人	5
		030206 领班	4
		030207 木材工厂现场工作人员	3
	0303 木材加工业	030301 一般工作人员	2
		030302 技术人员	2
		030303 锯木工人	4
		030304 防腐剂工人	3
		030305 木材储藏槽工人	3
		030306 木材搬运工人	3
		030307 吊车操作人员	2
		030308 领班	2
		030309 合板制造工人	3
	0304 森林资源 管护人员	030401 护林员	3
		030402 森林病虫害防治员	2
		030403 其他森林资源管护人员	2

续表

大分类	中分类	小分类	职业类别
03 木材森林业	0305 野生动植物 保护及自然 保护区人员	030501 野生动物保护人员	3
		030502 野生植物保护人员	2
		030503 自然保护区巡护监测员	2
		030504 标本员	2
04 矿业采石业	0401 坑外作业	040101 生产管理人员（不到现场）	1
		040102 矿业工程师、技师、领班	2
		040103 采石、采矿作业人员	5
		040104 油矿、钻勘作业人员	5
		040105 其他作业人员	3
		040106 其他工作人员	2
		040107 工矿安全人员	2
		040108 其他矿物处理人员	4
		040109 生产管理人员（现场监督）	2
	0402 坑道内作业	**国有统配煤矿**	
		040201 生产技术管理人员	4
		040202 采掘工	特别费率
		040203 其他作业人员	5
		地方国有煤矿	
		040204 生产技术管理人员	5
		040205 采掘工	特别费率
		040206 其他作业人员	6
		城镇集体企业煤矿	
		040207 生产技术管理人员	特别费率
		040208 采掘工	特别费率
		040209 其他作业人员	特别费率
		乡镇煤矿	
		040210 个人私营煤矿	咨询总公司
	0403 海上作业	040301 所有作业人员 潜水人员咨询总公司	特别费率
	0404 陆上油矿开采业	040401 行政人员	1
		040402 工程师	1
		040403 技术员	1
		040404 油气井清洁保养修护工	4
		040405 钻勘设备装修保养工	4
		040406 钻油井工人	5
		040407 石油、天然气开采人员	5
		040408 其他勘探及矿物开采人员	5

大分类	中分类	小分类	职业类别
04 矿业采石业	0405 海上油矿开采业	040501 行政人员	1
		040502 工程师	1
		040503 技术员	1
		040504 油气井清洁保养修护工	4
		040505 钻勘设备装修保养工	4
		040506 钻油井工人	6
		040507 石油、天然气开采人员	6
		040508 其他勘探及矿物开采人员	5
05 交通运输业	0501 陆运	050101 一般工作人员（不参与驾驶者）	1
		050103 出租车司机	3
		050104 游览车客运车司机及服务员	3
		050105 人力三轮车夫	3
		050106 拖拉机驾驶人员	5
		050107 机动三轮车夫	5
		050108 营业用货车司机及随车人员（公司名小货车跟车4类）	6
		050109 装卸工人	4
		050110 砂石车司机及随车人员	6
		050111 工程卡车人员	5
		050112 液化、汽化油罐车人员	6
		050113 缆车操作员	3
		050114 拖吊车驾驶及工作人员	4
		050115 救护车驾驶员	3
	0502 铁路	050201 一般工作人员	1
		050202 车站清洁工人	2
		050203 随车人员（技术人员除外）	2
		050204 驾驶员	3
		050205 燃料填充员	3
		050206 机、电工	3
		050207 修理厂一般工作人员	1
		050208 修理厂技工	3
		050209 修路工	5
		050210 铁路维护工	5
		050211 道口看守人员	3
		050212 装卸搬运工人	3
		050213 月台工作人员	2
		050214 修理厂工程员	2

续表

大分类	中分类	小分类	职业类别
		050215 货运领班	2
		客货轮	
		050301 船长	3
		050302 轮机长	3
		高级船员	
		050303 大副	4
		050304 二副	4
		高级船员	
		050305 三副	4
		050306 大管轮	4
		050307 二管轮	4
		050308 三管轮	3
		050309 报务员	3
		050310 事务长	3
		050311 医务人员	3
		一般船员	
05		050312 水手长	5
交通	0503	050313 水手	5
运输业	航运	050314 铁匠、木匠、泵匠	5
		050315 电机师	5
		050316 厨师	5
		050317 服务员	5
		050318 实习生	5
		游览船及小汽艇	
		050319 游览船驾驶员及工作人员	4
		050320 小汽艇驾驶员及工作人员	4
		港口作业	
		050321 码头工人及领班	5
		050322 起重机械操作员	4
		050323 仓库管理人	2
		050324 领航员	4
		050325 引水人	4
		050326 关务人员	2
		050327 稽查人员	4
		050328 缉私人员	5
		050329 拖船驾驶员及工作人员	4

大分类	中分类	小分类	职业类别
05 交通运输业	0503 航运	050330 渡轮驾驶员及工作人员	3
		050331 救难船员	6
	0504 空运	**飞机场**	
		050401 一般工作人员	1
		050402 缉私人员	3
		050403 清洁人员	2
		050404 机场内交通司机	2
		050405 行李货物搬运工	2
		050406 加添燃料员	2
		050407 航空清洁工（内）	2
		050407 飞机洗刷人员（外）	2
		050408 跑道维护工	2
		050409 机械员	4
		050410 飞机修护人员	4
		航空货运	
		050411 一般工作人员	1
		050412 理货员	3
		空勤人员	
		050413 民航机飞行人员及服务人员	3
		050414 机上服务员	3
		050415 直升机飞行员	6
		航空公司	
		050416 一般工作人员	1
		050417 票务人员	1
		050418 机场柜台人员	1
		050419 清仓员	2
		050420 外务人员	2
		050421 报关人员	2
		050422 国际航线	6
		050423 国内航线	3
		050424 飞行训练学员	咨询总公司

续表

大分类	中分类	小分类	职业类别
06 餐旅业	0601 旅游业	060101 一般内勤人员	1
		060102 外务员	2
		060103 导游	3
		060104 司机	3
	0602 旅馆业	060201 一般工作人员	1
		060202 服务人员	1
		060203 外务员	2
		060204 技工 注：餐饮部工作人员比照餐饮业	3
	0603 餐饮业	060301 一般工作人员	1
		060302 采买	2
		060303 厨师	2
		060304 服务员	1
		060305 收账员	1
		060306 屠夫	2
07 建筑工程业	0701 建筑公司 （土木工程）	070101 一般工作人员	1
		070102 建筑设计人员	1
		070103 现场技术检查员	3
		建筑工人	
		070104 领班	3
		070105 模板工	4
		070106 木匠（室内）	3
		070107 泥水匠	4
		070108 建筑工程车辆机械操作员	4
		070109 建筑工程车辆驾驶员	4
		070110 油漆工（室内）	4
		070111 水电工（室内）	4
		070112 钢骨结构工人	5
		070113 钢架架设工人	6
		070114 焊工（室内）	4
		070115 焊工（室外及高空）	5
		070116 楼宇拆除工人（无需用炸药）	6
		070117 楼宇拆除工人（需用炸药）	咨询总公司
		070118 安装玻璃幕墙工人扎铁工人	2
		070119 散工	2
		070120 推土机操作员	2
		070121 负责人（不亲自作业不在现场）	1

大分类	中分类	小分类	职业类别
07 建筑工程业	0701 建筑公司 （土木工程）	070122 负责人（不亲自作业偶现场）	2
		070123 负责人（亲自作业视具体性质）	2
		070124 外勤人员	2
		070125 测量人员	3
		070126 工程人员	3
		070127 工地服务人员	2
		070128 木匠（室外及高空）	5
		070129 混凝土混合机操作员	4
		070130 磨石工人	4
		070131 洗石工人	4
		070132 安装工人（室外及高空）	5
		070133 装修人员	4
		070134 排水、防水工程人员	4
		070135 油漆工（室外及高空）	5
		070136 水电工（地下）	5
		建筑物维修及管理	
		070137 清洁工人	2
		070138 建筑物外墙、玻璃幕墙	2
		070139 电工、管道工人	2
		防火系统安装人员	
		070140 警报器安装人员	2
		070141 电梯安装及修理人员	2
		070142 物业管理行政办公室工作人员	1
		070143 保安	5
		070144 工程师	1
	0702 铁路道路 铺设	070201 现场技术检查员	3
		070202 工程机械操作员	4
		070203 工程车辆驾驶员	4
		070204 铺设工人（平地）	4
		070205 维护工人	4
		070206 电线架设及维护工人	5
		070207 管道铺设及维护工人	5
		070208 铺设工人（山地）	5
		070209 工程师	3
	0703 电梯升降梯	070301 安装工人	4
		070302 修理及维护工人	4
		070303 操作员（不包括矿使用者）	2

续表

大分类	中分类	小分类	职业类别
07 建筑工程业	0704 装潢业	070401 设计人员	1
		070402 室内装潢人员	3
		070403 室外装潢人员（高空作业）	5
		070404 地毯装设人员	2
		070405 监工	1
		造修船业	
		070406 工程师	3
		070407 领班、监工	4
		070408 工人	6
	0705 其他	070501 地质控测员（山区、海上）	3
		070502 工地看守员	4
		070503 海湾港口工程人员	5
		070504 水坝工程人员	5
		070505 桥梁工程人员	5
		070506 隧道工作人员	5
		070507 潜水工作人员	特别费率
		070508 爆破工作人员	特别费率
		070509 地质控测员（平地）	2
		070510 挖泥船工人	5
08 制造业	0801 钢铁厂	080101 生产行政管理人员	2
		080102 技术人员	2
		080103 炼钢工人	3
		080104 其他工人	3
	0802 铁工厂 机械厂	080201 生产行政管理人员	2
		080202 技术人员	2
		080203 钣金工	4
		080204 装配工	4
		080205 焊接工	4
		080206 车床工	4
		080207 铸造工	4
		080208 水电工	3
		080209 锅炉工	4
		080210 电镀工	4
		080211 铣、剪、冲床工	4
		化工产品生产人员	
		080212 化工产品生产通用工艺工人	3
		080213 石油炼制生产人员	3
		080214 煤化工生产人员	3
		080215 化学肥料生产人员	3

大分类	中分类	小分类	职业类别
08 制造业	0802 铁工厂 机械厂	080216 火药、炸药制造人员	咨询总公司
		080217 日用化学品生产人员	3
		080218 其他化工产品生产人员	3
	0803 电子业	080301 生产行政管理人员	2
		080302 技术人员、工程师	2
		080303 装配修理工	3
		080304 制造工	3
		080305 包装工	2
	0804 电机业	080401 生产行政管理人员	2
		080402 技术人员	2
		080403 空气调节器装修人员（高空）	5
		080404 有关高压电工作人员	6
		080405 冷冻修理工、室内空调装修员	4
	0805 塑胶业 橡胶业	080501 生产行政管理人员	2
		080501 技术人员	2
		080503 工人	3
		080504 塑胶射出成型工人（自动）	3
		080505 塑胶射出成型工人（其他）	4
		080506 工程师	2
	0806 水泥业 （包括水泥、石膏、 石灰）	080601 生产行政管理人员	2
		080602 技术人员	2
		080603 熟练工人	2
		080604 采掘工	4
		080605 爆破工	5
		080606 非熟工人	特别费率
		080607 石棉瓦工人、作业者	咨询总公司
	0807 化学原料业	080701 生产行政管理人员	2
		080702 技术人员	3
		080703 一般工人	2
		080704 硫酸、盐酸、硝酸制造工	特别费率
		080705 电池制造工人	4
		080706 液化气体制造工人	5
	0808 炸药业	080801 火药爆竹制造及处理人员 （包括爆竹、制造工）	咨询总公司
		080802 火工品制造人员	
		080803 雷管制造工	
		080804 爆破器材制造、实验工	

续表

大分类	中分类	小分类	职业类别
08 制造业	0809 汽车、机车、自行车制造业	080901 生产行政管理人员	2
		080902 技术人员	2
		080903 装造工人	4
		080904 修理保养工人	3
		080905 喷油工人	3
		080906 试车人员	4
	0810 纺织及成衣业	081001 生产行政管理人员	2
		081002 技术人员	2
		081003 织造工人	2
		081004 染整工人	2
	0811 造纸工业	081101 生产行政管理人员	2
		081102 技术人员	2
		081103 造纸厂工人	4
		081104 纸浆厂工人	3
		081105 纸箱制造工人	3
	0812 家具装造	081201 生产行政管理人员	1
		081202 技术人员	1
		081203 木制家具装造修理工人	3
		081204 金属家具装造修理工人	3
	0813 手工艺品业	081301 生产行政管理人员	1
		081302 竹木制手工艺品加工工人	2
		081303 金属手工艺品加工工人	3
		081304 布类纸品工艺品加工工人	2
		081305 矿石手工艺品加工工人	3
		081306 其他手工艺品加工工人	3
	0814 其他	081401 生产行政管理人员	1
		081402 技术人员	1
		081403 工人	3
		081404 从事有毒有害的作业人员	5
	0815 电线电缆业	081501 技师	3
		081502 工人	4
	0816 食品饮料业	081601 冰块制造工	3
		081602 技师	2
		081603 碾米厂操作人员	3
		081604 其他制造工人	3
09 新闻出版 广告业	0901 新闻杂志业	090101 一般工作人员	1
		090102 外勤记者	2
		090103 摄影记者	2

续表

大分类	中分类	小分类	职业类别
09 新闻出版 广告业	0901 新闻杂志业	090104 印刷厂工人	2
		090105 送报员	2
		090106 战地记者	咨询总公司
	0902 出版业	090201 一般工作人员	1
		090202 编辑人员	1
		090203 摄影记者	2
		090204 送货员	3
	0903 广告业	090301 一般工作人员	1
		090302 外勤业务人员	2
		090303 广告影片之拍摄录制人员	2
		090304 广告招牌架设、安装人员（室外）	5
		090305 广告招牌制作者（室内）	2
		090306 玻璃匠及图样设计人员	2
		090307 安装光管及外勤维修人员	2
10 卫生	1001 医院、诊所	100101 一般医务行政人员	1
		100102 一般工程师及护士	1
		100103 精神病科医师、看护及护士	3
		100104 病理检查员	1
		100105 放射线技术人员	2
		100106 放射线维护人员	4
		100107 医院炊事员	2
		100108 杂工	2
		100109 清洁工	2
		100110 监狱、看守所医生	3
		100111 助产士	2
		100112 跌打损伤治疗人员	2
	1002 防疫、保健人员	100201 一般医务行政人员	1
		100202 一般医师及护士	1
		100203 分析员	1
		100204 消毒员	3
11 娱乐业	1101 影视及演艺业	110101 行政人员	1
		110102 制片人	1
		110103 编剧	1
		110104 一般演员（含导演）	2
		110105 舞蹈演艺人员	2
		110106 巡回演出文艺团体人员 （杂技除外）	4

续表

大分类	中分类	小分类	职业类别
11 娱乐业	1101 影视及演艺业	110107 一般杂技演员	4
		110108 高难度动作杂技演员	6
		110109 武打演员	5
		110110 特技演员	特别费率
		110111 其他从业人员 （绘画、演奏、作曲等）	1
		110112 驯兽师、空中飞人、走钢丝	特别费率
		110113 饲养员	5
		110114 化妆师	1
		110115 场记	2
		110116 摄影工作人员	2
		110117 灯光及音响效果工作人员	2
		110118 冲洗片工作人员	1
		110119 电视记者	2
		110120 机械工、电工	3
		110121 布景搭设人员	3
		110122 电影院售票员	1
		110123 电影院放映人员	1
		110124 电影院服务人员	2
	1102 高尔夫球场	110201 教练	2
		110202 球场保养工人	2
		110203 维护工人	2
		110204 球场服务员	2
	1103 保龄球馆	110301 球馆服务	1
		110302 机械修护员	2
		110303 清洁工人	2
		110304 教练	2
		110305 球员	2
	1104 撞球场	110401 负责人	1
		110402 记分员	1
	1105 游泳池 及海水浴场	110501 管理人员	1
		110502 服务员	1
		110503 游泳池救生员	4
		110504 海水浴场救生员	5
	1106 其他游乐园 （包括动物园）	110601 管理人员	1

大分类	中分类	小分类	职业类别
11 娱乐业	1106 其他游乐园 （包括动物园）	110602 售票员	1
		110603 电动玩具操作员	2
		110604 一般清洁工	2
		110605 兽栏清洁工	4
		110606 水电机械工	4
		110607 动物园驯兽师	特别费率
		110608 饲养人员	5
	1107 其他	110701 咖啡厅工作人员	3
		110702 茶室工作人员	2
		110703 酒家工作人员	3
		110704 歌厅工作人员	3
		110705 舞厅工作人员	3
		110706 夜总会工作人员	3
		110707 酒吧工作人员	3
12 文教	1201 教育机构	120101 教师	1
		120102 学生	1
		120103 校工	2
		120104 体育老师	2
		120105 军训教官	2
		120106 各项运动教练	2
		120107 汽车驾驶训练教练	3
	1202 书店、文 具及其他	120201 维修工	2
		120202 一般工作人员	1
		120203 售货员	1
		120204 外勤人员	2
		120205 博物馆工作人员	1
		120206 图书馆工作人员	1
13 宗教	1301 教堂寺庙	130101 寺庙及教堂管理人员	1
		130102 宗教团体工作人员	1
		130103 僧尼、道士及传教人员	1
14 公共事业	1401 邮政	140101 内勤人员	1
		140102 骑摩托车邮递人员	4
		140103 邮递人员	2
		140104 包裹搬运工	2

续表

大分类	中分类	小分类	职业类别
14 公共事业	1402 电信及电力	140201 内勤人员	1
		140202 抄表员、收费员	2
		140203 电信电力装置维护修理工	4
		140204 电信电力工程设施之架设人员	5
		140205 电信高压电工程设施人员	特别费率
		140206 核能发电厂工作人员	4
		140207 电台天线维护人员	5
	1403 自来水（水利）	140301 一般工作人员	1
		140302 抄表员、收费员	2
		140303 水坝、水库管理人员	3
		140304 水利工程设施人员	3
		140305 自来水管装修人员	3
		140306 水土保持作业人员	2
		140307 水文勘测作业人员	3
		140308 水质分析员	1
		140309 其他水设施管护人员	2
		140310 其他水能源开发人员	2
	1404 煤气热力	140401 一般工作人员	1
		140402 收费员、抄表员、检查员	2
		140403 管线装修工	3
		140404 煤所器具制造工	3
		140405 操作工	3
		140406 煤气分装工	4
		140407 液化气罐随车司机及工人	5
15 商业	1501 批发业	150101 一般工作人员	1
		150102 售货员	1
		150103 仓库保管员	2
		150104 燃料仓库保管员	5
		150105 搬运工	2
		150106 司机	3
	1502 零售	150201 一般工作人员	1
		150202 售货员	1
		150203 珠宝工艺品售货员	3

大分类	中分类	小分类	职业类别
15 商业	1502 零售	150204 保管员	2
		150205 采购、推销员	2
		150206 搬运	2
		150207 司机	3
		150208 厨具、陶瓷、古董商、花卉商	1
		150209 银楼、当铺、杂货、食品商	1
		150210 家具、机车、眼镜、文具商	1
		150211 布、服饰、药品、工艺商	1
		150212 玻璃、石材、建材、钢材商	2
		150213 木材、五金、电器、器材商	2
		150214 肉鱼、医疗仪器、珠宝商	2
		150215 化学原料商	3
		150216 液化瓦斯零售商	3
		150217 瓦斯分装工	4
		150218 旧货收购人员	1
16 金融、保险业	1601 银行、保险、信托证券、典当	160101 内勤人员	1
		160102 外勤人员	2
		160103 储蓄所工作人员	2
		160104 营业点工作人员	2
		160105 运钞押运人员（含司机）	5
17 服务业	1701 自由业	170101 律师	1
		170102 会计师	1
		170103 文书	1
		170104 经纪人	1
	1702 普通服务业	170201 理发师	1
		170202 美容师	1
		170203 浴室（领有牌照的）	1
		170204 各业修理工	2
		170205 刻字工	1
		170206 洗衣店工人	2
		170207 大楼管理员	3
		170208 摄影师	2
		170209 服装加工工人	1
		170210 警卫人员（有巡逻押运任务者）	4
		170211 警卫人员（内勤）	3
		170212 保镖	咨询总公司
		170213 邮递人员	2
		170214 公证行外务员	2

续表

大分类	中分类	小分类	职业类别
17 服务业	1702 普通服务业	170215 报关行外务员	2
		170216 冲印师	1
		170217 裁缝	2
		浴室	
		170218 一般管理及工作人员	1
		170219 服务员、护卫员、接待员	2
		170220 按摩人员	2
	1703 其他	170301 道路清洁工	3
		170302 下水道清洁工	3
		170303 高楼外部清洁工	5
		170304 存车及洗车工	2
		170305 装修工	3
		170306 殡葬工	2
		170307 烟囱清洁工	5
		170308 加油站工作人员	2
	1704 资讯业	170401 维护工程师	2
		170402 系统工程师	1
		170403 销售工程师	1
18 家庭管理	1801 家庭管理	180101 家庭主妇（无业）	1
		180102 佣人	2
		180103 家庭	2
19 治安人员	1901 治安人员 安全 保卫 消防人员	190101 警务行政及内勤人员	1
		190102 警察（有巡逻任务者）	4
		190103 监狱看守所管理人员	4
		190104 交通警察	3
		190105 刑警	6
		190106 消防队队员	6
		190107 保安人员	4
		190108 治安人员	4
		190109 主管、高级管理人员	1
		190110 办公室公务人员	1
		190111 炸药处理警察	咨询总公司
		190112 治安警察	4
		190113 防暴警察	咨询总公司
		190114 警校学生	咨询总公司
20 体育	2001 球类	200101 教练人员、裁判人员	2
		200102 足球运动员	5
		200103 篮球运动员	3

大分类	中分类	小分类	职业类别
20 体育	2001 球类	200104 曲棍球运动员	4
		200105 冰水曲棍球运动员	5
		200106 其他球类运动员	2
		200107 桌球运动员	1
		200108 羽毛球运动员	5
		200109 网球运动员	5
		200110 垒球运动员	5
		200111 排球运动员	3
		200112 棒球运动员	3
		200113 手球运动员	3
		200114 巧固球运动员	3
		200115 橄榄球运动员	6
		200116 高尔夫运动员	1
		200117 保龄球运动员	1
	2002 田径	200201 教练员	1
		200202 运动员	2
	2003 体操	200301 教练员	2
		200302 运动员	3
	2004 游泳	200401 教练员	1
		200402 游泳运动员	2
		200403 跳水运动员	3
	2005 射击、射箭、 柔道、跆拳道	射击、射箭	
		200501 教练员	1
		200502 运动员	2
		柔道	
		200503 教练员	3
		200504 运动员	5
		空手道	
		200505 教练员	3
		200506 运动员	5
		跆拳道	
		200507 教练员	3
		200508 运动员	5
	2006 举重	200601 教练员	1
		200602 运动员	3
	2007 拳击	200701 教练员	5
		200702 运动员	咨询总公司

续表

大分类	中分类	小分类	职业类别
20 体育	2008 赛车	200801 教练员	1
		200802 自行车运动员	3
		200803 汽车赛车手	咨询总公司
		200804 摩托车赛车手	咨询总公司
	2009 水上运动	200901 教练员	1
		200902 帆船运动员	2
		200903 赛艇、风浪板运动员	4
		200904 水上摩托艇运动员	3
		200905 冲浪运动员	4
		200906 潜水运动员（0至50米）	咨询总公司
		200907 潜水运动员（50米以上）	咨询总公司
		200908 潜水教练	3
	2010 冰上运动	201001 教练员	1
		201002 滑冰运动员	3
		201003 滑雪运动员	4
	2011 民俗体育活动	201101 教练员	2
		201102 运动员	2
	2012 马术	201201 教练员	2
		201202 马房工人、马夫、练马师	2
		201203 骑师、见习骑师、参赛骑师	咨询总公司
	2013 特技表演	201301 特技表演人员	特殊费率
	2014 滑翔机具	201401 教练员	特殊费率
		201402 驾驶人员	
	2015 跳伞	201501 教练员	特殊费率
		201502 跳伞人员	
	2016 登山	201601 教练员	咨询总公司
		201602 登山运动员	
	2017 汽车、机车赛车	201701 教练员	特殊费率
		201702 赛车人员	
21 其他	2101 执法监督	210101 公、检、法、工商、税务、卫生检验等执法监督人员	3
	2102 企业	210201 厂长	3
		200202 经理	3

大分类	中分类	小分类	职业类别
21 其他	2103 个体经营	210201 商贩	3
		210302 无固定职业人员	3
	2104 无业	210401 学龄前儿童	1
		210402 离退休人员（无兼职）	2
	2105 现役军人	210501 一般军人	3
		210502 行政及内勤人员	1
		210503 后勤补给及通信、地勤人员	1
		210504 军医院官兵	1
		210505 军事研究单位设计人员	1
		210506 军事单位武器 　弹药研究、制作人员	咨询总公司
		210507 伞兵部队	咨询总公司
		210508 航空试飞人员	咨询总公司
		210509 一般地面部队人员	3
		210510 特种兵	咨询总公司
		210511 空军、海军、潜艇军人	咨询总公司
		210512 军校学生及新兵	咨询总公司

注：对于某些特殊职业及人群，根据投保资料的具体情况，核保人员有权变动职业分类表上所列的费率标准。

图书在版编目（CIP）数据

人身保险实务 / 朱佳主编. -- 杭州：浙江大学出版社，
2021.3（2023.1重印）
ISBN 978-7-308-20687-7

Ⅰ．①人… Ⅱ．①朱… Ⅲ．①人身保险－教材 Ⅳ.
①F840.62

中国版本图书馆CIP数据核字(2020)第204486号

人身保险实务

朱　佳　主编

责任编辑　　赵　静
责任校对　　董雯兰
封面设计　　林智广告
出版发行　　浙江大学出版社
　　　　　　（杭州市天目山路148号　　邮政编码　310007）
　　　　　　（网址：http：//www.zjupress.com）
排　　版　　杭州林智广告有限公司
印　　刷　　杭州高腾印务有限公司
开　　本　　787mm×1092mm　1/16
印　　张　　14.25
字　　数　　356千
版 印 次　　2021年3月第1版　2023年1月第2次印刷
书　　号　　ISBN 978-7-308-20687-7
定　　价　　45.00元

浙江大学出版社市场运营中心联系方式：0571－88925591；http：//zjdxcbs.tmall.com